LUCINDE HUTZENLAUB wurde in Stuttgart geboren und lebte bis vor ein paar Jahren in Tokio. Sie ist verheiratet, hat vier Kinder und arbeitet als Kolumnistin und Autorin. Älter werden war für sie bisher überhaupt kein Thema – aber da betraf es ja auch immer nur die anderen.

HEIKE ABIDI lebt mit Mann, Sohn und Hund in der Pfalz, wo sie als freiberufliche Werbetexterin und Autorin arbeitet. Bis jetzt hat sie in ihrem Leben fünfmal genullt, und weder bei dreißig noch bei vierzig oder fünfzig hatte sie eine Krise …

Besuchen Sie uns auf www.penguin-verlag.de und Facebook.

Lucinde Hutzenlaub
Heike Abidi

ICH DACHTE, ÄLTER WERDEN DAUERT LÄNGER

Ein Überlebens-
training für alle ab 50

PENGUIN VERLAG

Verlagsgruppe Random House FSC® N001967

PENGUIN und das Penguin Logo sind Markenzeichen
von Penguin Books Limited und werden
hier unter Lizenz benutzt.

3. Auflage 2018
Copyright © 2018 Penguin Verlag, München,
in der Verlagsgruppe Random House GmbH,
Neumarkter Str. 28, 81673 München
Umschlaggestaltung und Umschlagmotiv:
www.buerosued.de, München
Redaktion: Anne Nordmann
Satz: Greiner & Reichel, Köln
Druck und Bindung: GGP Media GmbH, Pößneck
Printed in Germany
ISBN 978-3-328-10269-4
www.penguin-verlag.de

Dieses Buch ist auch als E-Book erhältlich.

»Ich trinke Champagner, wenn ich froh bin und wenn ich traurig bin. Manchmal trinke ich davon, wenn ich allein bin; und wenn ich Gesellschaft habe, dann darf er nicht fehlen. Wenn ich keinen Hunger habe, mache ich mir mit ihm Appetit, und wenn ich hungrig bin, lasse ich ihn mir schmecken. Sonst aber rühre ich ihn nicht an, außer wenn ich Durst habe.«

(Emily Law de Lauriston Bourbers,
besser bekannt als Lily Bollinger, leitete die gleichnamige
Champagner-Dynastie von 1941 bis 1971)

Inhalt

Teil 1: Wie es sich anfühlt
Bestandsaufnahme: Was bin ich und wenn ja, warum?

Teil 2: Die Sache mit der Optik
Wer schön sein will, muss reiben: Beauty im Selbstversuch

Teil 3: Und was machen wir nun?
Spaß mit Sachen: Einfach mal was Neues probieren

Plötzlich fünfzig: Die, die nicht aus der Torte springt, oder wie alles begann

Eine Zahl ist eine Zahl, schon klar. Nehmen wir zum Beispiel die Fünf. Total harmlos. Auf einer Skala von null bis zehn ist sie die Mitte. Man kann mit ihr durchaus schon rechnen (zur Not hat man ja auch ausreichend Finger dafür), und man darf sie sogar gerade sein lassen, wenn man möchte. Prima Zahl also. Und die Null erst – völlig unkritisch, der Inbegriff der Bedeutungslosigkeit quasi. Wo also, fragen Sie, ist dann das Problem mit den beiden Ziffern?

Tja. Einzeln mögen sie wenig bedrohlich wirken, aber in Kombination … O weia! Die Rechnung ist ganz simpel: Fünf plus null gleich Katastrophe! Zumindest was mich selbst angeht.

Fünfzig ist für mich das wortgewordene Geräusch, das Kreide macht, wenn man sie zu heftig über die Tafel zieht. Fünfzig tut weh! In meinen Ohren, in meinem Kopf UND in meinem Spiegel. Nein, ich möchte das nicht! Trotzdem ist es bei mir in zwei Jahren so weit. Und ganz unter uns: Ich befürchte, ich arbeite mich langsam, aber beständig auf die Wechseljahre zu. Verdammt. Dabei bin ich dazu noch gar nicht bereit! Nur: Wer fragt schon danach, was ich will? Mein Spiegel nicht, meine Waage nicht, meine Wahrnehmung nicht, niemand. Sagen Sie es nur: Ich bin die Allerärmste! Ja, ja. Heike ist da schon einen Schritt weiter. Sie hat die Schallmauer der fünfzig durchbrochen, wie man so schön sagt, und behauptet nun, dass es gar nicht schlimm sei. Pfff. Ganz im Gegenteil, sagt sie, das Leben sei entspannt, gut sortiert und eigentlich überhaupt nicht anders als vorher. Nur schöner. Man selbst sei quasi eine bessere, ausgeglichenere, zufriedenere und mindestens genauso attraktive Version seiner selbst. Heike 5.0 sozusagen. Fünfzig, sagt Heike, sei das neue Schwarz. Alles cool.

Ich glaube das nicht. Für mich klingt fünfzig nicht nach Glückseligkeit, sondern nach einer Diagnose. Nach Wärmekissen und Hausschuhen. Nach Stock und Kreuzworträtseln. Nach Rücken, grauen Haaren und seniler Bettflucht. Nach stetigem Bergab. Nein, ich kann das nicht. Ich will das nicht! Und überhaupt: Das ist doch nix, worauf man sich freut!

Aber es kommt näher. Und näher. Und immer näher.

Dundindundindundin ... Hören Sie auch die Titelmelodie vom »Weißen Hai«? Gut so. Auf die Achtziger ist halt Verlass. Außerdem war ich da noch jung, deshalb kann ich sie gut leiden.

Dieses Jahr erwischt es erst einmal meinen Mann. Ich habe beschlossen, ihm eine Überraschungsparty zu schmeißen. Mit Torte und Rede und allem Drum und Dran. Problem: Die Freunde und die Torte krieg ich organisiert, aber was um alles in der Welt soll ich *sagen*? Ich kann doch da nicht stehen und ihn bemitleiden? Heraushüpfen aus der Torte wäre natürlich eine erfrischende Alternative, dann könnte man sicher auf die Rede verzichten, aber ich befürchte, die Rede ist trotz allem die bessere Variante. Wer mich einmal springen gesehen hat, weiß: Elegant ist anders. Nein, ich bin auf keinen Fall die, die aus der Torte hüpft.

Ich stehe diesem runden Geburtstag, wie wir nun alle wissen, sehr kritisch gegenüber. Ja, ich weiß, dass das albern ist und man das Älterwerden nicht verhindern kann, aber deshalb muss man es ja noch lange nicht mögen, oder? Moment: Wer sagt denn, dass man es nicht aufhalten kann? Millionen Hollywoodstars investieren einen Großteil ihrer Gage in den Erhalt des äußerlichen Optimalzustandes. Manche mit mehr, manche mit weniger Erfolg. Ich habe zwar nicht die gleichen finanziellen Mittel, aber in meinem bescheidenen Rahmen kann ich es doch wenigstens versuchen, oder?

Es gibt ja nur zwei Möglichkeiten: Entweder ich kann es stoppen – oder ich kann lernen, es zu mögen. Heike sagt, wenn alle wüssten, wie toll sich Fünfzigwerden anfühlt, könnte es kaum einer erwarten, bis es bei ihm oder ihr selbst so weit ist. Wirklich, das behauptet sie. Ich glaube kein Wort. Sie sagt sogar, dass sie mir das beweisen kann, indem sie mir die großen neuen Freiheiten zeigt, die das halbe Jahrhundert bringt, dass sie tolle Persönlichkeiten ausgegraben hat und Dinge mit ihrem Mann vorhat, die …

Ich will es ja gern glauben. Aber bis dahin werde ich alles ausprobieren, um dem Verfall Einhalt zu gebieten, meinen Körper in Schuss zu halten, die Schwerkraft auszuhebeln, mein Sexleben anzukurbeln und meine Optik zu optimieren. Und Sie dürfen dabei sein. Juhu! Äh, selbst in meinen Ohren hört sich das eher nach einem Ingenieursstudium an als nach dem Weg zur großen Zufriedenheit. Sei's drum. Ich werde herausfinden, was alles möglich ist. Und ich freue mich darauf. Ob etwas Verwertbares für die Rede dabei ist, werden wir sehen. Zur Not bleibt mir schließlich immer noch der beherzte Sprung aus der Torte.

Heike wollte übrigens unbedingt wetten, dass sie Recht hat. Um eine Flasche Champagner an *meinem* fünfzigsten Geburtstag. Ha! Also, wenn das stimmt, was sie da beteuert, dann spendiere ich gerne eine Flasche. Und wenn nicht, habe ich wenigstens was Anständiges zu trinken.

Als mir klar wurde, dass ich nicht mehr die Jüngste bin

Na so was. Die Lucinde aber auch. Wirkt immer so fröhlich und souverän. Dabei hat sie Panik vor der Null. Wer hätte das gedacht? Aber das mit der Rede kriegen wir schon hin. Und beruhigen werde ich sie auch irgendwie. Zumal ich sie ja verstehe. Ich bin ja selbst nicht mehr die Jüngste. Genau genommen ist Lucinde von uns beiden die deutlich Jüngere. Aber ich komme damit klar.

Allerdings kommt vor dem Frieden-mit-dem-Alter-Schließen das Akzeptieren der Tatsachen …

Niemand wird eines Tages mit dem Gedanken wach: *Jetzt bin ich alt.* Mich jedenfalls überkam diese Erkenntnis nicht einmal an meinem Fünfzigsten. Sondern eher schleichend. Wenn man darauf achtet, gibt es allerdings untrügliche Anzeichen, die diesen Prozess signalisieren. Manchmal gelingt es, sie zu ignorieren. Ich bin sogar ziemlich gut darin. Die ersten sechs kenne ich daher nur vom Hörensagen. Das siebte war es schließlich, das mir die Augen öffnete …

1. Das unbestechliche Spiegelbild

Je schöner man in der Jugend war und je genauer man den eigenen Verfall im Spiegel beäugt, desto schlimmer muss einem das Älterwerden wohl erscheinen. Ganze Industriezweige leben von diesem Phänomen. Zum Glück bin ich nicht besonders eitel. Außerdem hatte ich als junge Frau eine ganz fürchterliche Akne, sodass mir die ersten Fältchen vergleichsweise bezaubernd erscheinen. Und wenn ich mir im Spiegel einmal gar nicht gefalle, sehe ich mir stattdessen meine Autorinnenfotos an. Professionell gestylt, ausgeleuchtet und bildbearbeitet sehe ich keinen Tag älter als 49 aus. Allerhöchstens!

2. Die sprichwörtlichen Kinder

»An den Kindern merkt man, dass man alt wird«, so lautet eine oft gehörte Volksweisheit. Irgendwie scheine ich nicht weise genug zu sein, um zu kapieren, was damit gemeint ist. Ich jedenfalls kam mir, als ich einen kleinen Schreihals mit Dreimonatskoliken hatte und nicht genug Schlaf bekam, uralt vor. Mit einem zwanzigjährigen Sohn dagegen sieht das Leben doch gleich ganz anders aus. Vor allem, wenn wir miteinander chatten, lustige Links hin- und herschicken oder via Sprachnachricht kommunizieren. Irgendwie cool.

3. Das ewige Hamsterrad

Es soll ja Leute in meinem Alter geben, die jetzt schon die Jahre bis zur Rente zählen. Grundgütiger! Wer glaubt denn noch an Rente? Ich mag mir gar nicht vorstellen, eines Tages zum Nichtstun verdonnert zu sein. Nun ja, das wird auch nicht passieren, denn wer sollte mich verdonnern? Als Freiberuflerin müsste ich das schon selbst tun. Und solange mir das Schreiben noch so viel Spaß macht, werde ich damit weitermachen. Ich wäre nicht die erste Greisin, die noch Bücher veröffentlicht …

4. Die dahinfliegende Zeit

Schon wieder Ostern, Sommer, Halloween, Geburtstag, Weihnachten, das Jahr vorbei? Allenthalben wird geklagt, wie schnell die Zeit doch rast und dass das mit den Jahren immer schlimmer wird. Hm. Irgendwas ist wohl mit meinem Zeitempfinden nicht in Ordnung (oder es funktioniert einfach nicht altersgerecht), denn mir geht es gar nicht so. Liegt vielleicht an den vielen Dingen, die zwischen diesen Fixpunkten wichtig sind: Abgabetermine. Deadlines. Messen. Lesungen. Buchveröffentlichungen. Leserunden ... Himmel, schon so viel abgehakt – und erst Ende Januar?

5. Das schwächelnde Oberstübchen

Okay. Es kommt vor, dass mir mal ein Name nicht einfällt (Carreras, Pavarotti ... und wie hieß noch gleich der dritte der großen Tenöre?) – aber das ging mir auch schon mit zwanzig so. Und wie damals muss ich auch heute einfach nur in Gedanken das Alphabet durchgehen, schon fällt es mir ein (A, B, C ... Domingo, genau!). Meistens jedenfalls. Und wenn nicht? Auch egal, wozu gibt's Tante Google? Nobody is perfect.

6. Die müden Knochen

Wer als Teenager Leistungssport betreibt, in den Zwanzigern Aerobic turnt, in den Dreißigern Marathon läuft und in den Vierzigern mit dem Rennrad die Straßen unsicher macht, hat spätestens mit fünfzig kaputte Knie. Kann mir nicht passieren – ich habe, sportlich gesehen, meinen Körper das erste halbe Jahrhundert meines Lebens geschont und fange erst jetzt an, mich fit zu halten. Warum Ausdauer und Beweglichkeit trainieren, wenn man sowieso noch ausdauernd und beweglich ist? Das wäre ja geradezu Verschwendung ...

17

7. Die jungen Menschen!

Ich selbst kam mir also kein bisschen alt vor. Bis ich merkte, wie blutjung die anderen sind! Die Lehrer an der Schule meines Sohnes – fast alle jünger als ich.

Der Arzt, der mich operiert hat – noch grün hinter den Ohren. Die Fußballer bei der WM – halbe Kinder.

Die Frauen im Park mit den Kinderwagen – selbst fast noch Babys! Dann hörte ich, dass die Fußballer, die mir so knabenhaft vorgekommen waren, ihr Karriereende verkünden – aus Altersgründen. Und mir wurde klar, dass die Frauen mit den Kinderwagen keineswegs minderjährige Frühgebärende waren, sondern gestandene Mütter um die dreißig. Da ging es mir dann auf. Tja. Wenn junge Leute einer anderen Generation angehören, bin ich wohl alt. Oder jedenfalls älter. Aber letztendlich haben dreißig, vierzig, fünfzig und hundert eines gemeinsam: Es sind alles nur Zahlen.

Doch taugt diese Erkenntnis für Lucindes Rede? Kann sein. Ich werde meine Gedanken einfach mal notieren und ihr mailen. Vielleicht kann sie was damit anfangen. Oder wenigstens ihre Panik vor der großen Fünf vor der Null bewältigen. Ich glaube nämlich, viel mehr als die Rede, die sie halten soll, beschäftigt sie ihr eigener bevorstehender Fünfzigster. Vielleicht sollte ich sie damit ein bisschen aufziehen. Mit Humor geht schließlich alles leichter, auch das Älterwerden!

Teil 1:

WIE ES SICH ANFÜHLT

Bestandsaufnahme:
Was bin ich und wenn ja,
warum?

Alt!

Ich kann über vieles lachen, sogar über mich selbst, aber beim Alter, da bin ich eine totale Spaßbremse. Mist! Nur warum eigentlich? Warum fällt es mir von Jahr zu Jahr schwerer, meinen Geburtstag zu feiern, geschweige denn, an diesem Tag freudig und aufgeregt noch eine Kerze mehr auszupusten? Zumal die ja sowieso schon kaum noch auf den Kuchen passen? Und ist das nur bei mir so?

Um ehrlich zu sein, kenne ich den Grund natürlich genau: Es geht mir einfach alles viel zu schnell! Ja, es fühlt sich so an, als hätte ich mich bis gestern noch von meinem vierzigsten Geburtstag erholt. Ich kann quasi noch fühlen, wie der Prosecco durch meine Adern perlt. Ich habe noch Blasen an den Füßen vom Auf-dem-Tisch-Tanzen. Und gleichzeitig weiß ich, wie schnell ich mich damals (O mein Gott! Ich habe das schlimme »Damals!«-Wort benutzt! Das hört sich an wie »vor dem Krieg«!) von meinem Kater erholt habe. Das ging innerhalb von einer Nacht! Am nächsten Tag war ich wieder fit! Heute brauche ich dafür mindestens 48 Stunden, wenn nicht länger, und vor allem: bekomme ich einen Kater schon von einer einzigen, winzigen Weißweinschorle! Es ist ein Skandal! Ähnlich dem, dass dieser Geburtstag schon beinahe ein weiteres Jahrzehnt her ist! Wo sind die letzten Jahre hin? Wer hat sie geklaut?

Gefühlt räume ich in diesem Moment beinahe noch die Geschenke von meinem Vierziger-Gabentisch. Ich erinnere mich an sehr viele Antifaltencremes und ein Buch mit dem Titel »Vierzig ist das neue Zwanzig« oder so ähnlich und an meinen Schreck darüber, dass ich ja dann nochmal ganz von vorne anfangen müsste: Mann treffen. Mann mögen. Mann heiraten. Kind kriegen. Noch ein Kind kriegen. Noch ein Kind kriegen. Noch ein … Ernsthaft? Ich meine, ich liebe meine Kinder. Und ich habe die meisten schrecklichen Dinge aus diesen ersten Jahren vergessen: die Tatsache, dass ich insgesamt bestimmt zwei Jahre lang meine Füße vor lauter Bauch nicht sehen konnte. Ich erinnere mich außerdem an die Presswehen und die auf Monstermelonen angeschwollenen Brüste. Die durchwachten Nächte, die Verzweiflung, wenn man wieder nicht wusste, warum das Kind seit tausend Stunden brüllt, und an den unförmigen Nachschwangerschaftskörper, von dem ich damals annahm, dass er immer so bleiben würde und der liebe Gott dies als eine Art extended Schwangerschaftsverhütung in die weiblichen Gene eingebaut hat. Oh. Vielleicht habe ich doch nicht alles vergessen. Nur so dahingedacht, überlegte ich damals während des Aufräumens mit meinem Mann Holger, ob wir nicht vielleicht doch noch ein Kind bekommen sollten. Ja, klar war vierzig spät für eine Schwangerschaft, aber na und? Ich fühlte mich schließlich höchstens wie 37! Oder sagen wir 39. Aber keinen Tag älter! Ach ja. Damals. Und jetzt bin ich plötzlich 48! Das ausgedachte Kind wäre maximal acht und die anderen Eltern beim Elternabend vermutlich verwirrt, weil sie nicht wüssten, ob ich nun die Mutter oder die Oma bin. Nein, nein. Gut, dass wir uns dagegen entschieden haben. Ich wollte ja auch kein Kind mehr. Ich wollte nur grundsätzlich noch dazu in der Lage sein. Gut, diese Gedanken muss ich mir nun wohl nicht mehr machen, es sei denn, ich möchte demnächst bei

Lanz auf der Couch sitzen und darüber reden, wie gerne ich immer Mutter war. Und wie sehr ich Säuglinge liebe und … Ich liebe Säuglinge wirklich. Aber auch die werden irgendwann zu pubertätsbehafteten Teenagern, von denen man nicht weiß, in welcher Stimmung sie in der nächsten Sekunde aus ihrem Zimmer schießen. Und davon habe ich mittlerweile ein paar. Vor Pubertisten habe ich Respekt. Richtigen. Und um ehrlich zu sein, beschäftigen sie mich heute beinahe genauso sehr wie einst das Schreibaby. Was hat es denn, überlege ich. Warum ist es so garstig zu mir? Warum schläft es nur? Warum schläft es nicht? Warum schläft es nicht allein? Nein, die durchwachten Nächte von damals waren ein Witz gegen heute. Damals konnte ich mir wenigstens sicher sein, dass das Kindelein süß und warm, NÜCHTERN und ALLEIN in seinem Bettlein liegt. Hach, waren das noch Zeiten … Am überraschendsten fand ich, wie schnell sie sich entwickelten. Jetzt finde ich überraschend fremde Unterhosen in meiner Wäsche. Von Jungs. Ganz ehrlich? Ich bin erschöpft davon, mir seit über zwanzig Jahren ständig Gedanken um das Wohlergehen meiner Kinder zu machen. Und dabei sind sie (genau wie alle anderen) oft egoistisch, meistens undankbar, immer unberechenbar, manchmal unglücklich, dann wieder überraschend zauberhaft, mutig, schlau, großartig, kreativ (auch, wenn es um Ausreden geht), unabhängig (ich kann mich nicht entscheiden, ob ich das gut oder nicht so gut finden soll), bewundernswert und toll – und manchmal auch noch ganz klein. Nein, sie brauchen uns nicht mehr so dringend. Das tut manchmal weh. Und manchmal ist es auch sehr schön. Vor allem, weil ich finde, dass ich jetzt mal dran bin. Jetzt ist meine Zeit gekommen. Pubertät? Von mir aus. Solange es meine – zweite – eigene ist. Ich weiß natürlich nicht, was auf mich zukommt in diesem neuen Jahrzehnt. Klar ist fünfzig nur eine Zahl, aber eine wichtige. Doppelt so viel ist hundert, und wer wird schon so alt?

Ich habe also weniger als die Hälfte übrig, und das macht mir Angst. Aber wenn fünfzig ist, was man daraus macht, wie Heike sagt, dann müsste ich ja unbedingt … Ich sollte dringend … außerdem: Wenn nicht jetzt, wann dann? Da haben Sie es: Schon mache ich mir Druck, die besten Jahre zu haben, die man haben kann! Und dabei wollte ich genau das eben nicht mehr. Nicht mehr rennen, nicht ständig zuständig sein. In meinem Rhythmus leben. Und ich frage mich: Wird jetzt alles schlimm? Werde ich gleich morgen so schrumpelig, dass mich keiner mehr anschaut? Oder geschieht mal wieder, womit ich insgeheim am ehesten rechne: nix? Absolutely nothing? Und wäre das nun gut oder schlecht?

Nach meinem Vierzigsten ist jedenfalls in der Tat nichts Spektakuläres passiert. Also nichts Furchtbares. Ganz im Gegenteil. Ich kriege seither einfach nur weniger Anrufe von anderen Müttern, weil mein Kind ihr Kind in der Pause geschubst hat oder irgendetwas in dieser Art. Und das ist echt ein Gewinn. Trotzdem. Als mir klar wurde, dass mein Mann dieses Jahr fünfzig wird, bin ich schon zusammengezuckt. Denn nein, es gibt nichts zu beschönigen: Wenn er fünfzig wird, bin auch ich nicht mehr vierzig plus, sondern eher fünfzig minus.

In zwei Jahren ist es dann auch bei mir so weit. 730 Tage. Naja, ein paar mehr sind es schon noch, aber … fünfzig. Ich. Bald. Shit. Nein, immer noch nicht lustig.

Das war bisher so weit weg von meinem eigenen Leben wie der Mond von meiner Terrasse in einer lauen Sommernacht. Und eine Rede? Die erste Rede, die ich je gehalten habe, war übrigens auch auf einem fünfzigsten Geburtstag – und zwar auf dem meiner Mutter! Aaah! Moment! Jetzt will ich doch kurz anhalten. Aussteigen. Ich muss nachdenken. Jetzt ist meine Mutter nämlich vor allem die Oma meiner Kinder und wirklich alt. Damals war sie … meine Mutter eben und fünfzig, ein Alter, in dem man zwar noch gut aussehen und fit sein konnte (alles, was ich damals an ihr gelobt habe), aber trotzdem den Zenit schon überschritten hat (was ich nicht erwähnt habe) und das Ende absehbar ist (was ich zwar dachte, aber niemals gesagt hätte). Und jetzt ist mein Ehemann dran! Und noch viel schlimmer: bald ich selbst! O weh. Bin ich also alt? Ist Holger alt? Und vor allem: Was ist »alt« überhaupt?

Wenn alt müde und desinteressiert ist, dann bin ich es (glücklicherweise) nicht. Wenn es gebrechlich bedeutet, bin ich es schon gleich gar nicht (Lesebrille und zähe Kater-Rekonvaleszenz zählen nicht!). Doch wenn alt weise ist, dann bin ich es (leider auch noch) nicht.

Laut Duden definiert man alt als »klassisch, bestehend, vor langer Zeit entstanden und daher bewährt, bekannt, vertraut, gewohnt«. Damit habe ich absolut kein Problem. Aber ob sich das als Inhalt für eine Rede eignet? Man weiß so wenig. Heike, hilf!

PS: Natürlich sind wir alle weise und vernünftig genug, nur so wenig zu trinken, wie wir vertragen. Zum Vorglühen nehmen wir Mineralwasser, um dem Kater vorzubeugen. Aber was, wenn's doch mal passiert? Nun ja – dann verjagt man ihn am besten mit einem Katerfrühstück bestehend aus Gemüsesaft, Heringen, Bananen und Oliven. Eigentlich ist die Aussicht auf diese Kombination die beste Anti-Kater-Therapie überhaupt, denn um dem zweifelhaften Genuss zu entgehen, trinkt man lieber ein Glas weniger als eins zu viel ...

PPS: Wenn Sie sich schon immer gefragt haben, wie die Stars es schaffen, am Morgen nach der Oscarverleihung noch auszusehen wie am Abend zuvor: Hämorrhoidensalbe soll hervorragend gegen Augenringe helfen. Hab ich gehört.

Und plötzlich heule ich bei Pampers-Werbung

Ob der Duden mit seiner Definition wirklich weiterhilft? Vielleicht wäre das ein guter Einstieg für Lucindes Rede: »Altern ist ein komplexer Vorgang, und das erste graue Haar ist nur eines von vielen Anzeichen. Die anderen … habe ich vergessen.« Ich muss sie unbedingt mal fragen, ob das den Humor ihres Gatten trifft.

Womöglich käme eine gefühlsduselige Rede ohnehin besser an?

Denn jetzt mal ernsthaft: Wer das Altern auf körperliche Veränderungen reduziert, ignoriert einen wichtigen Bereich des Lebens, von dem ich früher dachte, er wäre eine zuverlässige Konstante. Nämlich die Gefühle. Gerade die ändern sich mit dem Älterwerden ganz extrem. Ich jedenfalls bin, was Rührseligkeit betrifft, mit den Jahren von einer Eiskönigin zu einer wahren Heulsuse mutiert.

Vielleicht liegt es daran, dass ich mit zwei jüngeren Brüdern aufgewachsen bin, jedenfalls fand ich es schon immer extrem uncool, bei rührenden Filmszenen in Tränen auszubrechen. Wie peinlich! Man stelle sich nur vor – da sitzt die ganze Familie samstagabends (frisch gebadet und schon im Schlafanzug mit Bademäntelchen drüber) im Wohnzimmer, sieht fern, knabbert Fischlis – und plötzlich bricht die große Schwester in Tränen aus. Nein, das kam ü-ber-haupt nicht infrage!

Und es kostete mich auch keine Selbstüberwindung. Ich musste ohnehin selten weinen. Jedenfalls nicht aus Rührung. Wenn, dann aus Wut. Aber das ist ja ein ganz anderes Thema.

Ich erinnere mich an gerade mal zwei Situationen während meiner Kindheit, in denen mir vor der Glotze die Tränen kamen.

Einmal bei einem Interview mit einem Ehepaar, das seinen kleinen Sohn bei einem Unfall verloren hatte. Der Kleine war verblutet, weil es auf Landstraßen keine Notrufsäulen gab (und damals waren Handys ja noch nicht erfunden). Sie hatten eine Stiftung gegründet, die für die Verbreitung dieser Notrufsäulen sorgen sollte. Benannt nach dem toten Jungen. Ich heulte wie ein Schlosshund, als ich das hörte. Vor allem, weil der Kleine denselben Vornamen hatte wie mein kleiner Bruder und bei seinem Tod ungefähr so alt war wie dieser zu dem Zeitpunkt gerade.

Zum Glück gab es für diese tränenreiche Gefühlsverwirrung keine Zeugen. Das wäre mir extrem peinlich gewesen.

Auch bei meinem zweiten Heulanfall vorm Fernseher war ich allein. Er überkam mich vollkommen unerwartet. Eigentlich war der Film – ein irrsinnig kitschiger Heimatschinken, an dessen Titel ich mich nicht mehr erinnere und der danach wohl aus guten Gründen nie wiederholt worden ist – schon so gut wie vorbei, als es mich kalt erwischte.

Im Grunde war es eine altmodische Version von »Bauer sucht Frau« meets »Der Bachelor«: Die drei jungen, hübschen Töchter eines Bergbauern sind alle in den attraktiven, kernigen Knecht verliebt, und die ganze Zeit fragt man sich, für welche er sich wohl entscheidet. Doch dann – pardauz! – stirbt der kernige Knecht bei einem Unfall, und keine kriegt ihn.

So weit, so tragisch. Und so schlecht geplottet. Aber egal. Das unerwartete Ableben des Knechts hatte zwar die drei Bergbauerntöchter zum Wehklagen gebracht, nicht jedoch mich. Ich war zehn, schaute diesen Mist ohnehin nur aus Langeweile und weinte, wie gesagt, generell nicht vor Rührung. Doch das war noch nicht das Ende des Films. Nein, es gab noch einen weiteren Schnitt. Die Schlussszene zeigte die drei Schwestern am Grab des Angebeteten. Alle in Schwarz. Und uralt! Sie hatten ihr ganzes Leben damit verbracht (um nicht zu sagen: verschwendet), das ehemals kernige Unfallopfer zu betrauern.

Oh, wie ich da weinte! Nicht um den Knecht, nein, sondern um die drei vergeudeten Frauenleben! Man kann doch nicht jahrzehntelang die Vergangenheit beklagen – es gibt ja auch noch die Gegenwart. Und die Zukunft.

Irgendwie hatte ich mit zehn schon ganz schön den Durchblick. Was mir damals natürlich nicht klar war. Ich war nur froh, dass mich niemand bei meinem tränenreichen Zusammenbruch erwischte.

Die nächsten gut fünfzehn Jahre übte ich mich in Selbstbeherrschung. Klassische »Heulfilme« mied ich sowieso, und erst bei der Schlusssequenz von *Philadelphia* (die den gerade verstorbenen Helden als Kind zeigte) passierte es wieder. Die Tränen kullerten. Das war aber auch ein hochemotionaler Film!

Rückblickend ist es geradezu lächerlich, wie ich damals meine vermeintliche Schwäche vor mir selbst zu rechtfertigen versuchte. Denn Tatsache ist: *Philadelphia* war erst der Anfang.

Zwischen dreißig und vierzig kam es immer mal wieder vor, dass mich gefühlvolle Filme zu Tränen rührten. Das mussten gar keine ausgesprochenen Heulfilme sein – es reichte, wenn Kinder vorkamen. Ich führte das auf die Tatsache zurück, dass ich selbst gerade Mutter geworden war. Musste an den Hormonen liegen und am legendären Mutterinstinkt.

Inzwischen glaube ich vielmehr, dass die Flennerei rein altersbedingt ist. Die Zähren sind so etwas wie die grauen Haare der Seele – nur dass man sie nicht überfärben kann.

Noch jahrelang habe ich mir Mühe gegeben, meine Tränen zu verbergen. Hust- und Niesanfälle zu simulieren, um einen Vorwand zu haben, verstohlen zum Taschentuch zu greifen. Oder so zu tun, als müsste ich superdringend auf Toilette, wenn es brenzlig wurde. Aber inzwischen weiß ich, dass diese Strategie auf Dauer ungefähr so zielführend ist, wie sich einzelne graue Strähnen auszureißen …

Längst habe ich meinen inneren Widerstand aufgegeben. Und gebe hiermit öffentlich zu, sämtliche Folgen der Hebammenserie »Call the Midwife« gesehen zu haben und bei jeder einzelnen Geburt (und das waren viele!) hemmungslos geschluchzt zu haben.

Ich bin nun mal mitfühlender geworden mit den Jahren (die Formulierung »weinerliches altes Weib« weise ich jedoch entschieden von mir!). Gefühlsduselig bis zum Gehtnichtmehr. Und »Call the Midwife« ist noch nicht einmal der Gipfel meiner Larmoyanz. Alles ist steigerbar. Denn Tatsache ist: Ich habe sogar schon bei Werbespots geweint. Nicht weil sie so schlecht sind (wobei man auch unter diesem Aspekt allerhand Grund zum Heulen hätte), sondern weil sie mich aus irgendeinem Grund berührt haben.

Sie wollen ein Beispiel? Ich sage nur: Pampers.

Lachen Sie nicht!

Irgendwann treffen wir uns – im Club der anonymen (oder besser: der bekennenden) Ü50-Heulsusen …

Und das ist auch gut so. Denn was ist befreiender, als zu seinen Gefühlen stehen zu dürfen? Ohne cool sein zu müssen? Kleine Kinder tun das schließlich auch nicht. Hey, wie wär's, Lucinde: Wollen wir 'ne Runde gemeinsam schluchzen?

Nutzloses Wissen:
Nicht alle Tränen sind gleich salzig

Tränen bestehen aus Wasser, Elektrolyten und Proteinen – allerdings variiert das Mischungsverhältnis. Dieses wiederum ist situationsbedingt:

- Basale Tränen nennt man die Flüssigkeit, die das Auge reinigt, mit Nährstoffen versorgt und die Hornhaut befeuchtet. Sie sind immer da, ob wir weinen oder nicht. Was die Zusammensetzung betrifft, ist das quasi das Grundrezept.
- Emotionale Tränen sind überdurchschnittlich reich an Proteinen. In Tränen der Rührung sind außerdem besonders viele Hormone enthalten.
- Reflextränen, die durch einen äußeren Reiz – zum Beispiel Wind, Rauch, Zwiebeln – entstehen, enthalten mehr Flüssigkeit. Klar, um den Reizstoff auszuspülen.

Wie häufig und wie lange geweint wird, ist übrigens unter anderem kulturell unterschiedlich. Und es gibt auch einen Geschlechterunterschied. Aber der ist rein mechanisch begründet: Die Tränengänge sind bei Männern länger. Sie können ihre Tränen also einfacher zurückhalten, während bei Frauen der Kanal schneller überläuft.

Wie gut, dass es Tränenforscher gibt!

It's my party and I cry if I'll want to!

Im Gegensatz zu Heike heule ich schon immer und ständig. Filme, Musik und Geschichten berühren mich mit großer Zuverlässigkeit. Beim Vorlesen von Bilderbüchern fange ich spätestens auf Seite fünf an, mich zu räuspern und heimlich nach einem Taschentuch zu tasten, und Gedichte, oh, hör mir auf mit Gedichten, kann ich gar nicht vorlesen. Alles, was meine Kinder, Freunde oder sogar Menschen erleben, von denen ich nicht mehr weiß, als dass sie, wie ich, gerade mit der Bahn von A nach B reisen und ihrem Nebensitzer erzählen, wie Tante Inge, Gott hab sie selig, oder James aus Übersee … All das treibt mir die Tränen in die Augen. Das ist genetisch. Mein Vater ist auch so, und ich werde nie vergessen, wie wir beide gemeinsam *LoveStory* mit Ali MacGraw und Ryan O'Neal angeschaut haben (da war ich ungefähr zwölf) und irgendwann auf Klopapier umsteigen mussten, weil es kein Taschentuch mehr gab. Schön war das. Und ja: Es wird von Jahr zu Jahr intensiver. Na und? Gefühle sind was Tolles. Sie zeigen zu können erfordert manchmal Mut und eine gewisse Großzügigkeit sich selbst gegenüber. Je älter ich werde, umso mehr mag ich mich gerade dafür, dass ich empathisch bin.

Ich habe das Heul-Gen übrigens nur bedingt weitervererbt. Meine Kinder sitzen gerne im Kino neben mir und schauen in mein Gesicht statt auf die Leinwand. »Heulst du, Mama? Du heulst doch! Haha! Mama heult wieder!« Gelächter. Mit Popcornbechern anstoßen. Sehr witzig.

Ich habe mich daran gewöhnt, ja finde es manchmal richtig schön, in einen »Heulfilm« zu gehen. Klassische Heulfilme sind romantisch, überraschend, emotional, schön und spannend, oder die Bilder sind so gewaltig, dass sie mich mitreißen. Und das ist doch der Sinn der Sache, oder?

Es gefällt mir, mich auf eine Gefühlsreise mitnehmen zu lassen und mitzufühlen. Ich lasse mich regelrecht fallen und verschwinde komplett in der Story.

Es muss dafür übrigens kein tragischer Film sein. Nein, es *darf* kein tragischer Film sein, denn auch wenn das Heulen selbst nicht das Problem ist, so brauche ich doch sehr lange, um aus solchen Filmen wieder aufzutauchen. Sie begleiten mich stundenlang und hin und wieder so intensiv, dass ich kaum herausfinde. Das ist manchmal schön und manchmal … ein bisschen lästig, denn ja, ich gebe es zu: Meine romantischen Erwartungen an meinen eigenen Haus-und-Hof-Brad-Pitt/George-Clooney/Ryan-Gosling nach einem Hollywood-Heulfilm sind dementsprechend. Deswegen schaut mein Mann immer, dass er schon tief und fest schläft, wenn ich mal wieder mit einer Freundin im Kino gewesen bin.

Was sagt uns das jetzt? Ich heule also schon immer, und Heike, Heike ist eine Neuheulerin. Es hört sich nicht so an, als sei ihr diese Entdeckung unangenehm. Aber das Wichtigste: Es ist eine nigelnagelneue Verhaltensform. NEU! Das totale Gegenteil von ALT! Mit über FÜNFZIG! Ist das nicht großartig? Das heißt ja, auch für mich besteht bezüglich Neuem trotz des fortgeschrittenen Alters noch Hoffnung! Ja, jetzt, da ich gründlich darüber nachdenke, sehe ich es genau: Es gibt sie, die lange Liste an neuen und verbesserten Verhaltensmustern, die man erst im fortgeschrittenen Alter entdecken kann. Die man erst freischalten kann, wenn man im Spiel des Lebens ein Level weiter ist. Erkenntnisse sind etwas Tolles. Und ganz besonders, wenn sie einen holperigen Weg zu einem ungeliebten Ziel ein wenig ebnen.

Hach, ich könnte heulen, so schön finde ich das!

Auf einmal werde ich überall gesiezt …

Genug geheult jetzt! Älterwerden ist kein Grund dazu – es hat nur ein paar nicht ganz so erfreuliche Symptome, aber an denen kann man ja arbeiten.

Ein untrügliches Symptom ist die Sache mit der Siezerei. Das wird jetzt nicht jeden so stören wie mich, es soll ja Leute geben, die es gar nicht leiden können, mit Du angesprochen zu werden. Zu diesen Leuten gehöre ich definitiv nicht.

Mein persönlicher Duz-Siez-Konflikt begann mit einem Purzelbaum. Es war in den Sommerferien, bevor ich in die dritte Klasse kam. Bis dahin hatte ich in einer vom Du dominierten Welt gelebt. Kunststück, hatte ich doch fast ausschließlich mit meinen Eltern, Geschwistern, Großeltern und Freunden zu tun. Lediglich unsere Lehrerin war eine Sie-Person, aber mit ihr hatte ich schließlich nur »beruflich« zu tun, niemals privat.

Doch dann misslang mir im elterlichen Garten dieser blöde Purzelbaum, wobei ich mir vermutlich eine heftige Zerrung zuzog. Allerdings an einer Stelle im Bauch, die auch bei einer Blinddarmentzündung wehgetan hätte. Meine Eltern wollten kein Risiko eingehen, karrten mich ins nächste Krankenhaus, und wenig später lag ich zum ersten Mal im Leben auf einem OP-Tisch.

Im Nachhinein war das mit der Operation wohl maßlos übertrieben, aber das machte mir nichts aus. Und meine Eltern behielten zum Glück ihre Sicher-ist-sicher-Haltung bei, denn als ein paar Jahre später mein jüngerer Bruder sämtliche bekannten Symptome einer Blinddarmentzündung – inklusive Fieber und Erbrechen – aufwies, ignorierten sie die hausärztliche Diagnose »Das Kind simuliert« und verfrachteten auch ihn in die Klinik. In dem Fall keine Sekunde zu spät, denn sein Blinddarm war bereits angerissen, als man ihn entfernte.

Ich erinnere mich noch lebhaft daran, wie ich nach der Operation erwachte. Ich blinzelte, erblickte eine fremde Umgebung, erkannte einen hässlichen, grellorangefarbenen Vorhang, der eine Zimmerecke mit Waschbecken abtrennen konnte, und war glücklich. Denn mit einem Mal erinnerte ich mich wieder an alles. Und ich wusste, dass eine wunderbare Zeit vor mir lag: eine ganze Woche, in der ich faul im Bett liegen durfte, ohne dass jemand mich dazu ermunterte, ein bisschen an die frische Luft zu gehen und mich womöglich auch noch zu bewegen! (Wohin das führte, hatte ich ja gerade erst schmerzlich erfahren.) Heutzutage wird man ja schon am Tag der OP aus den Laken gezerrt, um den Kreislauf in Schwung zu bringen und eine Thrombose zu verhindern, aber seinerzeit galt zu meinem großen Behagen noch das Bettruhegebot. Was bedeutete, dass ich eine ungestörte Lesewoche vor mir hatte – ja, sogar noch jede Menge Bücher geschenkt bekam, und das ganz ohne Weihnachten oder Geburtstag zu haben. Der Himmel auf Erden!

Ein klein wenig getrübt wurde diese himmlische Situation durch meine Zimmergenossinnen. Denn ganz offensichtlich gab es in diesem Provinzkrankenhaus keine Kinderstation, weshalb man mich in einem Zimmer untergebracht hatte, in dem außer mir noch zwei sehr alte Damen lagen. Ich schätzte sie auf ungefähr hundert. Aber selbst wenn man die Tatsache berücksichtigt, dass einer Achtjährigen alle über zwanzig geradezu greisenhaft vorkommen, müssen die zwei locker Mitte siebzig gewesen sein.

Praktischerweise hießen meine Zimmergenossinnen beide Margarete Müller. Zu unterscheiden waren sie an ihren jeweiligen Gebrechen: Die eine hatte einen irrwitzig großen Kropf, die andere einen dicken Verband am Bein, und sie wurde nicht müde, in den schillerndsten Farben (vor allem der Farbe Rot) zu schildern, wie ihr eine Ader (oder Vene?) geplatzt und das Blut bis zur Decke gespritzt war.

Ich fand, privater konnte eine Situation kaum sein. Da lagen wir alle drei in unseren Nachthemden und mit unseren Verbänden, verbrachten 24 Stunden am Tag in diesem Krankenzimmer und teilten unsere Leidensgeschichten. Ich wäre überhaupt nicht auf die Idee gekommen, die beiden Margarete Müllers zu siezen!

Ungefähr drei Tage lang ging die Sache gut. Ich fühlte mich langsam besser, nicht nur weil ich ein Buch nach dem anderen inhalierte, sondern weil in Aussicht stand, dass ich bald ein Glas Saft würde trinken dürfen (der lauwarme Krankenhaustee war neben den Schmerzen an der Narbe bis dahin das einzige Haar in der Wellness-Suppe). Doch dann setzten die Margarete Müllers verkniffene Mienen auf und verkündeten, sie müssten mal mit mir reden. Ich sei schließlich weder ihre Enkelin noch ihre Nichte. Von daher fänden sie es nicht angebracht, dass ich sie duzte.

Ich fühlte mich, als hätte man mir eine Ohrfeige verpasst. Und ein bisschen beleidigt war ich natürlich auch. Wenn ich mich recht erinnere, vergoss ich sogar ein paar Wut-Tränen.

Ob ich die Margaretes anschließend mit »Frau Müller« angesprochen oder für den Rest des Aufenthaltes trotzig angeschwiegen habe, weiß ich nicht mehr.

Doch eins weiß ich genau: Meine Unbefangenheit war zwar empfindlich gestört, doch meiner Vorliebe für das familiäre Du tat das keinen Abbruch. Im Gegenteil: Ich war und blieb eine überzeugte Duzerin! Weshalb mir auch die Schweden und Niederländer so sympathisch sind, denn die verwenden die Höflichkeitsform ungefähr so ungern wie ich. (Okay, im Englischen gibt es nur eine einzige Anredeform, aber rein grammatikalisch ist das ja eigentlich die Sie-Form, das »thou« ist mehr oder weniger ausgestorben …)

Natürlich lernte ich mit der Zeit, wann das Sie angemessener ist. Was für Lehrkräfte galt, das wandte ich von nun auch gegenüber fremden Erwachsenen an, denn auf einen weiteren Anpfiff der Margarete-Müller'schen Art war ich nicht gerade scharf.

Diese simple Regel geriet ins Wanken, als ich in die Oberstufe kam und unsere Lehrer von einem Tag auf den anderen beschlossen, uns fortan zu siezen. Weil wir doch nun schließlich so gut wie erwachsen wären und uns langsam daran gewöhnen müssten, entsprechend zu kommunizieren.

Schockschwerenot!

Nie zuvor hatte ich daran gedacht, eines Tages selbst eine Sie-Person zu sein. Dabei war ich doch erst sechzehn …

Die meisten Lehrer ließen sich erweichen und kehrten mit der Zeit wieder zum gewohnten Du zurück, vor allem diejenigen, die uns schon seit Jahren kannten. Nur unser Mathelehrer (der mir übrigens nach dem Abitur verkündete, ich sei diejenige, die sich von all seinen Schülerinnen am meisten zum Negativen entwickelt habe – danke auch, Dr. C., das war eine pädagogische Meisterleistung) bestand auf der dritten Person. Mir war diese Siezerei ungefähr so zuwider wie Wahrscheinlichkeitsrechnung und Dr. C. selbst, aber es half nichts. Wohl oder übel war ich gezwungen, mich an die Höflichkeitsanrede zu gewöhnen. Warum ich sie nicht mochte? Keine Ahnung. Vermutlich weil es ein erstes Altersanzeichen war. Wenn ich nicht aufpasste, würde ich früher oder später selbst zu einer Margarete Müller mutieren – und das durfte nicht passieren!

Nun ja – ich lernte, mit dem Sie umzugehen. Langsam. Zum Glück wurde ich während des Studiums allerhöchstens von den Professoren gesiezt, und nicht mal von allen – ein paar Altachtundsechziger waren darunter, die selbst lieber geduzt werden wollten.

Und als ich nach meinem Abschluss als Texterin in einer Werbeagentur anfing, ging es munter mit dem Du weiter. Mit Kunden, die natürlich gesiezt werden mussten, hatte ich ja nicht allzu viel zu tun – schließlich war ich Teil des Kreativteams, nicht Kontakterin.

Noch heute, als freie Texterin und Autorin, bevorzuge ich im Umgang mit Menschen, mit denen ich zusammenarbeite (im Unterschied zu denen, für die ich arbeite), das Du. Was bedeutet, ich duze selbstverständlich meine Netzwerk-Kolleginnen und -Kollegen, meine Agentin und sehr gern auch meine Lektorinnen.

Allerdings kam es immer seltener vor, dass mir jemand das Du anbot. Was mich einigermaßen verwirrte. Ich fragte mich, ob es in der Verlagswelt wohl so viel förmlicher zugeht als in der Werbebranche. Andererseits war die Zusammenarbeit mit den Verlagslektorinnen immer sehr nett, intensiv und produktiv. Ich begriff einfach nicht, warum sie an diesem blöden Sie festhielten! Der Groschen fiel, als ich eine meiner Lieblingslektorinnen auf der Buchmesse traf. Urplötzlich wurde mir bewusst, wie blutjung sie war! Noch keine dreißig. Während ich zu diesem Zeitpunkt schon Ende vierzig war.

Da wurde mir klar, dass ich diejenige war, die ihr das Du anbieten musste – und nicht umgekehrt.

Die Erkenntnis war so bestürzend wie tröstlich. Nein, die Verlagswelt ist keineswegs verknöchert und steif, sondern ich war einfach nur alt. Jedenfalls kam ich mir alt vor mit dieser Siezerei. Weshalb ich diesem Unwesen schnell ein Ende machte.

Inzwischen schlage ich den Lektorinnen, mit denen ich regelmäßig zu tun habe, meist ziemlich bald das Du vor. Und schwupps – komme ich mir so viel jünger vor! Es sei denn, es fällt ihnen so schwer, dass sie es einfach nicht über die Lippen bringen und mich trotz allem weitersiezen. Das ist wirklich, wirklich fies. Bitte nicht machen!

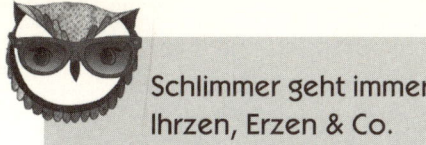

Schlimmer geht immer:
Ihrzen, Erzen & Co.

Heute ist die Sie-Form gängige Höflichkeitsanrede. Das war nicht immer so. Früher galten andere Varianten als besonders ehrerbietig, die einem heute allerdings nur noch albern vorkommen:

- **Die Ihr-Anrede:** »Seid Ihr zufrieden, Gnädigste?« Ich wette, wenn das ein Kellner zu Lucinde sagen würde, würde sie vor Lachen vom Stuhl fallen!
- **Die Er/Sie-Anrede:** »Hat Sie noch einen Wunsch, werte Dame?« – »Nein, Er möge kommen, um zu kassieren.« Ja, auch die dritte Person Singular funktionierte einst als Anredeform.
- **Die Anrede ohne Pronomen:** »Möchte Frau Hutzenlaub ein Dessert?« – »Aber immer, nur her damit!«

Da ist Duzen doch wesentlich unkomplizierter, oder?

Hilfe, meine Tochter hat mich beim Rauchen/Tanzen/Trinken erwischt

Also nix gegen Tränen, aber Heulen, Jammern, Ächzen? Ist fünfzig werden etwa ein Synonym für ständiges Herumleiden? Oder darf man auch mal Spaß haben, wenigstens ab und zu? Darf man feiern, obwohl man fünfzig wird – oder muss man gar, gerade *weil* dieser Geburtstag ansteht? Ist die Party zum Fünfzigsten sowas ähnliches wie der Leichenschmaus für das eigene lustige Leben? Ist das jetzt trostlos, oder was? Boah! Habe ich es schon erwähnt? ICH! WILL! DAS! NICHT! Fifty go home!

In meinem Umfeld gibt es zwei Fünfzig-Feier-Varianten: Entweder der Festochse flieht, macht eine Reise irgendwohin, wo ihn oder sie keiner findet und kommt einfach ein Jahr älter zurück, oder er oder sie lässt es ordentlich krachen. Ich glaube, ich mag die zweite Variante lieber. Vor allem, wenn ich nicht das Geburtstagskind bin. Ich habe den Eindruck, dass fünfzigste Geburtstage durch einen gewissen Ehrgeiz geprägt sind, und das ist gut, wenn man Gast ist. Es scheint beinahe, als ob jeder beweisen wolle, wie erfolgreich, lustig und jung der jeweilige Jubilar ist. Das Büfett bei solchen Festen ist meist der Hammer. Der DJ eine Granate. Die Tanzfläche übervoll. Und keiner traut sich, vor vier Uhr morgens nach Hause zu gehen, weil er nicht alt und spießig rüberkommen will. Seit der Zeit, als wir alle noch kleine Kinder hatten und beweisen mussten, dass wir trotz nicht vorhandenem Nachtschlaf, Stillen oder sonstigen Freuden der frühen Elternschaft ein wahnsinnig lustiges Leben haben, waren die Partys selten besser als in den letzten Monaten, als viele meiner Freunde ein halbes Jahrhundert voll machten. Was sagt man dazu? Nichts, vermutlich. Außer vielleicht: Hoch die Tassen. Solange es noch keine Schnabeltassen sind. Man soll die Feste schließlich feiern, wie sie fallen. Leichter fällt mir das ohnehin, wenn es andere betrifft. Dieses Mal feiert die Cousine meiner besten Freundin aus Schulzeiten. Sie wird 52 und hat beschlossen, alle Menschen einzuladen, die sie jemals kannte und mochte. Das ist gut, weil ich da anscheinend dazugehöre. Ich freue mich riesig, denn erstens habe ich sie seit tausend Jahren nicht mehr gesehen, und zweitens entwickelt sich diese Party zu einer Art erweitertem Klassen- oder vielmehr Cliquentreffen. Ich habe die Gästeliste gesehen. Es werden wirklich *alle* dabei sein. Charlotte war früher nämlich eine von den Coolen. Älter als meine Freundin Tita und ich, mit Auto und vor allem unterwegs mit den großen Jungs. Hach ja, die großen Jungs: Clemens hatte so unglaublich blaue Augen und Wuschelhaare, Markus war ganz dunkel und sehr tiefgründig, Harry hatte immer einen Spruch auf Lager und diese Ponyfransen, die ihm total süß ins Gesicht hingen, Ben war unendlich klug, wortgewandt und optisch auch ein Sahneschnittchen. Alle studierten, und alle waren toll. Tita und ich eher nicht so. Unsere Clique war quasi die B-Mannschaft. Die uncoolen Kleinen. Ehrfurchtsvoll himmelten wir die Großen aus der Ferne an, und wenn wir sie zufällig in der Stadt trafen, hofften wir sehr darauf, dass der eine oder andere uns wahrnehmen würde, was nie geschah. Nach der einen Weißweinschorle, die wir uns für fünf Mark jeweils leisten konnten, redeten wir in ihrer Nähe besonders laut und vermutlich vor allem Mist. Wenn sie uns ansahen, dann eher mitleidig. Auf den Partys der Großen, auf denen es ein bisschen mehr Weißweinschorle gab, rauchten wir dann auch, weil alle rauchten und weil man dann zu einem der Jungs hingehen konnte und mit Augenaufschlag, durchgedrückter Brust und sanfter Stimme sagen konnte: »Hallo, du, hast du mal Feuer?« Meine Mutter wäre vom guten Glauben abgefallen, schließlich war sie felsenfest und völlig zu Unrecht von meiner Abstinenz überzeugt.

Meistens war die Antwort auf die Feuerfrage übrigens eher niederschmetternd. Irgendeiner von denen sagte garantiert etwas wie: »Wie, du rauchst? Du weißt aber schon, dass einem dann nie ein Busen wächst, oder?«

Ach ja. Ich habe nie aufgehört, mir zu wünschen, sie eines fernen Tages wiederzusehen und in ihrer Miene zu lesen, wie sehr sie es bereuen, mich damals verschmäht zu haben. Gut, ich habe da eher an einen Zeitraum bis ungefähr zu meinem 25. Geburtstag gedacht (und insgeheim natürlich trotzdem auf ein gewisses Busenwachstum gehofft), aber besser spät als nie, oder?

Die Jahre vergingen, ich war lange im Ausland, um zu studieren, vergaß die Helden meiner Teeniejahre, lernte meinen Mann kennen, bekam mit ihm all diese Kinder und lebte glücklich und froh, bis Charlotte auf die Idee mit dieser Party kam.

Ich weiß ja, jemanden auf Äußerlichkeiten zu reduzieren ist oberflächlich, und wenn es dabei um einen selbst geht, auch noch beschämend, aber trotzdem: Ich will auf dieser Party so gut aussehen wie nie! Das bin ich meinem siebzehnjährigen Ich schuldig! Allerdings, wenn ich jetzt so darüber nachdenke: Charlottes Jungs haben meine guten Jahre verpasst.

Wenn ich Pech habe, denken sie nicht im Geringsten: »Wer ist denn diese Gazelle mit dem wachen Blick und den klugen und lustigen Kommentaren? Ich erinnere mich vage an dieses schöne Gesicht! Ich muss mit ihr sprechen!« Nein, wenn ich Pech habe, denken sie exakt das Gleiche wie vor dreißig Jahren. Nämlich: »Wer ist denn die Bohnenstange, die nach einer Weißweinschorle schon so einen Blödsinn quatscht?«

Hach, ich bin so aufgeregt! Bis zur Party bemühe ich mich redlich, mindestens vier Kilo abzunehmen, was mir nicht glückt, da ich vor lauter Aufregung so viel Schokolade essen muss wie noch nie. Dabei ist das sogar vergleichsweise gut, denn eigentlich war mir in den letzten Tagen oft eher nach Weißweinschorle und einer Zigarette zumute, einfach um der alten Zeiten willen. Merkwürdig, dass schon der Gedanke an 1987 diese Bedürfnisse bei mir triggert, dabei bin ich Nichtraucher. Mittlerweile fast immer. Es sei denn, ich trinke zu viel, aber das passiert mir auch so gut wie gar nicht mehr, wirklich. Mom, du musst mir glauben. Meine Kinder rauchen übrigens selbstverständlich auch nicht. Und Alkohol? Niemals. Ich bin ja immerhin ein leuchtendes Vorbild. Hallo? Lacht da jemand?

Ich ziehe meine engste Jeans an, die eigentlich ein wenig lockerer sitzen sollte, aber ich passe rein, das ist ja schon mal was. Ich kann darin zwar nur stehen, aber egal, sitzen wird sowieso überbewertet. Ein schwarzes Top und einen schwarzen Blazer drüber, roter Lippenstift, schwarz umrandete Augen – et voilà. Klassisch, elegant. Interessant und sexy. Ich werde mich von der Masse abheben. Positiv natürlich. Als ich meinen Mann frage, wie er mich so findet, sagt er philosophisch: »Ja, ja, es gibt da einen schmalen Grat zwischen toll und verzweifelt!« Boah. Warum habe ich ihn nochmal geheiratet? Na warte. Heute Abend werde ich die Königin sein. Die werden schon sehen, was sie verpasst haben! Und mein Mann erst! Schmaler Grat! Pah! Er ist ja nur eifersüchtig, weil ich mich schon lange nicht mehr für ihn so aufgebrezelt habe. Er selbst trägt ein schwarzes Hemd, schwarze Jeans und schwarze Schuhe. Langweilig.

Vorsichtshalber ziehe ich flache Schuhe an. Männer können es ja nicht gut leiden, wenn die Frauen größer sind als sie selbst, und ich erinnere mich nicht mehr so genau daran, wie groß die alle waren. Wenn ich mit meinem Mann unterwegs bin, kann ich anziehen, was ich will. Bei seinen knapp zwei Metern muss ich mich schon auf sehr hohe Heels wagen, um auf Augenhöhe zu sein. Ich meine natürlich optisch. Ansonsten? *Verzweifelt*. Tssss. Dass ich nicht lache.

Auf der Party sind jedenfalls sehr viele Menschen. Zwei Drittel davon sind mir unbekannt. Weit und breit kein wuscheliger Clemens, blonder Ben oder verwegener Harry. Nur Schmerbäuche, Bundfalten und alkoholfreie Biertrinker. Das mir bekannte Drittel besteht aus Frauen. Sie tragen enge schwarze Tops, schwarze Blazer, enge Jeans und roten Lippenstift. Wie nochmal genau wollte ich mich von der Masse abheben?

»Ich bin frisch geschieden und mir geht's so guhut!«, flöten sie sofort, auch ohne dass man fragt. Ich frage nicht. Ich komme überhaupt nicht zu Wort! »Nee du, mir ging's nie besser, und seit die Scheidung durch ist, fühle ich mich so frei! Ich brauche keinen Mann, selbst sexuell läuft es allein mega – aber ist der heiße Typ, mit dem du da bist, dein Lover oder kannst du uns einander vorstellen?«

Äh. Wie jetzt, heißer Typ? Wen meinen die? Etwa meinen MANN? Ich brauche Weißwein. Viel Weißwein. Holger grinst, nickt übertrieben und formt ein stummes »Verzweifelt« mit seinen Lippen, während sich die Mädels um ihn scharen. Blödmann, denke ich. Ich gehe Weißwein holen. Und Lippenstift abwischen.

An der Bar treffe ich Tita. Endlich. Und sie, die die coole Clique in den letzten dreißig Jahren immer wieder getroffen hat, klärt mich auf: Der tiefgründige Markus hat ein Versicherungsbüro und eine Plauze, außerdem ist er der langweiligste Mensch, mit dem sie sich je unterhalten hat. Das findet wohl auch seine Exfrau, denn sie ist eine von denen, die auf der anderen Seite des Raumes an Holger kleben. Ben, den ich früher immer so wahnsinnig interessant fand, redet bei genauem Hinhören immer nur von sich selbst. Der verwegene Harry spricht nach wie vor davon, bald »ganz groß rauszukommen«, hat sich aber bisher nicht entschieden, ob als Maler, Schriftsteller, Extremsportler oder Schauspieler; und aus Clemens' Wuschelkopf ist eine Glatze und aus seinen blauen Augen irgendwas Verschwommenes hinter einer dicken, randlosen Brille geworden.

Die fand ich mal gut? Und schlimmer noch: Die wollte ich bis vor einer Viertelstunde unbedingt beeindrucken? Ich schwöre, wären sie mir irgendwo in der Stadt begegnet, ich hätte sie nicht nur nicht erkannt, ich hätte sie keines Blickes gewürdigt.

Zu Tita und mir gesellen sich die anderen Uncoolen. Wenn ich in ihre Gesichter schaue, sehe ich keine Veränderung, sondern nur gemeinsame, schöne und lustige Erinnerungen an verrückte Nächte, spontane Wochenendtrips und endlose Gespräche über Gott und die Welt. Und zwar egal, ob sie mittlerweile Brille oder Bauch tragen. Ach, nie war mir mehr nach einem endlosen Abend mit diesen Menschen und einer Zigarette als jetzt. Und nach noch mehr Weißwein. Viel mehr Weißwein.

Zusätzlich zur Rauchlust habe ich selbstverständlich sofort ein schlechtes Gewissen und Schiss, dass meine Mutter mich erwischen könnte. Meine Mutter! Ich bin 48 Jahre alt und habe Angst, dass meine Mutter mich bei irgendwas erwischt? Hab ich eigentlich keine anderen Sorgen, frage ich mich, als Tita mir Feuer gibt und ich den Geschmack der Achtziger auf der Zunge habe?

Doch. Habe ich. Denn vor mir steht meine große Tochter, die zufällig in einem Club um die Ecke war und sich dachte, es wäre doch nett, mal all die alten Freunde ihrer Mutter kennenzulernen.

Ich kann genau sieben Sekunden die Luft anhalten, bevor ich dann doch den Rauch ausatmen muss. Und während sich mein Kind nur schwer von einem amtlichen Lachkrampf erholt, weil sie mich erwischt hat, beschließe ich, ab jetzt entweder nie wieder eine Zigarette anzurühren, oder wenn schon, dann wenigstens ohne mich zu verstecken.

Als wir gemeinsam nach Hause fahren, mein Mann und ich (das Kind bleibt noch in der Stadt, es muss sich schließlich vom Schock der rauchenden Mutter erholen), schaue ich ihn lange von der Seite an. Nein, er ist kein Richard Gere und auch kein sportstudiogestählter Adonis, sondern seit beinahe zwanzig Jahren mein Mann, der lieber den Garten macht, als trainieren zu gehen, der lieber einen Bus voller Kinder fährt als allein einen Sportwagen und der jetzt seine Hand auf meine legt und sagt: »Ich bin so froh, dass ich ausgerechnet dich geheiratet habe.« Ja, denke ich ausnahmsweise mal und meine es auch so: ich auch.

In Charlottes Einladung stand übrigens, dass sie ihren Fünfzigsten vor zwei Jahren nicht gefeiert habe, weil sie damals so damit beschäftigt war, mit ihrem jugendlichen Liebhaber im Wohnmobil durch Panama zu reisen. Schließlich seien ja nun auch die Kinder in einem Alter, in dem man sie durchaus mal allein oder beim dazugehörigen Kindsvater lassen könne. Damals habe sie das für eine wahnsinnig gute Idee gehalten, zumal sie so das Fest nicht feiern musste, das alle von ihr erwarteten. Auf dieser Reise sei ihr allerdings klar geworden, dass ihr 32-jähriger Liebhaber nicht besonders gut darin war, sich treiben zu lassen. Denn um das wirklich genießen zu können, müsse man das Gegenteil kennen. Und nur dabei könne man die Wertschätzung dafür lernen, schrieb Charlotte. Manche, so wie er, brauchten dafür vielleicht erst noch das beschauliche Leben mit stressigem Job, Reihenhaus und Familie. Mit Regeln, Verpflichtungen und straffen Zeitplänen. Aber das Leben sei zu kurz, um anderer Leute Träume zu erfüllen. Und vor allem zu kurz, um damit zu warten. Nein, schrieb sie, um wirklich genießen zu können, sei er wohl einfach noch zu jung gewesen.

Schon gut, schon gut! Ich hatte Spaß auf dieser Party, und ich habe es kapiert: Es gibt für viele Menschen genügend Gründe, gerne fünfzig zu werden. Und auch wenn ich selbst noch nicht soweit bin, so kann ich mich dank Charlottes Erkenntnis ja durchaus freuen: Wenn man älter werden muss, um manche Dinge wertschätzen und genießen zu können, habe ich viel Schönes vor mir. Und eine gute Idee für meinen eigenen Geburtstag. Panama, ich komme!

Was ich früher übers Altwerden dachte

Gut so, Lucinde! Jetzt bist du auf dem richtigen Dampfer. Panik vor der Fünfzig zu schieben nützt rein gar nichts. Also kann man sich ebenso gut drauf freuen. Und ja: Man kann auch in diesem Alter noch richtig tolle Sachen machen. Diese Erkenntnis ist kein verzweifelter Versuch, sich das Altern schönzureden, sondern eine Weisheit, zu der man erst mit einer gewissen Reife gelangt.

Dass auch nicht mehr ganz junge Menschen extrem cool sein können, hätte ich früher, als ich selbst noch jung (und eher uncool) war, nie gedacht. Aber mit den Jahren kommt die Einsicht ...

Ich erinnere mich noch genau daran, wie mir meine eigene Sterblichkeit bewusst wurde. Ich muss so etwa fünf Jahre alt gewesen sein. Damals habe ich meinen unausweichlichen Tod ausführlichst beweint und das Thema anschließend abgehakt. Man sollte also meinen, ich hätte recht früh ein sachlich geprägtes Verhältnis zum Altern entwickelt.

Mitnichten.

Denn in Wahrheit hegte ich die feste Überzeugung, dass die Gegenwart, was das Alter eines Menschen betrifft, keine Momentaufnahme ist, sondern ein Dauerzustand.

Natürlich hätte ich das damals nicht mit diesen Worten beschrieben. Aber was ich meinte, war genau das: Alte Menschen waren schon immer alt, auch wenn sie hundertmal Geschichten aus ihrer Kindheit erzählten. Was meine Oma übrigens mit Hingabe tat. Und ich hörte ihr mit Hingabe zu. Ja, ich nötigte sie sogar so oft dazu, immer und immer wieder dieselben Erlebnisse und Erinnerungen zu schildern, dass sie sich eines Tages hinsetzte und alles niederschrieb, wodurch sie zur ersten offiziellen Schriftstellerin in unserer Familie wurde.

Doch obwohl sie durchaus glaubwürdig erzählte und das Büchlein sogar Fotos enthielt, die meine Oma als Baby, Kleinkind, Schulanfängerin und Konfirmandin zeigten, zweifelte ich stark daran, dass sie jemals wirklich jung gewesen war. Umgekehrt glaubte ich auch nicht daran, dass junge Menschen tatsächlich alt wurden. Genauer gesagt: dass die Sache mit dem Altern eines Tages auch mich betreffen würde!

Wobei dieses »Altwerden« in meiner Vorstellung nicht die unmittelbar bevorstehenden Entwicklungsschritte betraf. Selbstverständlich feierte ich eines Tages meinen ersten zweistelligen Geburtstag, wurde eine Teenagerin, irgendwann auch volljährig, erwachsen, heiratete, bekam ein Kind.

Damals war ich 31, junge Mutter und absurderweise noch immer davon überzeugt, ewig jung zu bleiben. Womöglich als Einzige, aber egal, dann war das eben so. Alles andere erschien mir noch unvorstellbarer.

Natürlich sah ich die anderen um mich herum alt werden, aber was hatte das mit mir zu tun?

Meine Großeltern wurden siebzig, fünfundsiebzig, achtzig – und selbstverständlich hatten sie sich seit meinen Kindertagen stark verändert. Nicht jedoch in meiner Wahrnehmung. Da waren sie schon immer uralt gewesen.

Ich selbst wurde vierzig, und ich kann nicht einmal behaupten, mich darüber gefreut zu haben, wenn man mir versicherte, ich sähe deutlich jünger aus. Es war ja selbstverständlich, dass ich jünger aussah, und daran würde sich auch nie etwas ändern.

Tja. Falsch gedacht.

Zuerst fiel es mir natürlich bei anderen auf. Leute, die gemeinsam mit mir jung gewesen waren, bekamen graue Schläfen, Zahnlücken, Bierbäuche, faltige Hälse, Lesebrillen, Bequemschuhe. Und irgendwann wurde mir klar, dass es mir nicht anders ging (von den Zahnlücken mal abgesehen).

Dann wurde ich fünfzig, und erstaunlicherweise wunderte sich niemand darüber – nicht einmal ich selbst. Keiner sagte, ich sähe doch so viel jünger aus, und es war mir egal. Was spielt es für eine Rolle, ob man ein paar Jahre jünger geschätzt wird oder ein bisschen älter? Eben: überhaupt keine. Da kann man auch ebenso gut exakt so alt aussehen, wie man ist.

Wann dieser Sinneswandel passiert ist, kann ich nicht genau sagen. Irgendwann zwischen vierzig und fünfzig, vermutlich, wechselte meine Überzeugung von »Altern ist eine Illusion« zu – frei nach John Lennon – »Altern ist das, was passiert, während du verzweifelt versuchst, jung zu bleiben.«

Ist das jetzt schon die Altersweisheit? Möglich. Fest steht, dass meine frühere Überzeugung, ich würde für immer jung bleiben, nichts mit jugendlicher Unwissenheit zu tun hat, sondern sogar wissenschaftlich begründbar ist! Man kann sich vorstellen, wie erleichtert ich war, den TED-Vortrag des Psychologen und »Happiness-Experten« Dan Gilbert zu hören, in dem er dieses Phänomen als »end-of-history illusion« bezeichnete. Menschen wissen zwar, dass sie sich im Verlauf ihres bisherigen Lebens gewaltig verändert haben, glauben aber dennoch, dass dieser Prozess just im gegenwärtigen Moment endet. Erführen sie, dass sie in zehn Jahren woanders wohnen, neue Freunde, einen veränderten Musikgeschmack und eine andere Frisur haben werden (eine, die sie zum gegenwärtigen Zeitpunkt als scheußlich bezeichnen würden), sie würden es nicht glauben. Und das, obwohl ihre Wohnsituation, ihr Freundeskreis, ihr Musikgeschmack und ihre Frisur vor einem Jahrzehnt definitiv anders waren. Die Veränderungen in der Vergangenheit betrachtet man als selbstverständlich, die in der Zukunft dagegen als unmöglich. Das ist so, weil man fälschlicherweise glaubt, die Person, die man jetzt gerade ist, bleibe man für den Rest seines Lebens. Tja. Ich bin also nicht die Einzige, die jahrelang diesem Irrtum aufgesessen ist.

Wen der komplette Vortrag interessiert, hier ist der Link: *https://www.ted.com/talks/dan_gilbert_you_are_always_changing* Reinhören lohnt sich!

Warum sind graue Schläfen nur bei Männern heiß? Boris Becker oder: Ich will den gleichen Spiegel wie mein Mann!

Tja. Wenn man Mister Gilbert Glauben schenken möchte, muss man sich also nur noch entscheiden, ob man Veränderungen prinzipiell mag oder nicht. Ich würde ja von mir behaupten, ein veränderungsfreudiger Typ zu sein. Sehr sogar. Ich ziehe zum Beispiel sehr gerne um, auch in andere Länder, ich bin für spontane Projekte und Aktionen zu haben, und ich habe schon als Kind sehr konsequent meine Berufswünsche je nach Lebensphase geändert – was meine armen Eltern nicht immer mit purer Freude erfüllt hat. Irgendwann wollte ich natürlich wie alle anderen auch Schauspielerin werden, doch ich scheiterte, denn ich musste auf der Bühne immer lachen, und das kam schon in der Schultheatergruppe nicht besonders gut an. Im Grunde fand ich alles spannend, was irgendwie kreativ war, außerdem war die Welt ja so groß, bunt und schön, und es gab so viel zu entdecken. Um es freundlich auszudrücken: Ich war, bezüglich meines Studienfaches oder meiner späteren Berufswahl, sehr flexibel und neugierig. Das bin ich noch. Flexibel. Neugierig auch. Nur, was die Fünfzig angeht, eben irgendwie nicht. Aber ist es nun mein Innenleben oder »nur« mein Aussehen, das ich nicht verändert sehen will? Oder hängt das eine mit dem anderen zusammen? Hach, ich will so bleiben, wie ich bin. Ich darf. Zumindest innen. Und außen?

Auch meine Schläfen werden grau. Und das ist mitnichten sexy. Ich bin ja nun mal kein Mann. Aber warum sind graue Schläfen eigentlich nur bei denen sexy? Ich habe keine Ahnung, aber den Verdacht, dass all dies eine Frage des Blickwinkels ist.

Ein Beispiel: morgens im Bad. Mein Mann und ich stehen nebeneinander und putzen unsere Zähne. Jeder seine. Nebenher nutzen wir beide die Gelegenheit, in den Spiegel zu schauen. Ich denke: »Diese Falte da – war die da gestern auch schon? Und da am Hals, alles schlaff! Wieso habe ich dicke Augen und so fahle Haut? Ist das da an meinem Kinn etwa ein Barthaar? Da, direkt neben diesem fiesen Pickel, dem ich zurufen möchte: »Hee, geh zurück, wo du hergekommen bist, du hast dich verirrt, hier ist nicht die Pubertät! Du kommst dreißig Jahre zu spät!« Er bleibt. Hartnäckig. Ich glaube, Pickel sind taub. Ich entdecke graue Strähnen, wo gestern noch keine waren, beäuge mich kritisch und finde an allem etwas auszusetzen, und das, obwohl ich erst kürzlich in einer Frauenzeitschrift gelesen habe, dass man sich schon morgens gleich selbst sagen soll, dass man sich liebt. Also, sich selbst! Morgens schon! Das würde vielleicht anfangs etwas Überwindung kosten, aber das sei wichtig für das Selbstwertgefühl und es würde einem viel besser gehen und von Tag zu Tag werde es außerdem leichter. Tsss. Ich probiere gedanklich ein zaghaftes »Okay, Lucinde, altes Haus, es könnte schlimmer sein, wobei, wenn ich diesen Pickel da so anschaue …« Boah.

Mein Mann kennt diese Probleme nicht. Er schaut zwar in denselben Spiegel wie ich, sieht aber etwas völlig anderes! Wenn ich ihn so beobachte, wie er sich selbst zuzwinkert, sich dreht und wendet und sich dann wohlwollend durch den nicht mehr ganz so üppigen Schopf fährt, kann ich förmlich hören, wie ihm jedes einzelne graue Haar an seiner Schläfe sagt: »Ich find dich gut!« Das, was er im Spiegel sieht, bestätigt ihn einfach. Er ist ein Mann. Und das muss reichen. Jawohl. Ich hingegen bin eine Frau und nie zufrieden.

Ich weiß, damit bin ich nicht allein. Gestern Abend zum Beispiel, da kam diese Sendung auf ProSieben, in der prominente Paare eingeladen werden und dann, nach einem kurzen Gespräch, werden sie in der Maske zuerst zwanzig und dann fünfzig Jahre älter geschminkt. Unglaublich, wie die aussahen! Das erste Promi-Couple waren Lilly und Boris Becker. Ich meine, wenn Boris Becker fünfzig Jahre älter wäre als heute, dann wäre er 101! Aber gut. Bei Celebrities ist das ja gar kein Problem, die werden gut betreut, bekocht, betrainert und außerdem: Heidi Klum zum Beispiel war mal genauso alt wie ich! Mittlerweile ist sie schon drei Jahre jünger! Also wirklich. Halle Berry, Sharon Stone, Jane Fonda und wie sie alle heißen – sie altern – aber eben sehr viel langsamer als wir Normalsterbliche. Ab 35 alle drei Jahre ein Geburtstag, grob geschätzt. Vielleicht kommen sie einfach nie dazu zu feiern, weil sie so damit beschäftigt sind, ihr Ehegelübde jährlich medienwirksam am Strand von Malibu zu erneuern, daraufhin in Flitterwochen zu fliegen und sich dort vorteilhaft ablichten zu lassen, sodass man sich fragt, ob die zu Hause keine überquellenden Wäschekörbe, anstrengende Teenager oder sonst irgendetwas haben, womit wir anderen so unsere Zeit verplempern.

Aber zurück zu Boris und Lilly. Da saßen also die beiden, ordentlich schrumpelig, fleckig und alt, und Lilly bemühte sich sichtlich, Haltung zu bewahren. Boris gefiel ihr ganz okay – bis auf die Frisur, die fand sie so richtig scheiße, aber daran kann man arbeiten. Boris betrachtete sich übrigens selbst genauso im Spiegel, wie mein Mann das heute Morgen tat: drehen, wenden, durch die Haare fahren. Augenbrauen heben. Sehr zufrieden lächeln – und das, obwohl da keineswegs Paul Newman oder Ryan Gosling zurückgrinst, sondern schlicht und ergreifend er selbst.

Wie geht das? Ich will das auch können!

Vielleicht haben die aber wirklich was an ihrer Sehrinde, oder wo auch immer die schönen bunten Bilder gemacht werden, und sehen etwas anderes als wir? Mit dem Gehör ist das ja ähnlich. Ich dachte schließlich immer auch, ich könnte singen. Bis ich aus Versehen auf Tonband geriet … Vielleicht ist es ja mit dem Spiegel genauso. Ich meine, bei Männern. Ich schaue in den Spiegel und sehe mich selbst. Kein Grund zur ausufernden Freude. Und mein Mann sieht eben – Richard Gere, und zwar so, wie er in »Pretty Woman« aussah. Würde mir morgens im Bad Richard Gere begegnen, ich würde mir jedenfalls auch mehr Mühe mit meinem Erscheinungsbild geben, so viel ist schon mal klar.

Zurück zu Boris: Das Faszinierende an dieser Sendung war: Er betrachtete nicht nur sich, sondern auch Lilly durch diesen »Alles gut«-Filter und war ganz begeistert von seiner Frau. Boris fand sie sexy und attraktiv und schwärmte in den höchsten Tönen von ihr und davon, was er für ein Glück gehabt habe, sie abzukriegen. Pure Anerkennung, echte Zuneigung und – ein Wunder – Boris kam richtig sympathisch rüber mit seiner Begeisterung für seine faltige Frau. Er fand sie toll. Sexy. Und schön. Genau wie sich selbst. Alles prima. Alles am Platz. Er Tarzan, sie Jane. Vielmehr: Er Boris, sie Lilly. Super. Weitermachen.

Mein Mann kann das auch – mit mir, meine ich. Er findet es eher befremdlich, dass ich immer was an mir auszusetzen habe. Und ich finde es befremdlich, dass er so blind ist. Aber besser so als andersrum, oder?

Ach ja: Wie Lilly sich selber fand? Joah – wie ich mich eben auch. Hier ne Falte, da ein graues Haar. Eher so lala, als oh, là, là.

Hach, man sollte männlich sein. Oder wenigstens prominent. Und am besten beides. Man würde jedes Jahr jünger. Und schön wäre man sowieso.

Apropos ... Was haben wir denn für Vorbilder?

Apropos männlich und prominent: Wenn man die einschlägigen TV-Talkshows als Maßstab ansetzt, sieht alles so aus, als würde die Menschheit in Quantität und Bedeutsamkeit aus folgenden Bevölkerungsgruppen bestehen:

1. Männer zwischen vierzig und fünfzig
2. Männer über fünfzig
3. Männer unter vierzig
4. Markus Lanz
5. Frauen bis dreißig

Ende der Liste. (Es sei denn, es geht um reine Boulevard-Themen. Da hat sich das Mansplaining noch nicht so durchgesetzt.)

Nun wissen wir aber sehr genau, dass die Realität eine andere ist. Da fragt man sich doch: Sind Frauen über dreißig tatsächlich unsichtbar? Oder nur für Programmgestalter? Haben sie von den angesagten Themen keine Ahnung und daher auch nichts zu sagen? Mit anderen Worten: Gibt es keine interessanten Frauen um die fünfzig und darüber?

Natürlich gibt es jede Menge davon! Und sogar welche, die so großartig sind, dass sie gut als Vorbilder taugen! Es gibt sogar dermaßen viele, dass mir die Auswahl extrem schwergefallen ist. Aber ich habe es geschafft, meine Liste auf zehn Namen zu beschränken. Na ja, fast jedenfalls, denn ein paar weitere habe ich in den dazugehörigen Texten versteckt ...

Die Reihenfolge ist übrigens keine Wertung, sondern geht ganz einfach nach dem Geburtsjahr.

Tolle Frauen über fünfzig – eine unvollständige, ganz persönliche Auswahl

Astrid Lindgren

Schwedische Kinder- und Jugendbuchautorin, Jahrgang 1907
Obwohl sie bereits 2002 gestorben ist, fällt mir Astrid Lindgren beim Stichwort weibliche Vorbilder immer als Erste ein. Und nicht nur, weil sie eine fantastische Autorin war, die mit Pippi Langstrumpf wohl die buchstäblich stärkste weibliche Kinderbuchfigur aller Zeiten erfunden hat. Sondern auch, weil sie sich bis ins hohe Alter eine gewisse Kindlichkeit bewahrt hat, sodass sie zeit ihres Lebens neugierig blieb und ihren jugendlichen Humor behielt. Beeindruckend ist auch ihr Engagement für gewaltfreie Kindererziehung und für Tierrechte. Und überhaupt ihre Biografie, die nach einer ungetrübt glücklichen Kindheit in Småland auch schwierige Zeiten brachte. Unverheiratete Mutter zu sein und den Sohn bei Pflegeeltern unterbringen zu müssen war in den 1920er-Jahren sicher nicht leicht. Aber Astrid Lindgren ließ sich nicht unterkriegen. Sie arbeitete als Zeitungsvolontärin, Stenografin, Sekretärin (einmal sogar als direkte Nachfolgerin von Zarah Leander), Lektorin und schließlich als Schriftstellerin. Als ihr erstes Kinderbuch erschien, war sie übrigens fast vierzig, als sie »Michel aus Lönneberga« schrieb, Anfang fünfzig und bei »Ronja Räubertochter« bereits Mitte siebzig. Wir haben also noch viel Zeit zum Schreiben, Lucinde und ich!

Gro Harlem Brundtland

Norwegische Politikerin, Jahrgang 1939

Wenn es um Frauen in der Politik geht, würden wohl viele zuerst Michelle Obama als Vorbild nennen. Aber sorry, das wäre ebenso voreilig, wie ihren Gatten gleich zu Beginn seiner Amtszeit mit einem Friedensnobelpreis zu ehren. Bisher war sie schließlich nur First Lady. Wenn auch eine tolle, die großartige Reden gehalten hat.

Vielleicht wird sie ja eines Tages selbst Präsidentin, dann wäre ich bereit, mir die Sache noch mal zu überlegen. Einstweilen kann sie Frauen wie Gro Harlem Brundtland jedenfalls noch nicht übertrumpfen. Die war nämlich dreimal Ministerpräsidentin von Norwegen, zum ersten Mal übrigens mit 47. Später wurde sie Generaldirektorin der Weltgesundheitsorganisation und anschließend UN-Sonderbeauftragte für den Klimawandel. Gro Harlem Brundtland engagiert sich außerdem gegen Kinderheirat und für die weltweite Abschaffung aller Nuklearwaffen.

Weil sie 1987 Vorsitzende der World Commission on Environment and Development war, ist diese auch als Brundtland-Kommission bekannt und deren Abschlussbericht mit dem Titel »Our Common Future« als Brundtland-Bericht.

Respekt! (Nach Angela Merkel ist übrigens eine Orchideenart benannt.)

Tina Turner

Amerikanisch-Schweizerische Sängerin, Jahrgang 1939

Anna Mae Bullock, wie Tina Turner eigentlich heißt, hat im Leben nicht viel geschenkt bekommen. Ihr Kapital waren ihre Wahnsinnsstimme und ihre Power. Sie schaffte es nicht nur, ihren brutalen ersten Ehemann Ike zu verlassen, sondern auch, ohne ihn noch erfolgreicher zu sein. Von wegen »We don't need another hero«. Insgesamt verkaufte sie weltweit sage und schreibe über 180 Millionen Tonträger!

Bei ihrem Durchbruch als Solokünstlerin war sie übrigens bereits Mitte vierzig. Noch mit siebzig fegte sie im Glitzer-minifummel über die Bühne, als wäre das eine Selbstver-ständlichkeit, genauso wie die Tatsache, dass ihr zweiter Ehe-mann sechzehn Jahre jünger ist als sie. »Ich werde mich dem Alter nicht beugen, bevor ich alt werde. Und ich bin noch nicht alt«, sagte sie einmal.

Die US-amerikanische Staatsbürgerschaft hat Tina Turner inzwischen übrigens aufgegeben. Sie hat in der Schweiz eine neue Heimat und ihr Glück gefunden.

Tina, you're simply the best!

Judith Boyd
US-amerikanische Modebloggerin, Jahrgang 1943
Die Zeiten, in denen Frauen über fünfzig unsichtbar wurden und sich spätestens mit siebzig nur noch in beigefarbene oder dunkle, unförmige Gewänder hüllten, sind glücklicherweise vorbei. Doch selbst wenn das nicht der Fall wäre, würde sich Judith Boyd vermutlich nicht davon abhalten lassen, die Mo-dewelt auf den Kopf zu stellen. Mit 67 Jahren startete die gelernte Krankenschwester, die jahrzehntelang in der Psy-chiatrie gearbeitet hatte, als Modebloggerin, Stilikone und Instagram-Star – inzwischen hat sie dort über 30 000 Follo-wer!

Judith Boyd liebt Veränderungen, sie liebt Hüte und die Energie des Älterwerdens. Damit ist sie das wohltuende Ge-gengewicht zum unerfreulichen Trend des Body Shamings und der selbst ernannten Styleberater, die so tun, als wäre

Mode der Jugend vorbehalten, während Kleidung im Alter vor allem dazu diene, Problemzonen zu verdecken.

Denn Judith Boyd beweist: style is ageless!

Vera F. Birkenbihl

Deutsche Motivationstrainerin, Jahrgang 1946

Live können wir diese wunderbare Lern-, Kommunikations- und Hirnforscherin, die auch als Managementtrainerin und Sachbuchautorin erfolgreich war, leider nicht mehr erleben, denn sie starb bereits 2011 mit erst 65 Jahren. Doch ihre unvergleichliche Art, komplexe Zusammenhänge wortgewandt, verständlich und humorvoll zu erklären, sorgt nach wie vor für Begeisterung – vor allem dank ihrer Videos im Internet, die Millionen von Menschen gesehen haben.

Bekannt wurde sie in den 1980er-Jahren mit der Birkenbihl-Methode – einer gehirngerechten Art, Sprachen zu lernen.

Überhaupt gehörten spielerische Wissensvermittlung und entsprechende Lernstrategien zu den wichtigsten Themen ihrer Seminare und Veröffentlichungen. In ihren Management-Trainings verband sie Neuroforschung mit Zukunftsthemen – eine einmalige Kombination, die ihr Markenzeichen war. Die (Wirtschafts-)Welt braucht mehr Frauen wie sie!

Kathrine Switzer

US-amerikanische Laufpionierin und Aktivistin, Jahrgang 1947

Es ist erst wenige Jahrzehnte her, da war es Frauen nicht gestattet, an Marathonläufen teilzunehmen – mit der Begründung, die Belastung sei für den schwachen weiblichen Körper zu groß.

Kathrine Switzer wollte beweisen, dass das Humbug ist, und zwar nicht inoffiziell, sondern mit einer richtigen Startnummer: beim Boston Marathon 1967.

Weil sie sich nur mit ihren Initialen, nicht mit ihrem vollen Vornamen in die Anmeldeliste einschrieb und sie außerdem mit dicker Trainingskleidung sowie Wollmütze an den Start ging, kam man ihr erst während des Rennens auf die Schliche. Dann allerdings versuchte der Renndirektor, sie von der Strecke zu rempeln und ihr die Startnummer abzureißen. Doch Kathrine Switzers Begleiter beschützten sie, und so konnte sie das Rennen beenden – als erste Frau aller Zeiten.

Sie gilt als Laufpionierin, deren Engagement es unter anderem zu verdanken ist, dass Frauen immerhin seit 1972 offiziell beim Marathon starten dürfen und seit 1984 auch bei den Olympischen Spielen.

Noch heute setzt sie sich für Frauen ein, die aufgrund von Religion, Hautfarbe oder Herkunft benachteiligt werden. Sie hat eine weitweite Lauf-Community von und für Frauen gegründet: »261 Fearless«. Natürlich ist dieser Name eine Anspielung auf ihre berühmte Startnummer, die seitdem beim Boston Marathon nicht mehr vergeben wird – es sei denn an sie selbst. Auch 2017, genau fünfzig Jahre nach ihrem spektakulären ersten Lauf, nahm sie wieder am Boston Marathon teil – mit siebzig Jahren. Respekt!

Meryl Streep
US-amerikanische Schauspielerin, Jahrgang 1949
Okay, ich hätte auch Susan Sarandon oder Helen Mirren nennen können, die ich beide sehr verehre. Aber Meryl Streep ist eben Meryl Streep. Für mich die beste Schauspielerin über-

haupt. Dabei kassierte sie als junge Nachwuchsdarstellerin eine Absage beim Casting zu *King Kong* – sie sei zu hässlich.

Seitdem hat sie drei Oscars gewonnen und wurde insgesamt 21 Mal nominiert – von all den anderen Preisen ganz zu schweigen. Ihr Spektrum reicht von dramatisch bis urkomisch, von spannend bis hochemotional. Und singen kann sie auch noch, wie sie mehrfach bewiesen hat (nicht zuletzt in *Mamma Mia*).

Und von wegen »zu hässlich«: 2011 schaffte sie es mit 62 Jahren aufs Titelbild der *Vogue* – übrigens als bis dahin ältestes Cover-Model dieses Magazins …

Aber Meryl Streep ist nicht nur Schauspielerin, sondern auch engagierte Bürgerin – beispielsweise gegen Atomkraft und für Abrüstung, AIDS-Hilfe, Frieden, Gleichberechtigung. Ihre Millionengage für die Rolle als Margaret Thatcher in *Die Eiserne Lady* spendete sie übrigens komplett für das America's National Women's History Museum.

Und bei der Golden-Globe-Verleihung 2017 kritisierte sie – ohne Namensnennung – den damals noch künftigen Präsidenten Donald Trump so leidenschaftlich, dass der sich anschließend per Twitter wehrte und sie als »überschätzt« bezeichnete. Völlig unmöglich, Mr. Trump – Meryl Streep kann man gar nicht überschätzen!

Margit Ramus
Deutsche Schaustellerin und Kunsthistorikerin, Jahrgang 1951
Dass Margit Ramus eine Doktorarbeit zum Thema »Kulturgut Volksfest. Architektur und Dekoration im Schaustellergewerbe« schrieb, ist in vielerlei Hinsicht bemerkenswert. Nicht nur, weil Karussells und Losbuden eher selten das Objekt kunsthistorischer Betrachtungen sind, sondern vor al-

lem, weil Margit Ramus, bevor sie mit über sechzig Jahren »Dr. phil.« wurde, erst einmal Abitur und Studium nachholte. Denn bisher hatte sich ihr Leben vor allem auf dem Rummelplatz abgespielt. Erst half sie im elterlichen Schaustellerbetrieb, dann gründete sie mit ihrem Mann einen eigenen. Auch heute verkauft sie noch gebrannte Mandeln und Nüsse auf Kölner Weihnachtsmärkten und ist stolz darauf, Schaustellerin zu sein. Aber vermutlich ist sie die Einzige in ihrer Branche, die inzwischen einen Doktortitel hat und Bücher schreibt – neben wissenschaftlichen Werken auch Kurzgeschichten und Reiseberichte. Das macht Margit Ramus zu einem beeindruckenden Vorbild – nicht nur für ihre Kinder, Enkel und Urenkel!

Kathryn Bigelow
US-amerikanische Regisseurin, Jahrgang 1951
Die Regie ist – nicht nur in Hollywood – noch immer eine Männerdomäne. Regisseurinnen gibt es eher wenige, und solche, die Actionfilme drehen, noch viel weniger. Kathryn Bigelow ist also eine echte Ausnahme. Und sie ist die erste Frau, die je einen Oscar in der Kategorie »Beste Regie« gewonnen hat! Das war im Jahr 2008 für den Film »Tödliches Kommando – The Hurt Locker«, ein Kriegsdrama. Da war sie 57 Jahre alt.

Ihren Durchbruch schaffte sie übrigens Ende der 80er, Anfang der 90er mit dem Serienkiller-Thriller »Blue Steel« und dem Actionfilm »Gefährliche Brandung«.

Ihr neuester Film, der 2017 anlief, heißt »Detroit«. Er handelt von den dortigen Rassenunruhen ein halbes Jahrhundert zuvor. Leider ein brandaktuelles Thema. Umso wichtiger, dass sie es aufgreift!

Waris Dirie

Österreichisches Model und Autorin, Jahrgang 1965

Waris Dirie ist eine wunderschöne schwarze Frau. Deshalb ist es auch nicht weiter erstaunlich, dass sie als Achtzehnjährige in London von einem Fotografen entdeckt wurde und als Model für Marken wie Chanel, Cartier oder Levi's arbeitete. Sie war in einem James-Bond-Film zu sehen und gemeinsam mit Naomi Campbell auf dem Cover des Pirelli-Kalenders.

Erst 1997 sprach sie öffentlich über die traumatischen Erlebnisse ihrer Kindheit: Sie wurde in eine somalische Nomadenfamilie hineingeboren und erlitt als Fünfjährige die Beschneidung ihrer Genitalien. Mit vierzehn sollte sie mit einem alten Mann verheiratet werden, doch dem entging sie durch Flucht. Erst in die Hauptstadt Mogadischu, dann weiter nach England zu einem Onkel. Als der London verlassen musste, lebte sie auf der Straße bzw. in einem Heim.

Ihre spätere Berühmtheit nutzte sie, um auf die weibliche Genitalverstümmelung aufmerksam zu machen, die sie als Menschenrechtsaktivistin und UN-Sonderbotschafterin seit Jahren bekämpft. 2002 hat sie sogar ihre eigene Organisation gegründet, die Desert Flower Foundation, die für das Problem sensibilisiert und Betroffenen hilft. *Wüstenblume* (bzw. im Original *Desert Flower*), wie ihr Vorname Waris übersetzt heißt, ist auch der Titel des Bestsellers, in dem sie ihre Geschichte erzählt. Weitere Bücher und Filme folgten. Sie erhielt zahlreiche Auszeichnungen, unter anderem den Preis der Deutschen Afrika-Stiftung, den Women's World Award, die Martin Buber-Plakette und den Thomas-Dehler-Preis. Und jeden einzelnen hat sie verdient. Eine beeindruckende Frau.

Ich könnte noch ewig so weitermachen! Wenn man sich mal mit dem Thema beschäftigt, stellt man fest, dass es haufenweise großartige Frauen Ü50 gibt, die sicher auch viel Spannendes zu sagen haben. Vielleicht ist diese Info bloß noch nicht in alle Talkshow-Redaktionen vorgedrungen?

Filme – die besten Stimmungsaufheller

Oh, ich will mitspielen! Schließlich könnte man diese Liste noch deutlich verlängern. Ich finde ja zum Beispiel, Michelle Obama muss unbedingt auch drauf. Natürlich ist sie bisher vor allem als Präsidenten*gattin* in Erscheinung getreten und eben nicht selbst als Präsidentin. Aber sie hat grundsätzlich die richtigen Dinge zur richtigen Zeit angesprochen, hat ihren Mann unterstützt und trotzdem ihre Position genutzt, um unglaublich viele tolle Projekte anzustoßen. Ihr Engagement für die Bildung von sozial benachteiligten Mädchen ist eine Investition in die Zukunft – und nicht nur in das Marketing für die Marke »Obama«. Es ist weniger, was sie gesagt hat, sondern wie sie es getan hat: warmherzig, mit Leidenschaft und Einfühlungsvermögen. Diese Frau ist einfach echt! Besonders gefallen hat mir auch, mit welcher Leichtigkeit sie sich in James Cordens »Carpool Karaoke« als Mensch präsentiert hat. Damals war sie noch Präsidentengattin, lebte im Weißen Haus und rappte, sang und groovte mit Nicki Minaj um die Wette. Eine promovierte Juristin, die im Auto singt, auch mal eine Träne verdrückt, ihre Oberarme trainieren muss, weil sie sonst wackeln, und ihre Kinder selbst erzieht. Und wie alt war sie wohl, als die Welt sie das erste Mal wahrnahm? Naaaa? Deutlich über vierzig! YIPPIE! Ich finde sie echt toll. Dabei hat ihr Auftreten vermutlich überhaupt nichts mit ihrem Alter zu tun. Ich wette, sie war als Kind schon so.

Apropos Kind: Genauso wie Michelle Obama beeindruckt mich Severn Suzuki, ein Mädchen, das 1992 mit zwölf Jahren mit ihren Freunden eine eigene Umweltorganisation gegründet und selbst Geld gesammelt hat, um vor der UN über ihre Zukunft und die aller Kinder sprechen zu können. Sie hielt eine unglaubliche Rede vor all den alten UN-Sesselpupsern und wies sie darauf hin, dass all die Kinder da draußen noch da sein würden, wenn alle, die zu diesem Zeitpunkt im Saal saßen, längst den Löffel abgegeben haben würden. Dass es wichtig sei, sich um eine lebenswerte Zukunft zu kümmern und in Jahrzehnten und Jahrhunderten zu denken und nicht nur in der eigenen Amts- und Lebenszeit. Die Rede machte (und macht) nicht nur mich, sondern sehr viele Menschen (glücklicherweise auch bei der damaligen Veranstaltung) sprachlos.

Hat sich durch ihren engagierten Einsatz etwas verändert? In meiner Wahrnehmung schon. Bei den folgenden UN-Verhandlungen? Ich weiß es nicht. Was ich sagen will, ist: Es hat offensichtlich nichts mit dem Alter zu tun, ob man den Mund aufmacht und Großes leistet. Lassen wir uns also nicht abschrecken, mit diesem ganzen »Oh, ich bin doch schon so alt, da kann man doch nichts Neues mehr anfangen … blablabla!«. Vor ein paar Jahren noch waren Sie zu jung! Also: PAPPERLAPAPP! Außerdem: Wer sagt denn sowas? Ich meine, außer mir? Und wer sagt denn, dass ich Recht habe? Also: Beweisen Sie mir das Gegenteil! Ja, Sie! Ich will ja gar nicht unbedingt Recht haben, ich will nur überzeugt werden. Also: Wie wäre es denn nun mit Ihnen? Sie müssen ja nicht gleich vor die UN treten, im Fernsehen singen oder sonst Großes leisten. Es reicht ja vielleicht schon, ein kleines Risiko einzugehen, sich zu trauen und einfach mal das zu tun, wofür man wirklich brennt. Was einem Spaß macht. Und was man aus den verschiedensten Gründen immer weiter aufschiebt. Also los! Es ist für nichts zu spät!

Naja. Und wenn Sie doch mal zwischendurch der Altersblues packt, dann schauen Sie sich doch eben einfach all die großartigen Filme an. Genau: die mit Meryl Streep, Judi Dench, Helen Mirren, Jack Nicholson und Co. Oder, wenn Sie lieber deutsche Schauspielerinnen mögen, die mit Martina Gedeck, Corinna Harfouch, Katja Riemann oder Iris Berben, um nur ein paar der ganz Großen zu nennen. Filme mit diesen großartigen Schauspielerinnen und Schauspielern zu schauen hilft enorm. Es mögen nicht so viele Blockbuster dabei sein wie bei denen mit den ganz Jungen und Schönen, aber dafür sind die Plots meist besser, die Dialoge klüger und die Schauspieler (die sich nun auch nicht mehr vordergründig über ihr Aussehen definieren müssen) das beste Beispiel dafür, dass man das Altern nicht aufhalten muss. Denn offensichtlich sind Erfüllung, Coolness und Spaß nicht im Geringsten das Privileg der gut aussehenden Jugend.

Calendar Girls, 2003, Helen Mirren, Julie Walters
Chris und Annie sind schon viele Jahre lang sehr enge Freundinnen und leben in einer kleinen Stadt in Yorkshire. Als Annies Ehemann an Krebs stirbt, hat Chris die Idee, den Erlös des Kalenders, den der lokale Frauenverein jedes Jahr mit Blumenmotiven gestaltet und verkauft, dem örtlichen Krankenhaus zu spenden. Dieses Jahr hat sie allerdings keine Blumenbilder im Sinn. Nein, dieses Jahr schmücken Fotografien von Frauen aus dem Verein die zwölf Blätter. Das Besondere daran ist: Alle Frauen sind über fünfzig, und alle sind nackt.

Der Kalender ist ein voller Erfolg, und plötzlich interessiert sich sogar Hollywood für die Damen aus Yorkshire. Das ist natürlich toll für den Kalender – aber für die Freundschaft von Chris und Annie ist es außerdem eine große Zerreißprobe.

Der Club der Teufelinnen, 1996, Maggie Smith, Goldie Hawn, Bette Midler, Diane Keaton

Drei Frauen, die zu Collegezeiten befreundet waren, treffen sich viele Jahre später anlässlich der Beerdigung einer vierten Freundin wieder, die sich wegen ihres untreuen Ehemanns das Leben genommen hat, und beschließen daraufhin, sich gemeinsam an ihren jeweils ebenfalls untreuen Männern zu rächen, indem sie sie ruinieren. Das Geld, das sie ihnen aus der Tasche ziehen, nutzen die drei, um eine Beratungsstelle für Frauen zu finanzieren. Klingt tragisch, ist aber eine Komödie, die vor allem von den drei tollen Hauptdarstellerinnen lebt, die alle sehr kurz nacheinander Geburtstag haben und während der Dreharbeiten alle fünfzig wurden.

Best Exotic Marigold Hotel, 2012, Judi Dench, Maggie Smith, Tom Wilkinson, Bill Nighy, Julie Christie, Dev Patel

Sieben Senioren aus England reisen aus den unterschiedlichsten Gründen nach Indien und landen alle in derselben Unterkunft. Ihre Bleibe, das heruntergekommene »Best Exotic Marigold Hotel«, wird von dem jungen Inder Sonny mit großer Leidenschaft, aber wenig Erfolg geführt. Innerhalb kürzester Zeit entwickelt das Zusammenleben dieser sieben seine ganz eigene Dynamik, und jeder der Gäste erlebt eine Zeit, die er nie vergessen wird. Liebe, Leidenschaft und der Versuch, ein echt olles Hotel zu retten … Einfach ein richtig tol-

ler Film, der Lust auf Reisen, Indien und auch aufs Älterwerden macht.

Embrace – Du bist schön, 2016, Doku, englisch mit Unter-
titeln, Taryn Brumfitt
Taryn Brumfitt, australische Fotografin und Mutter von drei
Kindern, postet ein Vorher-Nachher-Foto in den sozialen
Netzwerken, mit dessen medialem Erfolg sie niemals (und
auch sonst niemand) gerechnet hat. Vorher: Ihr superschlan-
ker, fitnessgestählter Idealmaßkörper. Nachher: Taryns echter Frauenkörper, mit Hüftspeck, Cellulite und Falten. Über
hundert Millionen Klicks erreicht sie mit diesem Bild innerhalb kurzer Zeit. Und sie nutzt die Aufmerksamkeit, um sich
mit dem Thema Selbstwahrnehmung und dem Wunsch unendlich vieler Frauen nach dem perfekten Körper auseinan-
derzusetzen.

Um herauszufinden, warum sich so viele Frauen nicht
wohl in ihrer Haut fühlen und sich regelrecht für ihren Körper schämen, reist sie einmal um die ganze Welt. Dabei trifft
Taryn auf viele, die aus den unterschiedlichsten Gründen
gelernt haben, dankbar für ihren Körper zu sein und ihn
zu lieben, wie er ist. Dieser Film ist eine Inspiration für alle
Frauen, Töchter, Freundinnen, Schwestern und Mütter. Und
er macht klar: Gesundheit und das Leben sind zu kostbar, um
sich ständig nur mit Selbstzweifeln zu quälen!
YEAH!

Was das Herz begehrt, 2003, Jack Nicholson, Diane Keaton,
Keanu Reeves, Amanda Peet
Harry Sanborn (Jack Nicholson) ist ein ewiger Junggesel-
le, der auf deutlich jüngere Frauen steht. Mit seiner neuen

Freundin Marin (Amanda Peet) reist er nach Long Island, um dort mit ihr ein romantisches Wochenende zu verbringen. Doch plötzlich bricht er mit Schmerzen in der Brust zusammen und muss sofort behandelt werden. Weil er nicht reisefähig ist, soll er sich danach bei Erica (Diane Keaton), Marins Mutter, erholen. Die findet den ungehobelten Harry zuerst wenig attraktiv, dafür ist Harry trotz ihres Alters von Erica begeistert. Als Harrys junger und sehr charmanter Arzt Julian Mercer (Keanu Reeves) auftaucht und sich offensichtlich auch für Erica interessiert, ist das Chaos komplett.

Ja, okay. Man kann sich fragen, was Keanu Reeves an Diane Keaton so mega toll findet – oder man kann einfach ein bisschen schmachten und träumen. Und außerdem: Diane Keaton ist wirklich toll. Keanu hat einfach einen guten Geschmack. Und er sieht so gut aus. Und er ist so sexy. Und … seufz!

Wenn Liebe so einfach wäre, 2009, Meryl Streep, Steve Martin, Alec Baldwin

Jane (Meryl Streep) und Jake (Alec Baldwin) sind schon viele Jahre geschieden. Jake hat mittlerweile die junge Agness geheiratet und Jane ist im Begriff, sich mit dem freundlichen, seriösen Adam (Steve Martin) auf eine Beziehung einzulassen. Doch nach der College-Abschlussfeier ihres gemeinsamen Sohnes landen Jane und Jake miteinander im Bett, und das Liebesleben der nicht mehr ganz so jungen Ex-Partner wird ganz schön kompliziert. Für jeden, der glaubt, das Leben hätte keine Überraschungen mehr in der Liebeswundertüte für sie. Und für alle anderen natürlich auch.

Wer gerne deutsche Filme sieht:

Wir sind die Neuen, 2014, Gisela Schneeberger, Heiner Lauterbach

Anne, Eddi und Johannes haben früher schon mal in einer WG zusammengelebt. Nun, nach über dreißig Jahren, ziehen sie aus unterschiedlichen Beweggründen wie Geldmangel, Nostalgie oder der Angst vor der Einsamkeit wieder zusammen. In der Wohnung über ihnen leben Katharina, Barbara und Thorsten, drei junge Studenten in ähnlicher Konstellation, aber mit wesentlich höheren Ambitionen. Während die Alten wie früher nachts Musik hören, Wein trinken und unendlich lang am Küchentisch philosophieren, wollen die Jungen Karriere machen und ihre Ruhe haben. Schnell gibt es Streit zwischen den Generationen. Aber dann werden die Alten plötzlich gebraucht.

Ein Film, der zeigt, welche Qualitäten Freundschaften haben können und wie wichtig und kostbar es ist, voneinander zu lernen.

Und hier natürlich die beiden Youtube-Videos:

Michelle Obama:
https://www.youtube.com/watch?v=ln3wAdRAim4
Severn Suzuki:
https://www.youtube.com/watch?v=Sj00vO48MTk

Nicht Fisch, nicht Fleisch – Pubertät 2.0

Ist ja witzig – Lucinde mag dieselben Filme wie ich. Da würde ich doch glatt noch *Grüne Tomaten, Miss Daisy und ihr Chauffeur* und *Das Beste kommt zum Schluss* ergänzen. Jeder davon ist tausendmal besser als alle Teenie-Komödien zusammen!

Zum Glück kann mich niemand zwingen, so etwas wie *Eis am Stiel* oder *American Pie* anzuschauen. Puh. Himmel, was für ein furchtbarer Gedanke. Das wäre ja fast, als müsste ich die Pubertät noch ein zweites Mal erleben! Andererseits: Manchmal habe ich das Gefühl, es wäre ohnehin so …

Früher, als mir dreißig schon uralt vorkam, habe ich mich immer sehr darüber amüsiert, wenn meine Großeltern – die in meinen Augen hochbetagt waren – andere als »alt« bezeichneten, diesen Ausdruck für sich selbst aber weit von sich wiesen. Ihrer Meinung nach waren sie in den besten Jahren, allenfalls »ältere Leute«. Zu meiner Verteidigung: Was wusste ich damals schon von den feinen Nuancen der Vergreisung?

Eigentlich beginnt das Altern ja schon mit der Geburt. Heißt es. Aber wer denkt bei einem niedlichen Kleinkind mit allerliebsten Goldlöckchen und Speckfältchen an den Wurstfingerhändchen schon an Gerontologie, die Wissenschaft des Alterns?

Meine Großeltern hatten übrigens ganz recht damals. Denn sie waren zu dem Zeitpunkt erst Anfang sechzig, also gerade mal zehn Jährchen älter als ich heute, während die »alten

Leute«, von denen sie erzählten, bereits jenseits der achtzig oder gar neunzig waren. Eine ganze Generation Unterschied!

Aus meiner kindlichen Perspektive machte das freilich keinen Unterschied. Ich war mit jenem Teil meines Älterwerdens beschäftigt, der mit Reifung und Erwachsenwerden zusammenhängt, und damit hatte ich wirklich genug zu tun. Mich quälte die Frage: Was bin ich eigentlich? Als Kind fühlte ich mich eigentlich nicht mehr. Schließlich war ich so groß, dass mein Schuhwerk in der Damenabteilung gekauft werden musste. Ich las auch längst keine Kinderbücher mehr, sondern vorzugsweise Krimis von Agatha Christie. Erwachsen fühlte ich mich aber noch lange nicht. Und ich wollte es auch gar nicht sein! Wenn ich mich so umsah und umhörte, hatte das Erwachsensein vor allem mit Stress und Ärger, Problemen und Terminen, Rechnungen und Steuern, Kompromissen und Sachzwängen zu tun. Viel Spaß blieb da nicht übrig. Nein, also echt – mit dem Erwachsenwerden wollte ich mir noch viel Zeit lassen.

Was also war ich?

Vermutlich das, was man gemeinhin als »nicht Fisch, nicht Fleisch« bezeichnet. Damals begriff ich nicht so genau, was damit gemeint war. War ich also – ein Pilzgericht? Sojaragout? Tofuwurst? Rührei?

Heute kann ich dieser Redewendung immer noch nicht viel abgewinnen. Aber ich weiß, was sie zu beschreiben versucht. Nämlich dieses eigenartige Gefühl, zwischen zwei Stühlen zu sitzen – auch so ein Spruch, aber ein sehr plastischer.

Die Pubertät ist eine merkwürdige Phase. So *merk-würdig*, dass ich mich noch bestens daran erinnern kann. Oder liegt es vielleicht daran, dass es mir inzwischen wieder ähnlich geht?

Denn ganz ehrlich: Mit fünfzig ist es nicht viel anders als mit fünfzehn – jedenfalls was das Zwischen-den-Stühlen-Sitzen betrifft. Ich sehe junge Frauen, die Kinderwagen schieben und über das örtliche Betreuungsangebot diskutieren – ein Thema, das ich lange hinter mir habe. Und ich sehe alte Frauen mit grauen Schäfchenlocken, die – auf den Rollator gestützt – zum nächsten Café spazieren, um ihre spärliche Rente in koffeinfreien Kaffee zu investieren. Möglicherweise genau das, was irgendwann auf mich zukommt. Doch obwohl ich rein altersmäßig den Rollatorfrauen näher bin als den jungen Müttern, erscheint mir die Vorstellung, in nicht allzu ferner Zukunft eine von ihnen zu sein, vollkommen absurd.

Was also bin ich?

Schon wieder »nicht Fisch, nicht Fleisch«? Bin ich in die Pubertät 2.0 geraten und falls ja, wie komme ich da unbeschadet wieder raus? Aber warum sollte ich da eigentlich wieder rauswollen? Ich könnte diesen Schwebezustand ja auch einfach mal genießen. Denn eigentlich halte ich nicht viel von klassischem Schubladendenken. Also sollte ich froh sein, gerade in keine zu passen. Warum sehne ich mich nach einem Etikett? Sind wir nicht alle Individualisten? Und gibt es nicht jede Menge Spielraum zwischen Kinderwagen und Rollator?

Angenommen, ich definiere meine aktuelle Lebensphase als Pubertät 2.0, was erstens wesentlich schicker klingt als Klimakterium und zweitens deutlich mehr Spaß verspricht – was bedeutet das konkret?

1. Ein bisschen Diva

Dass Stimmungsschwankungen zur Pubertät gehören wie blühende Pickel und sprießende Körperhaare, ist hinlänglich bekannt. Ich erinnere mich bestens an meine Wutanfälle, die sich mit Begeisterungsstürmen und Phasen unsäglicher Langeweile abwechselten.

Bei Erwachsenen dagegen gelten Wutanfälle als Zeichen von Unbeherrschtheit und Schwäche – es sei denn, man ist Diktator, Fußballtrainer oder Filmdiva. Anstatt ihre Emotionen auszuleben, haben Normalsterbliche über dreißig die Ruhe zu bewahren. Wer sich nicht im Griff hat oder gar gehen lässt, wird zumindest schief angeschaut.

Ist das nicht fürchterlich langweilig?

Keine Angst, ich habe nicht vor, ab sofort als tickende Zeitbombe durchs Leben zu gehen, die bei geringsten Anlässen zur Cholerikerin mutiert. Aber ein bisschen weniger Selbstbeherrschung und dafür ein bisschen mehr Diva, das wäre schon spannend.

Denn ganz ehrlich: Ich habe keine Lust mehr darauf, eine fröhliche Miene aufzusetzen, wenn ich in Wahrheit stinksauer bin. Oder interessiert zu tun, wenn mich etwas bodenlos langweilt. Oder ernst zu bleiben, wenn ich am liebsten losprusten würde. Wozu auch?

In Zukunft leiste ich mir mehr Launen: eine Prise Naomi Campbell, eine Messerspitze Trapattoni, eine große Dosis »Hurz!« und ganz viel Pippi Langstrumpf … Schieben wir's einfach auf die Hormone.

2. Nie wieder Problemzonen

Wer hat eigentlich damit angefangen, sämtliche Körperstellen, die vom Ideal abweichen, als Problemzone zu bezeichnen? Spätestens seit es Photoshop gibt, hat die Realität doch ohnehin keine Chance mehr, dieses Ideal auch nur annähernd zu erreichen. Wer den Vergleich dennoch wagt, wird seinen

Körper wohl oder übel als Anhäufung von Unzulänglichkeiten betrachten. Vom großen Zeh (zu dick) bis zum Haaransatz (zu hoch). Warum also sich selbst runterziehen? Da wär man ja schön blöd, oder? Dennoch tut es fast jeder. Ganze Branchen leben von ebendieser Unzufriedenheit – Fitnessgerätehersteller, Psychologen, Diätpulveranbieter, Frauenzeitschriftenmacher …

Zurück zur Ausgangsfrage: Wer mit diesem Problemzonen-Unsinn angefangen hat, lässt sich nicht mehr eindeutig feststellen. Aber wann es bei den meisten von uns anfängt, steht außer Zweifel: in der Pubertät. Wenn der Körper sich verändert und wir darauf mit Verunsicherung reagieren.

Inzwischen sollten wir uns einigermaßen daran gewöhnt haben, dass sich der Leib, in dem wir zu Hause sind, permanent verändert. Wie wäre es also damit, die Pubertät 2.0 zum Ende der Problemzonen zu erklären?

Es ist Zeit für einen Perspektivwechsel. Und überhaupt: Wer legt eigentlich diese blöden Ideale fest? Wie wäre es damit, ab sofort Krähenfüße, Winkfleisch und Hängehintern zum Ideal zu erheben? Oder noch besser: den jeweiligen Ist-Zustand. Das neue Mantra lautet: »Mein Körper, so wie er heute ist, ist perfekt.« Ha!

Problemzone? Was war das noch gleich?

3. Lust auf Mode?

»Was, so willst du rumlaufen?« – Diesen entsetzten Ausruf habe ich schon lange nicht mehr gehört. Als Teenie dafür umso häufiger. Wenn ich mir Fotos von damals anschaue, muss ich zugeben, dass ich so ungefähr das Gegenteil einer Stilikone war. Es sei denn, geschmacksverwirrte Kombinationen wären angesagt gewesen. Dass ich zu einem geblümten Rock Turnschuhe trug und das Ganze noch mit einem selbst gestrickten Zopfmusterpulli aus selbst gesponnener (und noch dezent nach Schaf müffelnder) Wolle krönte, war kein Ausrutscher, sondern Alltag.

»Aber mir gefällt das so«, lautete meine Standardantwort. Und das war auch so. Ich trug diese schrägen Outfits nicht, um zwanghaft aufzufallen oder gar zu rebellieren, sondern weil ich das so gut fand. Dass ich weit und breit als Einzige dieser Meinung war, störte mich nicht weiter.

Und dann wurde ich erwachsen. Fing an, die Sachen zu tragen, die – siehe Punkt 2 – meine Problemzonen kaschieren. Dem jeweiligen Anlass angemessene Klamotten. Normales Zeug eben – wenn auch überdurchschnittlich bunt.

Vielleicht sollte ich die Pubertät 2.0 zum Anlass nehmen, modemäßig wieder mehr zu experimentieren? Weniger den Geschmack der anderen zu berücksichtigen, sondern nur noch meinen eigenen – auf die Gefahr hin, dass mein Aufzug auch mal völlig unmöglich ist? Gleich mal den Kleiderschrank inspizieren …

4. Ich will aber!

Wenn man jung ist, neigt man dazu, aus jedem Kinkerlitzchen gleich ein Riesendrama zu machen. Alles ist wahnsinnig wichtig, und man glaubt, nicht weiterleben zu können, wenn man die Konzerttickets nicht bekommt, der Angebetete nicht lächelt, die Party ins Wasser fällt oder der Lippenstift nicht mehr in der gewünschten Farbe zu kriegen ist. Nicht zufällig wurden seinerzeit Hotlines eingerichtet, als sich Take That auflöste. Die trauernden Girlies brauchten seelsorgerische Unterstützung. Die spinnen, die jungen Leute? Jepp, definitiv.

Aber das ist doch toll! So viel Leidenschaft, so viel Begeisterung – da könnte man glatt neidisch werden.

Meine Theorie: Altwerden bedeutet nicht, Falten zu bekommen und vergesslich zu werden, sondern sich über nichts mehr richtig aufregen zu können.

Klingt doch erst mal positiv, oder? Man wird eben cooler, gelassener, souveräner.

Aber spätestens, wenn man bei der jährlichen Fake-Meldung am 1. April über eine angeblich bevorstehende ABBA-Reunion nicht einmal für eine Hundertstelsekunde hofft, diesmal könnte es wahr sein, wenn einen der bevorstehende Abstieg des Lieblingsfußballvereins kalt lässt, wenn man Silvester verschläft und sich nicht einmal mehr vornimmt, für die Oscar-Nacht wach zu bleiben, dann ist Hopfen und Malz verloren.

Deshalb werde ich mich während meiner Pubertät 2.0 darauf besinnen, wofür mein Herz wirklich schlägt. Dinge »nicht so wichtig« zu nehmen, hat man uns lange genug empfohlen. Höchste Zeit, endlich wieder etwas übertrieben wichtig zu nehmen. Und sei es ein neuer Lippenstift. Es soll da jetzt so ganz coole Farben in Matt geben!

5. Alles ist möglich

Was werde ich wohl für einen Beruf ergreifen? Wo werde ich wohnen? Werde ich heiraten? Und wen? Werde ich Kinder haben? Wie viele?

Oh, in der Jugend ist alles noch möglich. Nichts ist festgelegt (es sei denn, man wird irgendwo als Thronfolger geboren). Viele Jahre, um nicht zu sagen Jahrzehnte verbringt man damit, Antworten auf diese Fragen zu finden.

Und auf einmal sind keine mehr offen. Jedenfalls wenn

man von den eher unangenehmen Fragen einmal absieht: Werde ich als Erste sterben oder übrig bleiben? Werde ich bis zum Ende zu Hause wohnen können, oder muss ich ins Heim? Werde ich meinen Verstand behalten? Alles Themen, die tendenziell so unschön sind, dass man sie lieber verdrängt. Zumal die Antworten darauf möglicherweise das finale Ausrufezeichen setzen.

Tatsache ist: Spätestens mit fünfzig sind von den aufregenden, spannenden Lebensfragen keine mehr übrig. Und schwups, fühlt man sich alt. Gelangweilt. Festgelegt. In einer Sackgasse.

Dabei ist das ein fürchterlicher Irrtum! Leute – wer bestimmt denn, was eine spannende Lebensfrage ist? Das tun doch nur wir selbst! Also los – stellt neue Fragen. Zum Beispiel: Was würde ich gern mal ausprobieren? Was will ich noch lernen? Wo will ich unbedingt mal hin? Wen will ich öfter treffen? Und wen seltener? Was tut mir gut? Wie viele Stunden am Tag will ich sitzen? Warum habe ich über diese Dinge noch nie gründlich nachgedacht?

Teil 2:

DIE SACHE MIT DER OPTIK

Wer schön sein will, muss reiben:
Beauty im Selbstversuch

Wasser, Sport und gute Gene:
Die Wahrheit über Botox

Das Internet lügt nicht. Das wissen alle. Die Wahrheit kann man außerdem in jeder Promisendung und in jedem Hochglanzmagazin bestaunen. Tatsache ist: Stars altern nicht. Sie bleiben immer jugendlich frisch und schön. Und das einfach so. Nicole Kidman zum Beispiel sieht nur deshalb so unglaublich jung aus, weil sie so viel Wasser trinkt und täglich Yoga macht! Na klar! Und natürlich, weil sie so wahnsinnig gute Gene hat. Eeeehrlich. Gut, sie kann ihr Gesicht nur äußerst eingeschränkt bewegen, aber das ist noch lange kein Beweis für irgendwas – schon gleich gar nicht für Botox! Dafür ist Photoshop eine Erfindung des FBI und Elvis lebt! Ich schwöre! Botox? In Nicoles Gesicht? NEVER EVER!

Ja, Botox ist echt ein Phänomen. Irgendwann beschäftigen sich die meisten Frauen und viele Männer damit (bis auf die Stars, schon klar), und egal, ob man sich nun für oder gegen eine Botox-Behandlung entscheidet, es ist aus der Anti-Aging-Industrie nicht mehr wegzudenken. Dabei hat es auch mal ganz gut ohne geklappt, obwohl ein frisches, jugendliches Aussehen sogar auch in der Naturheilkunde schon immer ein Thema ist. Ich erinnere mich gut an die Wünsche der Patienten in meiner ehemaligen Praxis: Gesundheit, Stressreduktion, weniger Rücken und so. Sie bekamen Vitamin C als Anti-Aging-Mittel, ich habe ihnen Eigenblutkuren verabreicht, ihre Knochen gerade gerückt und ihnen dabei geholfen, ihren Alltag ein wenig gesundheitsförderlicher zu sortieren. Zehn Jahre waren da auch optisch flugs wie weggeblasen! Hach, es war eine schöne Zeit damals. In meiner Ausbildung zur Heilpraktikerin habe ich gelernt, dass Botulinumtoxin, kurz Botox, ein sehr gefährliches Nervengift ist, von dem man sich besser fernhalten sollte. Es ist für Heilpraktiker in der Anwendung verboten. Es lähmt die quergestreifte Muskulatur und führt zu einem qualvollen Tod meist durch Ersticken. Igitt. Man findet es in überwölbten Konservendosen kurz vor dem Platzen, und wenn einem so eine Dose begegnet, lässt man unbedingt die Finger davon. Man wirft sie weg, sagt: »Was habe ich aber auch für ein Glück gehabt, dass ich dieses schreckliche Gift rechtzeitig entdecken und von meinem Körper fernhalten konnte«, und freut sich.

Nun, seit damals hat sich einiges verändert: Ich habe ein viertes Kind bekommen, meine Praxis gibt es nicht mehr, und Vitamin C ist bestenfalls noch eine Ergänzung zu all den Dingen, mit denen man sich mittlerweile in die ewige Jugend zurückspritzt. Botox ist für Heilpraktiker zwar immer noch verboten, aber mittlerweile freut sich kein Mensch mehr, wenn er nichts damit zu tun hat. Im Gegenteil: Ein faltenfreies Gesicht gehört quasi zum guten Ton, und wer bei diesem Thema noch die Stirn runzelt – äh, runzeln kann –, ist total antiquiert und selber schuld. Botox wird in den USA immerhin schon seit 1982 zur Antifaltenbehandlung verwendet. In Deutschland hat es nicht viel länger gedauert, bis die ersten Praxen das Nervengift für sich entdeckten. Nervengift. Echt jetzt? Will ich das? Andererseits ist es ja nicht nur böse. Ich habe gelesen, dass es auch in der Medizin bei Migränepatienten oder Menschen, die schielen oder übermäßig schwitzen, eingesetzt wird. Und Kopfschmerzen habe ich ja schließlich auch. Gaaanz schlimme Kopfschmerzen. Und eine Zornesfalte, die so tief ist wie der Grand Canyon. Mindestens. Und sie stört mich. Auch wenn ich sie mir definitiv rechtschaffen durch die hingebungsvolle und Mimik-gestützte Kindererziehung erworben habe. Ohne Stirnrunzeln und Augenzusammenkneifen wären die vier bestimmt heute nicht, wo sie sind. Moment. Wo sind sie überhaupt? Stirnrunzeln.

Gut, ich habe auch das eine oder andere Auge zugedrückt, viel gelacht, manchmal die Lippen zusammengepresst (macht ganz viele Falten um den Mund rum) und ab und zu die Nase gerümpft (und das erst!). Eines steht aber fest: erstens, ohne Mimik wäre ich aufgeschmissen gewesen. Und zweitens, man sieht mir meinen selbstlosen Einsatz an.

Noch bis vor ein paar Jahren waren die Leute immer sehr erstaunt, wenn ich von meinen vier Kindern erzählt habe. »Was? Vier Kinder?«, haben sie gesagt und ungläubig geschaut. »Mit 25?« Gut, es waren ein paar hinterlistige Schmeichler dabei, aber mir hat es trotzdem gefallen. Ich bin, was das angeht, sehr leichtgläubig und einfach zufriedenzustellen. Ja, ich glaube jeden Mist und wäre heute vermutlich auch mit einem Schätzalter von 37 oder gar vierzig zufrieden, aber da kommt einfach gar nichts mehr! Nix! Nada! Niente! Solche Sätze fehlen mir. Und ich bin mir beinahe sicher, dass das am Grand Canyon liegt. Also, weg damit! Her mit den Schmeicheleien! Her mit BOTOX!

Ich habe mich dazu durchgerungen, mein Ansinnen in die Welt zu tragen, das finde ich nicht schlimm, schließlich ist es ein Experiment, und ich bleibe ja die Gleiche. Hoffentlich. Meine Umwelt findet es mutig. Merkwürdig, oder? Jeder macht es, und keiner gibt es zu! Ist ein bisschen wie *Bild*-Zeitung lesen oder bei McDonald's essen. Es ist doch völlig in

Ordnung, wenn sich jemand für ein wenig kosmetische Unterstützung entscheidet, aber ich kapiere die ganze Geheimnistuerei einfach nicht! Noch schwieriger ist es, Empfehlungen für Botox-Buden zu bekommen. Verstehe ich auch nicht. Man sieht es den Frauen doch an! Warum machen sie es, wenn man es nicht sehen oder gar darüber sprechen darf? Neulich war ich auf einem Geburtstag (wir erinnern uns), auf dem viele sehr hübsche, sehr blonde und sehr glatte Frauen unterwegs waren. Deren Schönheit ist selbstverständlich, wie Nicole Kidmans, ganz natürlich. Nur Wasser und Yoga. Ganz klar. Wahrscheinlich gehen sie mit einem Foto von Nicole zum Botoxen wie ich früher zum Friseur mit einem Bild von Meg Ryan und sagen: »Ich will genauso aussehen wie die!«

Nur am Rande: Ich habe nie ausgesehen wie Meg Ryan. Sie war süß, blond, blauäugig und frech gelockt. Ich war riesig, dunkel- und glatthaarig und schwer bebrillt. Es hat nicht funktionieren können. Wenn ich jetzt Bilder von Meg Ryan sehe, bin ich allerdings sehr froh, dass ich optisch mangelhaft angefangen habe und jetzt aussehe wie ich selbst. Bei ihr lief das ja dank vieler OPs und dem unbedingten Wunsch, auch mit fünfzig niedlich und frech auszusehen, eher andersrum ab. Arme Meg. Hätte Nicole ihr nur was von ihrem Wasser abgegeben.

Schließlich gibt mir meine Freundin Esmeralda den entscheidenden Tipp. Dadurch, dass sie selbst in der Kosmetikbranche arbeitet, kennt sie sich aus. Ihre Kundinnen erzählen alles und probieren alles. Und wenn ich *alles* sage, meine ich ALLES. OH! MEIN! GOTT! Es gibt tatsächlich Frauen, die lassen sich ihre SCHAMLIPPEN liften! Die Schamlippen! Hört meinen Aufschrei! Warum macht man das? Wie geht das? Und wer will so was? Ich bin schockiert! Entsetzt! Und ich brauche sofort einen SPIEGEL!

Botox ist ja dann wohl total harmlos. Ein bisschen mulmig ist mir aber trotzdem zumute, als ich die Stufen zum »Salon de Beauté« in der Stuttgarter Innenstadt hochsteige, um etwas zu tun, was ich niemals tun wollte. Als ich nämlich wirklich 25 war (also beinahe halb so alt wie jetzt – man reiche mir das Riechsalz!), da habe ich mir geschworen, in Würde zu altern, meine Falten zu feiern und niemals eine Nadel oder ein Messer an meinen Körper zu lassen, wenn es nicht medizinisch unabdingbar wäre. Aber damals gab es auch noch kein amerikanisches Naturwunder mitten in meinem Gesicht.

Auf der Treppe kommt mir ein Mann entgegen. Sein Gesicht glänzt und ist sehr glatt. Sein Haaransatz ist schütter. Reflexartig versuche ich, sein Alter zu schätzen. Vierzig? Sechzig? Hundertdrei? Dynamisch nimmt er gleich drei Stufen auf einmal. Schon gut, schon gut, ich glaube es ja schon. Nicht dass er sich was bricht, vor lauter »Schau mal, was ich noch alles kann!« – Osteoporose und so. Ein Mann? Dass Männer »so was« auch machen und in manchen Branchen auch bei Männern das Äußere total wichtig, ja, überbewertet ist, war mir bisher nicht klar. Dass hinter manchem Gang zum »Salon de Beauté« nicht ausschließlich Eitelkeit, sondern womöglich regelrechte Verzweiflung steckt, auch nicht. Ich bin ja tatsächlich schon eine Weile weg vom Single-Markt, aber vermutlich gibt es da auch einige, die darauf hoffen, ihre Chancen beim anderen Geschlecht durch jugendlicheres Aussehen zu verbessern. Schon klar, dass jemand als attraktiver empfunden wird, der strahlende, offene Augen, eine glatte Haut und überhaupt ein gesundes Aussehen zu bieten hat. Ich bin ja nicht doof. Oder vielleicht doch. Ich schaue Menschen tatsächlich in die Augen. Und auf die Hände. Und wenn dann einer noch Humor und Anstand hat (wie altmodisch), finde ich ihn schon attraktiv. Das Gesicht eines Mannes lebt für mich auch und vor allem durch seine Mimik. Ich will keinen glatt gebügelten Milchbubi, wenn ich auch einen richtigen Mann haben kann! Echt nicht. Ein Mann soll nach Leben aussehen und nach Zupackenkönnen, nach Unabhängigkeit und Selbstbewusstsein. Zu schön, zu glatt, zu lange vor dem Spiegel? Nee. Nehmen wir meinen eigenen Mann: Wie schon erwähnt, ist er einigermaßen im Einklang mit sich. An sein Gesicht dürfen nur Wasser und Seife, mit seinem Anblick ist er einverstanden, und die grauen Haare und die Lachfalten findet er (und finde ich) gut. Nicht auszudenken, er würde seine Schlupflider (»Was hab ich? Schlupflider? Spinnst du? Schreib das bloß nicht in deinem Buch!«) korrigieren lassen. Ich würde mich vermutlich schon dafür schämen, wenn er anfangen würde, seine Haare zu färben. Ich selber mach das allerdings schon immer und finde es auch total normal. Meinen Mann aber will ich so, wie er ist: ehrlich. Echt. Gepflegt, aber uneitel.

Aber zurück zu dem Mann auf der Treppe: Klar kommt er vom Beauty-Doc, und deshalb ist es ja wohl auch kein Mega-Kunststück zu sehen, dass er »was hat machen lassen«, aber was genau? Wie viel? Wie sah der Typ wohl vorher aus, frage ich mich. Nein, eigentlich ist es mir völlig egal, wie er vorher aussah (sorry, junger Mann, aber ich habe einfach keinen Bedarf, ist nichts Persönliches), viel wichtiger ist für mich: WIE SEHE ICH HINTERHER AUS?

Frau Dr. Kerner, die Ärztin, lacht, als ich ihr sage, dass ich hinterher immer noch aussehen will wie ich. Ich will keine Schlauchbootlippen, keine hohen Wangenknochen, keine riesigen Augen oder sonst irgendwas Merkwürdiges. Ich mag mein Gesicht ja. Ich möchte einfach die Folgen der Hauterschlaffung und der Schwerkraft ein wenig eliminieren. Hab ich das jetzt schön gesagt? Gut. Wie zu erwarten, schlägt sie mir vor, meine Zornesfalte mit Botox lahmzulegen. Dann noch ein bisschen um die Augen (YIKES! Spritze? Augen?), lehnt aber die von mir angeregte Vollnarkose bei der Behandlung ab.

Ein bisschen Hyaluron würde sie unter meine Nasolabialfalte spritzen, also die, die von der Nase zum Mundwinkel führt, und dann noch was in die Wangen, denn das hebt das ganze Gesicht wieder an, entspannt die blöde Falte zusätzlich und macht, dass ich wieder aussehe wie früher. Boah. Mein jugendliches Aussehen ist zum Greifen nah! Also komm schon, Lucinde, altes Haus, trau dich! Komplimente werden dich überschwemmen, du wirst deinen Anblick lieben, den du in deiner lange zurückliegenden Jugend nicht zu schätzen gewusst hast, und überhaupt: Ist doch nur ein kleiner Piks!

Na gut. Sind ungefähr zehn. Aber dafür ist es nach wenigen Minuten vorbei und sooo schlimm war es dann doch wirklich nicht. Es blutet nicht, es schmerzt nicht. Aber ich sehe auch nix. Meine Stirn kann ich runzeln wie eine Eins. Mist.

Krafttechnisch bin ich eher mau aufgestellt, aber was meine Mimik angeht, bin ich Bombe. Ich bin quasi der Arnold Schwarzenegger der Gesichtsmuskulatur. Frau Dr. Kerner beruhigt mich. Botox braucht mindestens zwei Tage, bis es seine volle Wirkung entwickelt, und Hyaluron muss sich auch erst verteilen. Puh. Bin ich froh, dass sie recht hat. In jeder Hinsicht. Ich fühle mich zwar nicht wie 25 und sehe auch nicht so aus, aber es stimmt schon: Meine Falten verschwinden, mein Gesicht entspannt sich, und vielleicht bilde ich es mir nur ein, aber wenn ich nicht gestresst und genervt schauen kann, bin ich auch gefühlsmäßig entspannter. Das gefällt mir!

Was ich aber immer noch nicht verstehe, ist, warum die meisten Frauen nicht dazu stehen! Gerade wir, die wir keine berühmten Schauspielerinnen wie Nicole Kidman sind, sondern was Anständiges gelernt haben. Wir müssen doch nicht beweisen, dass wir mit fünfzig immer noch die jugendliche Angebetete spielen können, vor lauter Angst, sonst keine wahnsinnig tolle Blockbuster-Hauptrolle zu ergattern, wir können uns doch zurücklehnen und entspannen: Wir haben ja unsere Rolle! Wir sind Frauen. Mütter. Freundinnen. Ehefrauen. Lebenskünstlerinnen. Und die Menschen um uns herum, die uns lieben, lieben uns nicht, weil wir reich und berühmt sind, sondern weil wir *wir* sind. Und dabei ist es pupsegal, ob unsere Stirn glatt ist. Wenn wir uns dafür entscheiden, mit Botox, Hyaluron und Co. nachzuhelfen, dann für uns selbst. Weil es uns gefällt. Aber dann, finde ich, können wir genauso dazu stehen wie zu unseren Falten.

Übrigens: Ich sehe auch nach zwei Wochen nicht aus wie 25. Und das ist auch gut so, stelle ich mit Erstaunen fest. Selbst wenn ich mein jugendliches Aussehen von anno vor der Jahrtausendwende zurückbekommen könnte, würde mir mein Gesicht von heute nämlich fehlen. Ha! Das wäre ich ja gar nicht mehr. Oder vielmehr *noch nicht*. Ich habe seit damals noch weitere 25 Jahre mehr gelebt, manchmal gelitten, meistens gelacht und vieles gelernt. Alles, was ich erlebt habe, war ein Abenteuer (ganz genau – und vor allem die Kindererziehung, die für mein Gesicht verantwortlich ist, war es wert).

Ich würde nicht nur mein Gesicht glatt bügeln, sondern auch meine Geschichte, und von der will ich, bis auf wenige Tage, nichts missen. Hm. Je länger ich darüber nachdenke, desto mehr fange ich langsam an, mich an mich selbst zu gewöhnen. An die 25 Jahre plus genauso wie an die Falten. Vielleicht sollte ich sie nur anders nennen. Wie wäre es zum Beispiel mit Lebenslinien?

Was kostet es?

Es kommt natürlich auf die Botox-Menge und den lahmzulegenden Bereich an. Außerdem darauf, in welcher Qualität das Botox ist (sprechen Sie mir nach: Wir nehmen nur hochwertigstes Botox und auf gar keinen Fall Re-Importe aus Ländern, die für billige Produkte bekannt sind!). Meine Zornesfalten-behandlung hat 250 Euro gekostet, das ist ungefähr der durchschnittliche Preis, den man dafür ausgeben muss. Hyaluron liegt bei ca. 350 Euro, je nach Gesichtspartie und Menge.

Was war nochmal Hyaluronsäure?

Hyaluronsäure ist ein gelartiges Zuckermolekül, das vom Körper selbst produziert wird und sich vor allem im Bindegewebe findet. Seine Fähigkeit, unglaubliche Mengen an Wasser zu binden, ist wirklich spektakulär: Um es genau zu nehmen, kann es etwa

6000-mal mehr als sein eigenes Gewicht aufnehmen. Außerdem wehrt Hyaluron freie Radikale ab – die größten Feinde der Hautalterung.

Leider nimmt die Hyaluronsäurebildung (wie auch Kollagen und Elastin) mit den Jahren ab und man muss von außen nachhelfen, wenn man eine pralle Haut behalten möchte: Man kann Hyaluron in Cremes oder sogenannten Beauty-Shots seiner Haut zugutekommen lassen, aber wesentlich effektiver ist die Säure natürlich, wenn man sie sich spritzen lässt.

Wer bietet es an?
Botox dürfen nur Ärzte spritzen, Heilpraktiker oder Kosmetikerinnen sind raus, da es sich dabei um ein verschreibungspflichtiges Medikament handelt. Allerdings müssen es nicht unbedingt Hautärzte oder Anästhesisten sein. Wichtig ist, dass sich die Praxis darauf spezialisiert hat und viele Behandlungen pro Tag durchführt. Dann ist auch gewährleistet, dass man dort die nötige Erfahrung im Umgang mit den Patienten und Produkten hat.

Hyaluronsäure spritzen auch manche Heilpraktiker.

Tut es weh?
Tut Augenbrauenzupfen weh? Sagen wir so: Es ist nicht schön, aber es geht definitiv ohne Vollnarkose.

Wie lange hält es?

Man sagt, wenn man Botox zum ersten Mal anwendet, ist die Wirkdauer eher kurz. Meine lahmgelegte Zornesfalte zum Beispiel meldet sich nun nach zehn Wochen langsam zurück. Hyaluron kann bis zu einem Jahr halten.

Risiken und Nebenwirkungen?

Abgesehen von der eingeschränkten Mimik? Da wären natürlich ein möglicher Bluterguss an der Einstichstelle oder Hautreizungen zu erwähnen. Der Körper baut Botox und Hyaluron nach einigen Wochen von selber ab, aber Kritiker bemängeln, dass man nicht so genau sagen kann, was mit dem Botox passiert, wenn es sich abbaut. Manche behaupten, Menschen mit einer Leberschwäche sollten die Finger davonlassen. Außerdem können auch Nerven lahmgelegt werden, die man gar nicht lähmen wollte. Gut, manchen reicht es auch, wenn sie nur eine Augenbraue heben können, aber ich brauche definitiv beide. Ich kann es nicht oft genug erwähnen: Gutes Markenmaterial (im Zweifel Marktführer googeln) und erfahrene Ärzte sind das A und O einer zufriedenstellenden Behandlung.

Würde ich es wieder machen?

Zwei Seelen wohnen, ach, in meiner Brust. Ich gebe zu, ich bin sehr angetan von meiner zornesfaltenlosen Stirn. Außerdem entspannt es ja allgemein die Mus-

kulatur in diesem Bereich. Ich sehe nicht nur entspannter aus, ich bin es auch. Zwangsentspannt. Und
ich bilde mir ein, dass ich weniger Kopfschmerzen
habe. Andererseits sind durchschnittlich 300 Euro
natürlich auch ein hübsches Sümmchen, mit dem ich
ein grandioses Wellness-Wochenende mit Heike irgendwo in einem schicken Hotel verbringen könnte.
Sicherlich auch sehr entspannend, wenn auch optisch
nicht ganz so nachhaltig. Also, die ehrliche, ehrliche,
ehrliche Antwort ist: … Ähm – vielleicht?

Zeit ist Geld ist Schönheit, Teil 1: Alles für den perfekten Augenaufschlag

Puh, da ist Lucinde ja ganz schön mutig. Ich hab viel zu viel Angst vor Spritzen, um mich botoxen zu lassen. Da greife ich lieber zu weniger invasiven Tricks – auch wenn das aufwändiger ist und möglicherweise gar keine Wirkung hat. Aber vielleicht ja doch? Wer weiß …

»Je älter man wird, desto länger braucht man im Bad«, hat meine Oma immer gesagt. Dabei verzichtete sie seit Jahren auf Make-up, wodurch abends natürlich auch das zeitraubende Abschminken entfiel. Trotzdem verbrachte sie von uns allen die längste Zeit im Badezimmer. Was trieb sie da bloß?

»Wenn man für jede Baustelle des Körpers eine separate Creme, Salbe, Tinktur oder Lotion verwendet, dann dauert das eben seine Zeit«, erklärte sie. Und Oma hatte so einiges im Regal! Für die schrundigen Füße, die rauen Ellbogen, die schmerzenden Knie, die Augenfältchen …

Zu besonderen Anlässen legte sie auch etwas Puder und einen rosafarbenen Lippenstift auf, das war's an dekorativer Kosmetik. Kajalstift, Lidschatten und Wimperntusche, die ich damals reichlich einsetzte, besaß sie erst gar nicht.

»Davon brennen mir bloß die Augen«, erklärte sie ihren Boykott.

Mir brannten davon übrigens auch die Augen! Aber wer schön sein will, muss nun mal leiden – oder?

»Wir könnten die Wimpern ja mal färben«, schlug mir eines Tages die Kosmetikerin vor (die sicher nicht ahnte, dass sie in unserem Haushalt »die Pickelberaterin« genannt wurde). Bislang hatte ich sie lediglich aufgesucht, um mir meine großporige Haut von unschönen Komedonen (vulgo: Mitessern) befreien zu lassen, aber warum nicht mal was Neues wagen?

»Nur zu«, gab ich ihr spontan die Lizenz zum Kolorieren.

Die Pickelberaterin hatte vermutlich nicht allzu viel Erfahrung mit dieser Dienstleistung, vielleicht hatte sie sich auch für ein minderwertiges Produkt entschieden, jedenfalls war der Färbevorgang nicht sonderlich angenehm. Ich musste die Augen zehn Minuten lang geschlossen halten, obwohl die leider viel zu flüssige Farbe die Schleimhäute aufs Heftigste reizte, will sagen: Es brannte wie Feuer.

»Nie wieder tue ich mir das an«, beschloss ich insgeheim, noch bevor das Entfernen des Färbemittels alles erst einmal noch viel schlimmer machte. Doch dann ließ das Brennen nach, und es folgte ein spitzer Schrei des Entzückens.

»Wow, was für wundervolle, lange Wimpern!«

Die Pickelberaterin war vom Resultat ihres Werks fasziniert. Und, na ja, sie hat nicht unrecht: Meine Wimpern sind tatsächlich recht lang. Manchmal berühren sie sogar die Gläser meiner Sonnenbrille (jedenfalls der einen, die besonders dicht sitzt). Nur fällt diese Pracht normalerweise überhaupt nicht auf, denn meine Wimpern sind blond und damit fast unsichtbar.

»Die muss man immer färben! Das wäre ja sonst pure Verschwendung«, beschied die Pickelberaterin, und mein »Nie wieder« war im Handumdrehen vergessen.

»Bitte Augenbrauen färben und Wimpern zupfen«, verlang-
te ich bei meinem nächsten Termin, weil ich das immer ver-
wechsele. (Zum Glück nahm mich die Pickelberaterin nicht
beim Wort.) Das ist jetzt rund 25 Jahre her. Seitdem waren
meine Wimpern nie wieder richtig blond.

Ich wechselte irgendwann zu einer anderen Kosmetikerin,
die eine weniger flüssige Farbe verwendet, wodurch der ganze Akt von Quälerei zu harmloser Routine wurde.

Einmal waren meine Wimpern sogar besonders spektakulär gebogen – da habe ich ihnen eine Dauerwelle gegönnt.
Eigentlich nur, weil ich das Wort *Wimperndauerwelle* so urkomisch fand. Aber dann sah es sogar richtig gut aus. Meine
Augen wirkten viel größer, ausdrucksvoller. Na ja, ungefähr
so, wie wenn man eine Wimpernzange verwendet. (Der Effekt hält logischerweise dank Dauerwelle länger, aber das mit
der Zange ist einfacher, schonender und preiswerter, weshalb
ich dieses Experiment nie wiederholt habe.)

Auch die künstliche Wimpernverdichtung blieb eine
einmalige Sache, bislang jedenfalls. Ich selbst wäre nie auf die
Idee gekommen, aber als ich meine aktuellen Autorinnenfotos habe schießen lassen, wurde ich zuvor von einer fähigen
Stylistin aufgehübscht, und die diagnostizierte prompt ein
paar kleine Wimpernlücken. Flugs wurden künstliche Ersatz-
wimpern dazwischen geklebt, die ein lückenlos umkränztes
Augenlid garantierten (und mir am Abend beim Abschminken einen Riesenschrecken einjagten, denn die schwarzen
Dinger, die da plötzlich im Waschbecken lagen, hielt ich zunächst für Spinnenbeine …).

Was das alles mit meiner Oma zu tun hat? Ganz einfach: Das
Wimpern-Aha-Erlebnis hat mich auf die Idee gebracht, wie

man den im Alter für die Schönheit steigenden Zeitbedarf kompensieren kann. Nämlich durch noch mehr Zeit! Klingt zwar absurd, ist aber ganz schön clever.

Ich darf mal kurz vorrechnen:

- Wimpern tuschen kostet eine halbe Minute, gründlich abschminken mindestens doppelt so lang.
- Das sind 1,5 Minuten pro Tag, 10,5 pro Woche und in sechs Wochen ganze 63 Minuten!
- Das Wimpernfärben dagegen dauert bloß 10 bis 15 Minuten. Netto-Zeitgewinn: eine Dreiviertelstunde!

Mit anderen Worten: Wer mit seiner Zeit klug haushaltet, braucht mit den Jahren nicht unbedingt mehr Minuten im Bad, sondern hat im Gegenteil sogar jede Menge Zeit übrig, um sich ganz in Ruhe den schrundigen Füßen, rauen Ellbogen, schmerzenden Knien, Augenfältchen oder sonstigen Beauty-Baustellen zu widmen.

In einer Lebensphase, in der einem klar wird, dass man nicht mehr unendlich viel Zeit vor sich hat, und in der daher jede Minute wertvoll ist, lohnt es sich durchaus, auch bei scheinbar alltäglichen Verrichtungen wie dem Wimperntuschen einmal genauer hinzuschauen und zu sparen!

Und das Beispiel mit den Wimpern lässt sich doch gewiss auch auf andere Körperteile übertragen? Ich bleibe am Ball ... Fortsetzung folgt!

Dekorative Kosmetik und ich

Ich finde, jetzt ist endlich auch mal die Zeit für einen mondänen Look gekommen. Nicht immer. Aber ab und zu. Bis vor ein paar Jahren, als die Kinder noch klein waren, gab es ja leider kaum Gründe, sich aufzubrezeln. Wimperntusche, Eyeliner und manchmal etwas Lippenstift waren völlig ausreichendes Handwerkszeug für die wenigen Kinobesuche, Familien- oder Schulfeste, zum Windelwechseln, Einkaufen und auf dem Spielplatz braucht ja kein Mensch ein mehrschichtiges Make-up. Mittlerweile haben sich die Voraussetzungen ein wenig geändert und ich freue mich wirklich sehr über diesen Zugewinn des fortgeschrittenen Alters. Ich hoffe, Sie nehmen wohlwollend zur Kenntnis, dass ich mich langsam aber sicher an ein positives Verhältnis zur Fünfzig annähere. Ja? Gut.

Für meinen Alltag ist mondän natürlich nach wie vor nicht notwendig, aber für die Events, bei denen man ganz erwachsen unterwegs ist, wie Empfänge, Bälle oder Opern- und Theaterbesuche, finde ich es schon erstrebenswert, das ganz große Programm zu können. Also, nicht dass ich nun täglich auf einer Gala oder ähnlichem eingeladen wäre, aber nun, kann ja noch kommen, und man darf ja träumen. Ansonsten muss es bei mir genauso wie bei Heike schnell gehen. Es ist mir schon wichtig, gepflegt auszusehen, aber dazu braucht es schließlich auch nicht viel: gewaschene Haare, geduschter Körper, geputzte Zähne, getuschte Wimpern, Lidstrich und Gesichtscreme mit Sonnenschutzfaktor. Oh. Und Deo nicht vergessen. Ich finde, das reicht völlig, um für einen Spaziergang in der Öffentlichkeit okay genug auszusehen. Meine Nägel sind kurz und farblos. Im Sommer gönne ich mir einmal im Monat Fußpflege. Ungepflegte, schrundige Füße beim Yoga, in Sandalen, in meinem Blickfeld? Geht gar nicht! IGITT!

Wenn ich ausgehe, trage ich allerdings beinahe immer knallroten Lippenstift. Das steht mir, und ich kann ihn mehr oder weniger unfallfrei auftragen. Kleiner Aufwand, große Wirkung. Unter dem Lippenstift, der eigentlich gar kein Stift, sondern flüssige Farbe mit Pinsel ist und der sich sehr schnell sehr nachhaltig auf meine Lippen legt, trage ich Primer auf. Jaha, PRIMER! Da staune selbst ich. In meinem Gesicht befindet sich ein Fremdwort und ich liebe es! Bis ich den Primer gekauft habe, weil meine Lippen zwar dauerhaft toll rot aber eben auch sehr trocken waren, hätte ich wahrscheinlich behauptet, dass das, was ich nun zuerst auftrage, ein simpler Lippenbalsam in exklusiver Verpackung ist. Aber vermutlich liege ich damit komplett falsch, alles ist ganz anders, und einen Primer mit schnödem Labello zu vergleichen ist den Augen der zahlreichen Primer-Anhängerinnen sicher frevelhaft. Ich habe mir den sauteuren Primer also gekauft und muss mich nun, da der Stift meinem schwarzen, wasserfesten Eyeliner sehr ähnlich sieht, beim Auftragen ein wenig konzentrieren.

Ein paar meiner Freundinnen haben natürlich ein viel umfangreicheres Beautyprogramm als ich. Sie nutzen alles, was die Kosmetikindustrie so hergibt, und scheuen auch vor der gesamten Palette an dekorativer Kosmetik (ich mag das Wort) nicht zurück. Ich? Ich weiß zwar mittlerweile, was ein Primer ist, schätze seit Kurzem außerdem die Wunderwirkung eines Concealers und Puder und Make-up sind mir zumindest bekannt. Aber in welcher Reihenfolge man so was aufträgt und wie man verhindert, dass man damit aussieht wie ein Clown, das weiß ich nicht. Colorblocking, Contouring, Camouflage? Ich würde vermutlich eher doch noch lernen, ein Rad zu schlagen oder eine Gleichung mit acht Unbekannten zu lösen, als Make-up so aufzutragen, dass ich hinterher gut, womöglich besser als ohne, und definitiv nicht bemalt aussehe. Mit Make-up fühle ich mich, wie sich eine noch feuchte Hauswand fühlen muss – mit dem Unterschied, dass ich das »Frisch gestrichen!«-Schild nicht brauche. Das sieht man nun wirklich auch so. Bei mir. Manche meiner Freundinnen bewundere ich schon lange für ihren natürlichen, gepflegten, perfekten Look, ihre Schneewittchenhaut und den leichten Glow, den sie trotzdem haben. Glow. Das sagt man so. Ich habe nicht wirklich eine Ahnung davon, was der »Glow« ist, denke aber, nachdem ich es mit »Schein« oder »Schimmer« übersetzt habe, dass es das ist, was man mit Rouge oder Bronzer erreichen kann. Selbige Freundinnen sind glücklicherweise ehrlich und sagen mir, wie viele Produkte notwendig sind, um so auszusehen. Oha. Das nenne ich gekonnten Farbauftrag. Nun, mein Gesicht hat keinen Glow. Es hat Millionen Sommersprossen. Und wenn ich da irgendetwas drübermale, bin ich mir selbst fremd. Für einen kurzen Moment, nämlich den, in dem noch nichts von der ganzen Farbe in meine Falten gekrochen ist und alle Rillen festzementiert hat, habe ich einen perfekten, ebenmäßigen Teint. Und selbst das sieht merkwürdig aus. Mein Gesicht lebt von meiner Mimik und den Sommersprossen – und davon, dass es eben nicht perfekt ist. Trotzdem will ich natürlich wissen, wie das alles geht. Mal so, für ein besonderes Event, ein Foto, auf dem alles stimmt, eine Buchpräsentation? Warum nicht? Außerdem soll man sich ja immer weiterbilden, habe ich gelesen, das hält jung.

Apropos Clown: Noch weniger als die Schminkreihenfolge bei diesen ganzen Concealer-Make-up-Puder-Geschichten weiß ich, wie man Lidschatten aufträgt. Natürlich weiß ich es theoretisch. Ich habe schon Frauen dabei beobachtet, die das mit absoluter Leichtigkeit zwischen Tür und Angel im Vorbeigehen machen. Hinterher: ein Träumchen in allen Farbschattierungen. Ich habe es auch schon öfter selbst ausprobiert. Einfach mal so, wenn keiner geguckt hat, mit YouTube-Tutorials und mit allem, was Boris Entrup in den Werbepausen bei *Germany's Next Topmodel* so erklärt. Alles immer mit Gelinggarantie. Nun. Ich bin schminktechnisch offensichtlich völlig talentfrei. Holger nennt meine Lidschatten-Bemühungen Bauernmalerei und rät dringend davon ab. »Aber wenn du schon drauf bestehst, so zu gehen«, sagt er und schaut mich eindringlich an, »dann sag bitte jedem, den du triffst, dass das alles Absicht ist. Okay?«

»Wie? Warum?«, frage ich und bin irritiert.

»Na ja, nicht, dass einer denkt, du wärst ein Opfer häuslicher Gewalt!«

Aha. Okay. So gut steht mir also der unperfekte Look anscheinend auch wieder nicht.

Aber weil man ja immer noch dazulernen kann, lade ich mir eine junge Frau ein, die mir und meinen Töchtern das beibringen soll. Ein Vier-Frau-Smokey-Eye-Workshop quasi. Lilli, Maria, ich und Moni. Und ihr pinkfarbener Rollkoffer, der groß genug wäre, um darin meine Garderobe für einen ausgedehnten Sommerurlaub unterzubringen. Mit großen Augen scharen wir uns darum herum, als sie hier eine Lade aufklappt und dort eine Flasche herausnimmt, jedem von uns ein Handtuch umlegt und uns zwischendrin immer wieder kritisch beäugt. Meine Töchter und ich tragen nichts außer einer farblosen Gesichtscreme. »Also«, sagt Moni seufzend und legt mitleidig ihre Hand auf meine Schulter, »da müssen wir gaaaanz von vorne anfangen, das sehe ich schon.«

Äh. Ganz von vorne heißt?

»Na ja, erst einmal reinigen, dann cremen, dann abdecken, dann grundieren, Make-up, Puder, Rouge (der GLOW!), und dann können wir uns langsam an die Augen machen.«

Ah ja. Langer Rede kurzer Sinn: Am Ende der zweistündigen Veranstaltung sehen wir uns alle noch ähnlicher als sowieso schon. Was für mich natürlich ein Kompliment ist, ist für meine Töchter der absolute Schock. Na gut, wenn man genau hinsieht, bin ich von den drei Pandabärgesichtern, die uns da aus dem Spiegel leicht erstaunt entgegenschauen, immer noch das älteste, aber hey: Wir sehen top aus. Ein bisschen wie die gesichtsbemalte Hardrockband Kiss nach einem schweißtreibenden Auftritt, aber top.

»Suuuper!«, sagt Lilli auch dementsprechend begeistert und hilft der freundlichen Schminkfee dabei, alle Schminkutensilien in den rosa Koffer zu packen. Wie gut, dass sie mein Kind nicht so gut kennt wie ich. Wahre Begeisterung sieht anders aus.

»Ja, voll guuuuut!«, ruft auch Maria und schnappt sich den Koffer, um ihn die Treppe runterzutragen. »Viiielen Dank!« Erleichtert schauen wir alle der jungen Frau hinterher, bis sie in ihr Auto gestiegen und losgefahren ist. Keine fünf Minuten später treffen wir uns – komplett abgeschminkt – am Kühlschrank (dort lagern wir unsere Schokolade). Aber was soll ich sagen: Noch nie hat sich meine Haut so gut angefühlt wie in dem Moment, in dem ich dieses ganze Zeug wieder losgeworden bin. Es war mir kurzfristig, als würde ich einen Pelzmantel im Gesicht tragen, bei vierzig Grad Celsius Außentemperatur. Ich hatte das Gefühl, als könne ich nicht sprechen, lachen oder mein Gesicht auf sonst eine Art verziehen, aus lauter Angst, die kunstvoll aufgespachtelte Fassade würde abbröckeln und als kleines Häufchen liegen bleiben.

Ich war selten glücklicher als in dem Moment, in dem die ganze Farbe den Weg in den Waschbeckenausguss fand. Das ist schade, denn schließlich hat sich Moni wirklich sehr viel Mühe mit uns gegeben. Aber offensichtlich sind wir drei einfach nicht für Gesichtsfarbe gemacht. Egal. Glücklicherweise gibt es Fasching, da kann man dann ja eine Ausnahme machen – und man kann behaupten, dass das Bunte im Gesicht Absicht ist. Und es gibt den Winter. Da wäre so ein Gesichtsmantel vielleicht ganz nett. Bis dahin sehe ich wohl doch einfach aus wie immer. Glowlos. Zumindest, wenn er aus der Tube kommen muss.

Auch was meine Haare angeht, bin ich unkompliziert. Da habe ich mich schon vor Jahrzehnten für die Haarfarbe Cappuccino und die unkomplizierte immer gleiche Dutt-Variante entschieden. Strähnchen? Lockenstab? Glätteisen? Ist einfach nichts für mich. Und da es mittlerweile so nette Beschreibungen wie »undone« oder »out of bed« für meine Frisur gibt und sogar Models ihr Haar so tragen, stehe ich auch voll dazu. Vielleicht brauche ich für meinen persönlichen Look einfach auch nur einen coolen passenden Namen, damit ich mir ein bisschen mondän vorkommen kann. Wie wäre es zum Beispiel mit: »Me!«?

Übrigens, nur weil ich eher wenig Zeit vor dem Spiegel verbringe, hindert es mich natürlich nicht daran, aufwändig gestylte Frisuren und perfekt geschminkte Gesichter zu bewundern. Es gibt einfach so viele tolle, wunderschöne und unterschiedliche Frauen da draußen, mit ausdrucksvollen Gesichtern und ihrem jeweils ganz eigenen Stil. Ihn zu finden, ist eben eine Kunst. Ihm treu zu bleiben, oder ihn über den Haufen zu werfen, aber auch immer wieder eine Option.

Wenn die vielen schönen Frauen in meinem Umfeld sich entscheiden müssten, was sie auf eine einsame Insel mitnehmen dürften (also nachdem Bücher, Schirmchen für die Drinks, Kaffeemaschinen, Liegestühle, ausreichend Bikinis und natürlich alle Freundinnen eingepackt sind), also ohne welches Beautyprodukt sie das Paradies nicht betreten würden, hätte jede der Damen etwas anderes dabei. Und würde selbstverständlich mit den anderen teilen. Hier ist sie also:

Die ultimative »Welches Produkt würdest du auf eine einsame Insel mitnehmen«-Beautyliste meiner Freundinnen, Kolleginnen und Frauen, die ich einfach fragen musste, warum sie so unerhört gut aussehen.

(Ursprünglich sollte ja neben jedem Namen noch das jeweilige Alter stehen. Das wäre auch sicherlich für uns alle sehr interessant gewesen. Aber. Über das Alter einer Dame spricht man nicht. Sagen wir einfach … nein, sagen wir besser nichts. Keine der Damen sieht jedenfalls auch nur einen Tag älter aus als 25. Einigen wir uns auf 37. Ach, egal. Schließlich wissen wir ja nicht erst seit gestern, dass Schönheit nichts mit dem Alter zu tun hat, oder Ladies?)

Lucinde: Lippenstift MAC, Retro Matte Liquid Lipcolor, 25 Euro, Gesichtscreme mit Sonnenschutzfaktor 30 oder 50, Sunissime, Global Anti Aging, Lierac, 29 Euro

Pflege:
Beate, Malerin: Hochwertiges Aloe-Vera-Gel glättet und strafft sogar einen alten Plisseerock. Gel von Pro Natures (99,7 %), 100 ml ca. 12 Euro
Maria, Studentin: Kaufmann's Haut- und Kindercreme in der Tube. Die beste Lippenpflege aller Zeiten! Ca. 1,80 Euro, in vielen Drogerien
Astrid, Flugbegleiterin: Moisture Surge Gel! Der Allrounder kann als Tages- oder Nachtpflege, als Maske, für die Nagelhaut oder sogar als Haarkur benutzt werden. Morgens ein Klecks Make-up dazu und voilà: Die Haut hat einen mega Glow. Flugbegleiterinnen schwören darauf. Moisture Surge extended thirst relief, Clinique, ca. 23 Euro
Zeljka, Inhaberin einer Boutique: Ohne die parfumfreie »Asche Basis Lotio« im Gesicht verlässt sie noch nicht einmal ihr Badezimmer, Chiesi GmbH, 200 ml ca. 12 Euro, jeder Hauttyp, besonders verträglich und Feuchtigkeit spendend
Andrea, Sekretärin: Kalter Teebeutel (schwarzer Tee) auf die Augen. Hilft bei müden und geschwollenen Augen
Arleen, Kosmetikerin: Immer im Kühlschrank: die »Stress Relief Eye Mask«. In den einzeln abgepackten Tütchen befindet sich ihre Notfallrettung bei geschwollenen Augen. Die zarten Pads wirken Wunder! Moment: Hat jemand einen

Kühlschrank eingepackt? Estée Lauder, 10 Tütchen à 2 Pads, ca. 30 Euro

Anja, Literaturagentin: Hagebuttenöl, zweimal täglich ein paar Tropfen im Gesicht verreiben, Freie-Radikale-Abwehr, Vitamin C und Feuchtigkeit: Das Öl ist ein echter Geheimtipp! Zum Beispiel: Eden's Semilla, ca. 13 Euro

Andrea, Kosmetikerin: nie ohne gründliche Gesichtsreinigung ins Bett gehen! Abschminken am besten mit dem »Physiologischen Reinigungsgel Ultra«, für empfindliche Haut, 750 ml ca. 15 Euro, La Roche-Posay

Optik:

Maren, Personal Shopper: Selbstbräuner für einen gesunden, frischen Look – Gesicht: Garnier Ambre Solaire, »Natural Bronzer«, ca. 8 Euro, Beine: Balea Bodylotion »Magic Summer«, dm-Markt, 1,95 Euro

Sigrid, Redakteurin: Gepflegte Hände sind das Allerwichtigste, wenn man mit Menschen zu tun hat. Nagellack z. B. Essie »Nude«, 8 Euro; für einen perfekten Teint: »Facefinity All Day Flawless«, Foundation, Primer und Concealer in einem, Max Factor, 30 ml ca. 10 Euro

Diana, Kosmetikerin: Perfekt gezupfte Augenbrauen sind das A und O für eine gepflegte Ausstrahlung und mit Rouge sieht man gleich viel frischer aus. Gruber, Puderrouge No. 1, ca. 13 Euro

Jasmin, Visagistin: Augenbrauen, Augenbrauen, Augenbrauen, Lippenstift und sonst nichts. DAS ist der perfekte Look. Z. B. Pro Longwear Brow-Set, MAC, ca. 20 Euro

Anja, Physiotherapeutin: Die Wimpernzange, Anjas liebstes Beauty-Werkzeug, Drogerie, ca. 10 Euro

Haare:

Regina, Friseurin: Wenn der Ansatz herausgewachsen ist und der Friseurbesuch erst nächste Woche ansteht, oder es unvorstellbarerweise gar keinen Friseur auf dieser Insel gibt, hilft Ansatzspray. L'Oréal Paris, »MAGIC RETOUCH«, ca. 6 Euro

Ursi, Autorin: Trockenshampoo, wenn das Haar platt geworden ist. Kann auch durch Babypuder ersetzt werden. Aber Vorsicht: Gut ausbürsten, und nicht unbedingt bei dunklem Haar geeignet.

Zeit ist Geld ist Schönheit, Teil 2: Der Trick funktioniert von Kopf bis Fuß!

Was dekorative Kosmetik betrifft, bin ich mindestens so talentfrei wie Lucinde (und das, obwohl ich sogar schon mehrere Schmink-Workshops mitgemacht habe). Aber egal. Denn ich bin großer Fan des japanischen »Wabi-Sabi«, eines Ästhetik-Konzeptes, bei dem nicht die makellose Schönheit zählt, sondern die Fähigkeit, Schönes wahrzunehmen. Dahinter steckt die Philosophie, dass das Unperfekte die Perfektion erst perfekt macht: der rostige Teekessel. Die knorrige Kiefer. Der bemooste Stein. Das faltige Antlitz … Warum sich liften lassen, wenn wahre Schönheit sowieso erst im Alter und durch Reife entsteht?

Nun ja. Theoretisch klingt das ja gut. Aber praktisch? Der gewollt unordentliche Look sieht, wenn man ehrlich ist, nur bei ganz jungen Frauen cool aus. Mit den Jahren wirkt es nicht mehr lässig, sondern eher nachlässig. Den sinkenden Coolness-Faktor kann man nicht aufhalten. Aber man kann ihm entgegenwirken: mit einem gepflegten Äußeren.

Damit ich also trotz mangelndem Styling-Talent nicht aussehe wie aus der Steinzeithöhle gekrochen, arbeite ich mit Tricks. Genauer gesagt mit dem Zeitersparnis-Trick, der ja schon beim Wimpernfärben so wunderbar funktioniert hat und mit dem man wertvolle Minuten oder gar Stunden spart, die dann wieder anderweitig in Beauty-Maßnahmen investiert werden können.

Die große Frage lautet nun: Lässt sich dieser Effekt verallgemeinern? Ich habe es ausprobiert. Und um die Antwort schon vorwegzunehmen: Natürlich lässt er sich verallgemeinern! Und zwar von Kopf bis Fuß.

Grau ist leider nicht nur alle Theorie ...

Wer mich länger als ein halbes Jahr nicht gesehen hat, muss eventuell zweimal hinsehen, um mich zu erkennen. Während ich den Gatten und den Wohnsitz seit fast dreißig Jahren nicht gewechselt habe, ändere ich meine Frisur umso häufiger. Als mein Mann mich damals kennenlernte, hatte ich lange, blonde Haare. Wenig später trug ich sie kurz und rot. Seither habe ich zahlreiche Schnitte ausprobiert, hin und wieder sogar eine Dauerwelle (ich will nicht darüber reden!) und natürlich fast alle Farben (außer Schwarz). Anfangs tönte ich selbst, und das nur aus Spaß an der Abwechslung. Inzwischen lasse ich färben, und das gar nicht mehr, um mich mal wieder zu verändern, sondern im Gegenteil: damit das Blond bleibt, statt dem Grau zu weichen. Doch warum nicht auch mal Erdbeerblond? Lila? Kastanie? Mit grünen Strähnchen? Wenn man schon färben muss, kann man ja auch ruhig ein bisschen herumexperimentieren. Theoretisch jedenfalls. Ich bleibe vorerst aber mal bei diesem Look.

Alle sechs bis acht Wochen den Ansatz färben und die Spitzen schneiden lassen, reicht übrigens. Für mich ist das jedes Mal geschenkte Lesezeit. Herrlich! (Wobei es mir dank eines spannenden Krimis durchaus auch schon passiert ist, dass aus »Mach mal ein paar mehr Stufen rein« plötzlich eine völlig neue Frisur geworden ist. Ganz anders als erwartet, aber gar nicht übel, eigentlich ... Angeblich sehe ich jünger damit aus.)

Okay, so besonders innovativ ist dieser Tipp nicht, zugegeben. Zum Friseur geht schließlich fast jeder. Aber andererseits ist er der Beweis dafür, dass wir alle die Zeit-für-die-Schönheit-investieren-Methode schon lange anwenden. Instinktiv. Und dem Instinkt soll man ja folgen …

Ich hab die Nägel schön …
Ganz ehrlich: So viel Kieselerde könnte ich gar nicht futtern, dass meine Fingernägel auf natürliche Weise schön wären. Die waren in meiner Jugend schon nicht prachtvoll, und mit den Jahren wurden sie immer erbärmlicher: Ständig sind sie eingerissen, gesplittert, waren rillig, brüchig, hässlich. Erschwerend kam hinzu, dass mein Talent im Nägellackieren eher armselig ist, ebenso wie das im Nägel-in-Form-Feilen. Selbst wenn die linke Hand einigermaßen gelingt, sieht die rechte immer mies aus. Ich bin nun mal nicht beidhändig. Tja. Was also tun? Die Fingernägel extrem kurz zu schneiden half auch nicht wirklich. Selbst in diesem Zustand splitterten sie. Das war so schlimm, dass ich meine Hände am liebsten verbarg.

Doch dann versuchte ich es mit Gel. Jawohl, in einem Nagelstudio. Seitdem hab ich die Nägel schön. Und zwar wunderschön! Mal in Türkis, mal in Neongrün, mal in Shocking Pink (für Altrosa, dezentes Apricot und Retro-Violett fühle ich mich noch nicht reif genug). Und immer perfekt geformt. Dafür investiere ich alle vier Wochen ungefähr anderthalb Stunden. Angesichts des Resultats: ein Schnäppchen! Und für den Rest des Monats kann ich die Nagelfeile Nagelfeile sein lassen!

Nie wieder schminken: permanent statt immer wieder

Worin ich noch wesentlich ungeschickter bin als im Nägel-lackieren, ist das Lidstrichziehen. Wobei Strich nicht unbedingt das richtige Wort ist. Einen Strich stellt man sich gerade vor, in einem Schwung. Nicht wie das, was ein Seismograf bei einem Erdbeben aufzeichnet. Dabei finde ich einen gelungenen Lidstrich extrem klasse. Trotzdem habe ich mir die Entscheidung für das Permanent-Make-up wahrlich nicht leicht gemacht. Nicht zuletzt, weil ich eine Angsthäsin vor dem Herrn bin. Und auf Schmerzen stehe ich nun wirklich nicht. Aber dann gab ich mir einen Ruck und vereinbarte einen Termin …

Um es kurz zu machen: Die Sache war wirklich nur halb so wild. Das erste, nicht besonders geglückte Wimpernfärben damals war deutlich unangenehmer gewesen. Auf einer Schmerzskala von eins bis zehn lag das Ganze etwa bei null Komma eins. Und mit dem Resultat bin ich zu hundert Prozent zufrieden. Nie wieder Augen schminken!

Zusatzeffekt für Brillenträgerinnen: Das Dilemma, dass man eigentlich eine Sehhilfe tragen müsste, um zu erkennen, was man da malt, aber sie abnehmen muss, um es zu tun, ist ebenfalls gelöst!

Glatte Beine – das reißt's raus …

Einmal hab ich mir beim Beinerasieren unter der Dusche in die Haut über dem Knöchel geschnitten und mir dabei eine fiese Entzündung eingehandelt. Ernsthaft: Aus dem kleinen Kratzer wurde eine markstückgroße (für jüngere Leser: D-Mark, historische Währung, ähnlich Taler und Kreuzer) offene Stelle, die erst nach Wochen abheilte. So etwas soll mir nicht noch einmal passieren! Außerdem sind rasierte Beine nur maximal einen halben Tag lang wirklich glatt, also nicht gerade ideal, wenn es um Langfristlösungen geht.

Auf Waxing hatte ich allerdings keine Lust (wie sich das schon anhört!). Und Enthaarungscreme stinkt so widerwärtig!

Kurz vor meinem Fünfzigsten lernte ich eher zufällig eine Frau kennen, die Sugaring anbietet. Klingt niedlich, oder? Nicht so brutal. Doch so süß es sich anhört, so bitter ist es: Beim Sugaring werden die Haare mittels einer Zuckerpaste mit Stumpf und Stiel ausgerissen, und zwar – im Unterschied zum Waxing – nicht entgegen, sondern mit der Haarwuchsrichtung … Erstaunlicherweise klingt das schrecklicher, als es sich anfühlt. Vor allem an unerwarteten Stellen war es relativ unschrecklich – wenn die Achselhaare entfernt werden, bleibe ich beispielsweise ziemlich cool. Zumal der nachwachsende Flaum von Mal zu Mal feiner wird und es beim Entfernen immer weniger ziept. Am schlimmsten ist es jedoch an den Schienbeinen. Das ertrage ich selbst nach jahrelanger Anwendung nur lesenderweise … So ein blutiger Krimi kann da perfekt ablenken!

Schöne Füße und noch mehr geschenkte (Lese-)Zeit

Schrundige Fersen bekomme ich auch, da stehe ich meiner Oma in nichts nach. Dazu laufe ich einfach viel zu gern barfuß und bin viel zu faul, meine Quanten regelmäßig einzucremen. Zumal es mit den Jahren (und mit den Kilos, vor allem denen am Bauch) immer beschwerlicher wird, das Zielobjekt überhaupt zu erreichen … Deshalb mache ich es ebenso wie Oma damals und lasse mir die Füße professionell bearbeiten. Im Sommer sogar inklusive Farbgel, passend zu den Fingernägeln.

Der enorme Vorteil gegenüber Nagellack: Im Öfchen trocknet das Gel innerhalb weniger Minuten. Während der Nagellack noch nach Stunden hässliche Spuren auf Kleidung, Schuhen oder Bettwäsche hinterlassen kann. Außerdem geht die professionelle Fußpflegerin mit Schere, Feile und Schleifgerät natürlich viel flinker um, als ich selbst es je könnte, also gleich doppelte Zeitersparnis.

Das Allerschönste dabei ist natürlich, dass man während der Fußpflege wunderbar lesen kann. Einfach so. Was sollte man auch sonst tun? Okay, man könnte auch auf dem Laptop arbeiten, aber ... Also ehrlich: Wäre es nicht fast eine Sünde, diese geschenkte Lesezeit nicht dankbar anzunehmen? Eben! Und es ist ja auch nur eine Stunde alle vier Wochen ...

Lucinde

Vom Haarefärben, »AU!« zu »WOW!« – und was man sonst noch so gegen Falten tun kann

Ganz ehrlich: Für Aktionen, bei denen man lange still sitzen muss, fehlt mir die Geduld. Eineinhalb Stunden alle vier Wochen für nur Nägel? Das sind 3,2 Minuten jeden Tag! Dabei sieht man den Nägeln ja noch nicht einmal das Alter an. Wären es die Hände, na gut, aber so? Kommt nicht infrage! Ich gehe ja noch nicht mal zum Friseur! Unsere Haus- und Hoffriseurin Regina kommt alle paar Wochen zu uns und schneidet jedem die Haare, der in der Nähe ist und will (neulich sogar dem Pfarrer, der nur kurz was abgeben wollte). Sie verlässt mich, sobald sie mir die Farbe aufgetragen hat. Denn ein grauer Ansatz ist natürlich ein absolutes No-Go bei meinem Bemühen, meine Jugend zu bewahren. Wobei ich diese Models mit den grauen Haaren unglaublich spannend und auch sexy finde. So, und zwar ganz genau so, will ich natürlich unbedingt auch mal werden. Die Frage ist nur, wann? Vorerst jedenfalls nicht. Das kann man ja auch noch mit siebzig, oder?

Bis dahin: Farbe auf mein Haupt. Dauer: eine halbe Stunde maximal. Dann tut mir auch meist schon der Hintern weh. Wenn ich beim Friseur sitze, überlege ich mir spätestens nach dem zweiten Haarvollwaschgang, was ich stattdessen tun könnte. Ich meine, anstatt den zwölften Cappuccino zu trinken und die Bunte zu lesen. Ich finde, Beauty muss schnell gehen. Schlafen will ich nachts und lesen kurz davor. Ja, ich verstehe Heike auch, aber ich bin eben mehr so der ungeduldige Typ. Wenn ich mit einer halben Stunde Aufwand meine Haare schön kriege und mit zehn Minuten den Grand Canyon ausgebügelt, dann bin ich glücklich.

Apropos: Dank Botox ist meine Stirn zwar nun ziemlich glatt, die anderen Falten habe ich aber noch. Also, die um den Mund. Die an den Lippen. Und die vielen kleinen um die Augen. Klar kann ich sie behalten, sooo schlimm sind sie schließlich auch wieder nicht, aber warum sollte ich, wenn es so grandiose wie vielfältige Möglichkeiten gibt, sie zu eliminieren? Im Internet und in den Flyern von Hautärzten oder Kosmetikerinnen finde ich jedenfalls tausendundeine verführerische Option, der erschlafften Haut zu Leibe zu rücken. Manche hören sich schmerzhaft an, wie das Vampir- oder das Fadenlifting, dabei aber so effektiv, dass ich trotzdem neugierig werde. Andere, wie Lidstraffungen oder ein echtes Facelift, sind mir einfach eine Nummer zu groß. Ja, es stimmt, ich komme mir manchmal vor wie ein sehr junger Shar-Pei, diese Hunde, die mit enorm viel Haut geboren werden und dann im Laufe ihres Lebens hineinwachsen. Bei mir verhält es sich offensichtlich eher andersherum, und ich bin dabei nicht annähernd so niedlich. Dennoch bin ich nicht gewillt, mich so richtig unters Messer zu legen, um Abhilfe zu schaffen. Ich bin nämlich ein feiger Shar-Pei. Aber solange nicht geschnibbelt wird, kann man das alles ja mal ausprobieren. Ist ja nicht für die Ewigkeit. Leider. Und manchmal auch ein bisschen zum Glück. Ich habe also ausprobiert:

Mesotherapie: Dabei werden mit sehr feinen Nadeln gezielt individuell zusammengestellte Wirkstoffe direkt unter die Haut gespritzt. Diese Wirkstoffe können Vitamine,

Aminosäuren, Antioxidantien und pflanzliche sowie homöopathische Medikamente sein. Durch die Mesotherapie werden die Zellerneuerung und die Durchblutung angeregt, und die Wirkstoffe landen genau dort, wo sie gebraucht werden. Möglich ist übrigens auch eine Kombination von PRP (siehe unten) oder Hyaluronsäure mit Mesotherapie. Eventuell ist eine mehrmalige Behandlung notwendig. Bei mir wurde die Haut vorher mit einer Salbe betäubt, und das war gut so. Denn habe ich schon erwähnt? Ich bin ein Weichei. Und ich fand es trotzdem nicht schön. Aber die Komplimente, die ich nach ein paar Tagen bekam, nachdem sich alles dorthin verteilt hatte, wo es hinsollte, die haben mir sehr gut gefallen.

Kosten: individuell, ca. 180 Euro

Fadenlifting: Fadenlifting ist ein schonendes Verfahren zur Hautstraffung ohne OP, besonders geeignet für die Behandlung gegen »Hängebäckchen« und zur allgemeinen Straffung der Haut im Gesicht oder am Hals. Durch feine, lange Nadeln werden spezielle Fäden gitterartig in das Fettgewebe der Haut gelegt. Durch ihre Beschaffenheit verankern sich die Fäden tief in der Haut und straffen sie. Beim Auflösen regen sie die Kollagenbildung an und sorgen daher für eine zusätzliche Straffung. Ich fand diese Methode sehr unangenehm und hatte mehrere Tage danach noch blaue Flecken und ein Fremdkörpergefühl im Gesicht. Außerdem habe ich selbst überhaupt keine Veränderung erkennen können. Aber das ist bestimmt von Frau zu Frau unterschiedlich, denn es gibt sehr viele sehr begeisterte Testerinnen. Mein Favorit ist es jedenfalls nicht.

Kosten: ca. 700 Euro pro Anwendung – Autsch!

PRP oder Vampirlift: PRP bedeutet »Plättchenreiches Plasma«, ist in der Naturheilkunde schon lange als Eigenbluttherapie bekannt und regt die Abwehrkräfte an. Dafür wird das Plasma aus dem eigenen Blut durch eine Zentrifuge herausgelöst und direkt unter die Haut gespritzt. Dadurch soll die Regeneration der körpereigenen Zellen angeregt werden, das Hautbild verjüngt sich und das Gesicht wird gestrafft. Außerdem werden entzündliche Prozesse gestoppt. Bye bye, Akne! Viele Celebrities wie Kim Kardashian oder Bar Refaeli schwören auf diese Methode, denn sie ist natürlich und effektiv, allerdings nicht sehr angenehm. PRP kann übrigens auch sehr gut mit Mesotherapie kombiniert werden. Meine Ärztin empfiehlt eine Kombination mit Milchsäure für beziehungsweise gegen die schlaffe Haut am Hals – allerdings im Winter, wenn man Rollkragenpullis tragen kann und man dadurch die blauen Flecken nicht so sieht. Unter uns: Wenn ich einen Rolli trage, dann sieht man meinen faltigen Hals auch nicht.

Kosten: ab 400 Euro

Microdermabrasion: Microdermabrasion (Micro = klein; Derm = Haut; Abrasion = Abtragen) ist eine Schleifmethode, bei der man mit kleinsten Schleifpartikeln (wie zum Beispiel Kristallen, Aluminiumoxid oder Salz) vorsichtig die oberen Hautschichten abtragen kann. Dabei wird außerdem die Wirkstoffaufnahme verbessert, und die Produktion von hauteigenem Kollagen sowie Elastin wird angekurbelt. Besonders geeignet ist diese Methode bei der Behandlung von Narben, Hornhaut, Pigmentstörungen, großporiger Haut oder Falten. Die Behandlung eignet sich für Gesicht, Hals und Dekolleté und muss mehrfach wiederholt werden. Okay, es ist nicht gerade eine Wellness-Massage, aber zum Aushalten. Und wenn es mir nichts ausmacht, dann können sich alle anderen sehr entspannt zurücklehnen. Ein bisschen fühlt es sich an wie ein sehr feines, aber auch sehr gründliches Peeling. Und hinterher: einfach nur WOW. So sauber und klar war meine Haut noch nie! Durch die Behandlung wird allerdings auch die Selbstheilung angeregt und es kann durchaus sein, dass sich Mitesser erst im Laufe der Zeit herausschieben oder kurzfristig Unreinheiten entstehen. Dann unbedingt dranbleiben – die Haut ist nämlich sehr schlau und weiß genau, was sie da tut.

Kosten: ca. 80 Euro pro Anwendung

Fruchtsäurepeeling: Die Wirkstoffe, die beim Fruchtsäurepeeling verwendet werden, sind natürliche Säuren, die in Früchten, Milch oder Mandeln vorkommen. Sie sind entzündungshemmend und antiseptisch (also keimtötend). Vitamin C ist ein möglicher Bestandteil eines Fruchtsäurepeelings, meist (je nach Hautbeschaffenheit) werden allerdings verschiedene Säuren gemischt. Durch die Säure werden abgestorbene Hautzellen und Schuppen entfernt und die oberste Hornschicht wird durchlässiger. Die Fruchtsäure regt die Bildung von neuen Zellen an und sorgt so für ein frischeres Hautbild. Außerdem stärkt sie den Säureschutzmantel und mildert Pigmentflecken. Auch diese Methode lässt sich gut kombinieren und sollte mehrmals durchgeführt werden. Wichtig: Nach dem Fruchtsäurepeeling Sonne unbedingt vermeiden!

Mein ganzes Gesicht ist eine einzige Sommersprosse, und ich mag das auch ganz gerne so, aber auf meiner Stirn und über der Oberlippe habe ich seit der Geburt der Kinder jeweils einen großen brauen Fleck. Vermutlich eines der Dinge, die ich sehe, aber sonst niemand. Trotzdem: Die brauche ich jetzt echt nicht so dringend. Und außerdem habe ich gelesen, dass ein ebenmäßiges Gesicht immer jünger aussieht. Na gut. »Ebenmäßig« klappt nicht ganz, aber die Flecken sind kaum noch zu sehen – und das nach drei Anwendungen! Mega! Damit sie nicht gleich wiederkommen, passe ich jetzt auch mit der Sonne ein bisschen besser auf. Versprochen!

Kosten: ca. 80 Euro pro Behandlung

Microneedling: Wie der Name schon sagt: Hier kommen kleine Nadeln zum Einsatz, die entweder auf Stempeln oder einem Gesichtsroller aufgebracht sind. Nehmen wir den Gesichtsroller: Durch das vorsichtige Rollen werden der Haut sehr viele winzige Verletzungen zugefügt, die aber sehr schnell heilen. Diese Heilung bringt genau den gewünschten Effekt: Durch sie wird nämlich die allgemeine Kollagen- und Elastinbildung angeregt. Die Durchblutung wird verbessert, Narben werden feiner, Dehnungsstreifen weniger, Pigmentstörungen oder andere Hyperpigmentierungen abgemildert, und schlaffe Haut spannt sich. YAY!

Außerdem können natürlich Wirkstoffe während und nach der Behandlung besonders gut aufgenommen werden. Hier bietet sich eine Ergänzung durch eine auf die Haut aufgetragene Mesotherapie an. Also, auf einer Schmerzskala von eins bis zehn (zehn superschmerzhaft) ist das hier vielleicht eine drei. Nicht schlimm. Nicht schön. Aber hilfreich. Hier habe ich vor allem am Hals sehr schnell Erfolge gesehen. (Kunststück, da bin ich ja auch am Shar-Pei-mäßigsten unterwegs). Klar, auch bei dieser Methode muss man dranbleiben und ein klitzekleines bisschen Geduld haben – schließlich kann so ein

Roller nicht in einer Sitzung die Uhr um dreißig Jahre zurückdrehen. Aber er kann es. Ein bisschen. Mit der Zeit.

Kosten: ca. 80 bis 100 Euro, je nach Wirkstoff

Für zu Hause: Super ist der CIT-Face-Roller (CIT: Collagen-Induction-Therapy) oder Dermaroller von âme pure, der (in Kombination mit den passenden Pflegeprodukten) innerhalb kürzester Zeit schon deutliche Verbesserungen im Hautbild bewirken soll: Verkleinerung der Poren, Straffung der Haut, Narben und Falten werden deutlich besser, und die Haut wird glatter. Ich habe ihn getestet. Mehrfach. Es pikst ein bisschen, aber vor allem die Wirkung am Hals war bei mir sensationell: die Straffung enorm und sehr schnell sichtbar. Eines ist ganz klar: Die Durchblutung wird wesentlich verbessert (das kann man schon bei der ersten Anwendung spüren!), und mit den auf den Roller abgestimmten Produkten versorgt man die Haut zusätzlich mit tollen Inhaltsstoffen.

Z. B. Wrinkle Eraser plus Cream, Set, âme pure, ca. 200 Euro für den Roller, Gel 30 ml, Creme 50 ml und Desinfektionsspray.

Alle Produkte und auch weitere Sets können unter www. amepure.com/de/ bestellt und problemlos nachgekauft werden.

Faltenbügeleisen: mein Favorit. Es wird nichts gepikst und ist einfach nur angenehm. Schon allein die Entspannung während der kosmetischen Behandlung ist für mich Anti-Aging pur! Wäre ich eine Katze, ich hätte die ganze Zeit geschnurrt. Also: Das Faltenbügeleisen sendet Ultraschallwellen aus. So weit, so einfach. Sie dringen tief in die Zellen ein und regen den zelleigenen Stoffwechsel an. Die Produkte, die währenddessen auf die Haut aufgetragen werden, können außerdem tiefer eindringen. Wenn man das öfter macht (und das sollte man unbedingt), wird die Haut straffer, das Hautbild verjüngt, es verfeinert sich und Pigmentflecken werden abgemildert. DAS würde ich sehr gerne sehr oft machen. Vielleicht würde sich sogar ein Gerät für zu Hause lohnen? Andererseits: Die ganzen Gesichtsbürsten und Ultraschallgeräte, die sich bei mir auf der Badablage drängeln, haben alle eines gemeinsam: Sie sind sehr wirkungsvoll. Ganz sicher. Wenn man sie benutzt.

Kosten: zwischen 50 und 100 Euro, je nach Behandlungsdauer und Anbieter, gibt es auch für zu Hause.

Irgendwann sind wir alle dran: Gleitsichtdingens

Wir reden hier die ganze Zeit davon, wie wir AUSSEHEN. Dabei ist es doch viel wichtiger, überhaupt zu sehen!

Wobei das ja auch wieder mit dem Aussehen zu tun hat. Das ist mir schon in der Grundschule klar geworden …

Kinder können herzlos sein. »Brillenschlange«, riefen sie meiner Freundin Manuela hinterher, als sie zum ersten Mal mit ihrem brandneuen Nasenfahrrad an der Bushaltestelle stand. Ich war empört. Wie konnten sie so blind sein und nicht erkennen, was für ein kleidsames Accessoire Manu da trug?

Natürlich kannte ich das Wort Accessoire damals noch nicht. Aber ich erkannte instinktiv, dass ein klug gewähltes Brillengestell ein durchschnittlich interessantes, durchschnittlich attraktives, durchschnittlich intelligentes Gesicht in Nullkommanix enorm upgraden kann. Und das auch noch auf Rezept!

Manuela ignorierte die »Brillenschlange«-Rufe, doch ich fürchte, das optische Potenzial, das ihre Sehhilfe bot, ignorierte sie ebenso.

Mir wäre das nie passiert. Aber ich hätte mir auch kein so unauffälliges Gestell gewählt, sondern ein freches, buntes Hingucker-Modell. Es hätte mich sowohl clever als auch humorvoll und modebewusst erscheinen lassen. Mit anderen Worten: Brillenträgerin zu sein war mein Traum! Leider stand dem meine brillante Sehkraft im Wege … Aber vielleicht ließ die ja doch zu wünschen übrig? Vielleicht hatte ich ja von klein auf eine Sehschwäche und ahnte nur deshalb nichts davon, weil es noch niemand untersucht hatte und ich meinen beklagenswerten Zustand daher für normal hielt? Wenn ich ganz angestrengt auf einen Punkt in der Ferne starrte, begann der nach einer Weile seltsam zu flimmern. Das konnte doch nicht normal sein! Und wenn ich abends vor dem Einschlafen heimlich unter der Bettdecke las, wurde ich spätestens nach einer knappen Stunde todmüde davon. Mit Sicherheit ein Symptom chronischer Sehschwäche! Von meiner extremen Lichtempfindlichkeit ganz zu schweigen …

Ich nervte meine Eltern so lange, bis sie für mich einen Termin beim Augenarzt vereinbarten. Ein Scharlatan, wie sich bald herausstellte, behauptete er doch steif und fest, meine Augen funktionierten einwandfrei.

Das Brillenthema geriet in Vergessenheit. Ich wurde Gymnasiastin, Abiturientin, Studentin. Mindestens so spannend wie meine Studienfächer fand ich das Programm der städtischen Kinos, die ich gerne und oft besuchte. Manchmal gab es sogar lange Filmnächte mit mehreren Vorstellungen in Folge. Irgendwann – zwischen *Kramer gegen Kramer* und *Blues Brothers* – merkte ich, dass mich das Zusehen nach spätestens zwei Stunden enorm anstrengte, und nach spätestens drei Stunden bekam ich Kopfschmerzen. Es wurde also wieder Zeit für einen Besuch beim Augenarzt. Vielleicht bekam ich nun die Brille, die ich mir mit zehn gewünscht hatte und auf die ich jetzt, mit zwanzig, längst nicht mehr so scharf war?

Ich bekam keine. Stattdessen wurde mir Muskeltraining verordnet. Augenmuskeltraining! Hat man so etwas schon mal gehört?

Nachdem der eigentliche Sehtest ausnahmslos Bestwerte ergeben hatte, war ich nämlich vor ein Stereoskop verfrachtet worden, wo ich kläglich versagte. Ich musste durch das Gerät schauen und gleichzeitig an einem Rädchen drehen, das die beiden Einzelbilder voneinander entfernte, und zwar so lange, bis meine Augen sie nicht mehr als Einheit sahen, sondern sie regelrecht auseinanderflutschten. Was leider ziemlich bald geschah. Wie ich erfuhr, konnten normalsichtige Menschen das Rädchen um einiges weiter drehen und die beiden Bilder noch immer als eines sehen. Mit anderen Worten: Meine Fähigkeiten im Stereosehen waren armselig. Aber daran konnte man etwas ändern, teilte mir der Augenarzt freudestrahlend mit, dafür sei nämlich ein Muskel zuständig. Und wenn der zu schwach sei, müsse ein anderer diese Aufgabe übernehmen, und das sei der Grund für meine Kopfschmerzen bei langen Kinonächten. Klang logisch.

Ich wurde mehrfach in die Praxis bestellt und vor das Stereoskop gesetzt, wo ich jeweils eine halbe Stunde lang das Rädchen drehte und es mit der Zeit schaffte, die beiden Einzelbilder immer länger als Einheit zu sehen.

Es funktionierte. Ich war geheilt – und noch immer brillenlos.

Bald danach machte ich meinen Abschluss. Wurde dreißig. Vierzig. Fünfzig! Und kam noch immer ohne Sehhilfe aus. Aber vielleicht war sie ja längst notwendig? Schon lange hatte ich mich nicht mehr untersuchen lassen. Die Zeiten, in denen ich eine Brille als Modeaccessoire ersehnt hatte, waren allerdings lange vorbei. Andere in meinem Alter trugen längst Nickelbrillen, randlose Gestelle, pfiffige Modelle in grellen Farben oder solche mit austauschbaren Bügeln. In der wöchentlichen Chorprobe war ich – von ein paar Dreißigjährigen abgesehen – die Einzige, die brillenlos zurechtkam. Und zwar ohne Probleme!

Beim Autofahren sah die Sache aber schon anders aus. Vor allem bei schlechten Sichtverhältnissen wie Dämmerung oder Nebel, Regen oder Dunkelheit – vor allem bei Regen UND Dunkelheit – hatte ich schon so meine Schwierigkeiten. Genauso wie mit der Morgenzeitung. Lesen konnte ich an sich noch ganz prima ohne Brille – tagsüber. Aber morgens brauchten meine Augen eine ganze Weile, bis sie auf scharf stellten. Echt lästig!

»Sie haben nur noch sechzig Prozent Sehfähigkeit!«, lautete das niederschmetternde Urteil des Augenarztes. Ich brauchte nicht nur eine Lesebrille, was altersbedingt ohnehin längst angebracht war, wie er fand, sondern auch eine für die Ferne. Oder eine Gleitsichtbrille.

Ich war schockiert. Sechzig Prozent? Ich war halb blind, ohne es bemerkt zu haben? Und wie sollte ich, die über ein halbes Jahrhundert ohne Brille gelebt hatte, von jetzt auf gleich lernen, mit zwei solcher Hilfsmittel klarzukommen? Mit Sicherheit hätte ich immer die falsche auf der Nase. Oder eine von beiden verlegt. Oder sogar beide! Nein, es gab nur eine Lösung, auch wenn die bitter war: »Ich probier das mit der Gleitsichtbrille.«

Die enorme Auswahl schicker Gestelle beim Optiker munterte mich auf. Sofort vergaß ich das mit den sechzig Prozent Sehfähigkeit, und als ich mein Traumgestell entdeckte – leicht sixtiesmäßig geschwungen und mit Türkis –, war ich zu hundert Prozent zufrieden. Auf diese Brille hatte ich über vierzig Jahre lang gewartet, und es hatte sich gelohnt!

Es dauerte zwei Wochen, bis sie fertig war. Sie kamen mir

elend lang vor, so sehr freute ich mich darauf, mein neues Accessoire zu tragen! Dann endlich kam der ersehnte Anruf vom Optiker. Ich konnte sie abholen.

Oh, wie gut sie mir stand! Mein Traum war endlich Wirklichkeit geworden. Aber warum war der Boden im Laden auf einmal so wellig? Und warum schwankte ich?

»Es dauert manchmal ein paar Tage, bis man sich an die Gleitsichtgläser gewöhnt hat. Aber das wird schon«, versprach der Optiker.

Mein Mann hakte mich unter und führte mich zum Auto, sonst wäre ich garantiert gestürzt.

»Dieses Gleitsichtdingens ist die Hölle!«, klagte ich.

»Ach was, bald merkst du es nicht mehr«, tröstete er mich.

Am nächsten Tag wagte ich es kaum, Treppen zu steigen. Einmal ließ es sich leider nicht vermeiden, weil der Paketbote an der Haustür klingelte, aber da nahm ich das Gleitsichtdingens lieber ab, um nicht hinunterzusegeln. Von dieser Ausnahme abgesehen hielt ich den ganzen Tag durch. Und fühlte mich wie betrunken – nur ohne die fröhliche Leichtigkeit, die sonst mit diesem Zustand einhergeht.

Am dritten Tag wagte ich trotz anhaltender Seekrankheit den ersten Hundespaziergang mit dem Gleitsichtdingens. Ich lief wie auf Wolken. Im negativen Sinne. In der Nachbareinfahrt, wo der Bürgersteig ein paar Zentimeter abgesenkt war, hatte ich das Gefühl, vor einem metertiefen Abgrund zu stehen. Obwohl ich ja wusste, dass es nur ein paar Zentimeter waren, tastete ich mich ganz langsam vor und gab vermutlich ein Bild ab, als würde ich im *Ministry of Silly Walks* arbeiten. Sei's drum. Das gehörte eben zur Eingewöhnungsphase.

Und irgendwann war es dann so weit: Ich merkte nicht mehr, dass ich die Brille aufhatte. Ja, ich merkte sogar nicht

einmal mehr, dass ich die Brille NICHT aufhatte! Erst wenn
ich mein Buch zur Seite legte und auf dem Tisch gleich daneben meine Brille entdeckte, wurde mir klar, dass ich sie
zum Lesen offenbar nicht brauche.

Und vor dem Computer, wo ich – grob geschätzt – siebzig Prozent meiner Wachzeit verbringe, sehe ich ohne Gleitsichtdingens sogar besser. Was ja an sich kein Wunder ist: Für
den Leseteil ist der Abstand zum Bildschirm nämlich zu groß,
für den Fernteil zu gering. Also trage ich das Gleitsichtdingens nur beim Autofahren. Na ja, bei weiteren Strecken. Damit ich nicht so schnell ermüde.

Fast schade drum – wo sie doch so enorm schick ist.

PS: Wie kommt dieser Typ eigentlich auf sechzig Prozent
Sehfähigkeit – bei Dioptrienzahlen von lächerlichen 0,5 und
0,25? Vermutlich chronische Dyskalkulie …

PPS: Wer sich nicht gleich in Unkosten stürzen will, ist mit
einer flotten Lesebrille vom Discounter für drei fuffzig besser
bedient. Ist mir allerdings erst hinterher eingefallen.

Sind Sie reif für ein Gleitsichtdingens? Testen Sie selbst!

Versuch 1:
Halten Sie das Buch auf Armeslänge entfernt.
Können Sie diesen Satz jetzt besser lesen als zuvor?
Hm. Sicher, dass Sie keine Lesebrille brauchen?

Versuch 2:

Kommen Sie ganz nah an das Buch heran, bis Ihre Nase fast die Seiten berührt.

Alles wird unscharf und Sie sehen jeden Buchstaben doppelt?

Herzlichen Glückwunsch, Sie sind in dieser Hinsicht völlig normal!

Versuch 3:

Finden Sie den Buchstabendreher in diesem Wort?

Gleitsicthdingens

Haben Sie länger als drei Sekunden überlegt? Hm. Bedenklich.

Versuch 4:

Und jetzt?

Glietsichtdingens

Wie, Sie können das nicht lesen? Nicht Ihr Ernst …

Versuch 5:

Und jetzt?

Glietscihdtignnes

Also echt: Wann waren Sie zuletzt beim Augenarzt?

Übrigens: Es gibt wunder-wunder-wunderschöne Brillenfassungen. Eine davon wird Ihnen mindestens so gut stehen wie der Queen ihre Krone!

Ich sehe was, was du nicht siehst.
Brillen, Tattoos und überhaupt:
Was ist schon cool?

Also, ich persönlich kann ja prima sehen. Alles. Es kommt eben nur auf die Größe an. Naja, und mittlerweile auch auf die Entfernung zu meinen Augen. Und darauf, wo sich das Objekt befindet, aber dazu gleich mehr. Ich habe in jeder Handtasche eine Lesebrille, auf dem Nachttisch liegt eine, und wenn alle Stricke reißen, habe ich ja auch noch einen Mann, der mir seine borgt. Zum Glück ist eine Brille nun auch nicht mehr das, was sie mal war. Ich meine das absolut im positiven Sinn. Unser allerliebstes Modeaccessoire der letzten Jahre ist jetzt bezahlbar, stylish und cool – anders als in meiner Jugend, wo eine Brille der Inbegriff von optischem Versagen war. Außerdem gab es beim Optiker maximal zwölf verschiedene Modelle, aus denen man auswählen konnte. Mir stand definitiv keines davon.

Bis in die Neunziger trug ich also wahlweise eine hässliche Brille mit Gläsern so dick wie ein Colaflaschenboden oder Kontaktlinsen. Korrekterweise müsste es allerdings heißen: trug ich eine Brille. Die Kontaktlinsen suchte ich meist. Und meist vergeblich, weil ich meine peinliche Brille selbstverständlich niemals der Öffentlichkeit präsentieren konnte, sie aber gebraucht hätte, um die winzigen Dinger zu finden. Ich sah mit ihr aus wie Eduard Zimmermann von »Aktenzeichen XY« – und zwar in den Folgen von 1967. Viele Jahre lang. Oder ich war eher blind unterwegs. Erst nach der Jahr-tausendwende traute ich mich, meine Augen lasern zu lassen. Und bis ungefähr vorgestern, als ich erfolglos versuchte herauszufinden, ob die Sprühplastikflasche namens Spuff, Schniff, Spliff oder so ähnlich für die Badreinigung ODER/UND den Backofen geeignet ist, habe ich auch nie wieder eine Brille gebraucht. Seitdem – siehe oben – überschwemmen Lesebrillen Tisch und Tasche. Nicht schlimm. Ich hatte meine brillenlose Zeit.

In den Achtzigern gelang es mir jedenfalls das erste Mal, Kontaktlinsen nicht sofort zu verlieren. Ja, es war ein gutes Jahrzehnt. Meine Musik, meine Mode, meine Party – eben die Zeit, in der ich das erste Mal äußerlich so richtig zufrieden mit mir war. Ich fand mich richtig gut. Das Leben war genauso, wie ich es mir für nach dem Abitur vorgestellt hatte: voll unendlich vieler verheißungsvoller Möglichkeiten, Freiheiten und niemals endender Träume. Ich ließ mir ein Tattoo stechen und fand mich superschick und sehr exotisch. Meine Eltern waren weniger begeistert.

Klar, mittlerweile hat jeder Bilder auf der Haut – bunte, schöne, scheußliche, passende, extrem unpassende … Und Schriftzeichen in allerlei Sprachen, von denen keiner weiß, ob sie wirklich das heißen, was man bestellt hat. Aber damals war ein Tattoo tatsächlich etwas ganz Besonderes.

Meine Tätowierung ist eine Sonne, in deren Mitte sich ein keltischer Knoten knotet. Wärme, Liebe und Licht gepaart mit dem Zeichen der Unendlichkeit. Alles meinem Lebens-gefühl entsprechend. Finde ich prinzipiell immer noch gut. So vom Konzept her. Außerdem überschreitet man da we-nigstens sprachlich nicht seine Grenzen. Und besser als ein sogenanntes Arschgeweih ist sie allemal, schließlich muss ich ja die Stelle nicht auch noch betonen, an der ich mehr als genug Material habe. Hüftspeck. Lovehandels. Sie wissen schon. Nicht sehr hübsch. Auch wenn mein Mann, der alte Charmeur, die Dinger freundlich Muffintops nennt und behauptet, sie zu mögen. Ich mag sie nicht. Aber eben deshalb habe ich ja auch kein Tattoo an dieser Stelle, sondern weiter oben. Ich fand mich damals, wie gesagt, ziemlich cool – doof nur, dass ich selbst das Ding nie »in echt« ansehen kann. Ausnahmsweise hat das allerdings nichts mit meiner Sehschärfe zu tun und eine Lesebrille würde hier auch nicht helfen, nein, denn das Tattoo befindet sich auf meinem Rücken. Und über die letzten Jahrzehnte bin ich ja nun auch nicht gerade beweglicher geworden. Schade. Aus vielen Gründen.

Das Tattoo war mal schön. Wirklich. Und es markiert eine Zeit in meinem Leben, in der ich vieles ausprobiert und manches davon sogar gemocht habe. Eine Erinnerung daran in Form einer Tätowierung zu haben ist ja eigentlich ganz nett. Doch ich habe gehört, dass es langsam aber sicher an den Rändern ausfranst, unscharf wird und schon lange nicht mehr schwarz, sondern eher so schlammgrün ist. Ja, es verblasst, ebenso wie besagte Erinnerung, und ich frage mich zunehmend, ob ich es noch mag und ob ich mich in der unendlichen Reihe tätowierter Menschen wohlfühle oder mich doch lieber wieder blass und rein von der Masse abheben möchte. Victoria Beckham lässt sich auch grad alle Bilder weglasern, und wenn sie das macht, soll ich dann vielleicht auch?

»Sieht es denn überhaupt noch ein bisschen schön aus?«, frage ich meinen Mann bei einem seltenen gemeinsamen Besuch im Freibad.

Zuerst sagt er nichts. Dann murmelt er ein leises »Joah«, und ich kann ihm ansehen, dass ihm dieses Gespräch unangenehm ist. Sicherlich ist er sich völlig bewusst, dass er sich auf dünnes Eis begibt.

»Wie, *joah*? Schön – oder nicht schön? Es kann doch nicht so schwierig sein, diese Frage zu beantworten!«, insistiere ich, obwohl ich es ja selbst nicht weiß.

Er rutscht auf seinem Handtuch hin und her. »Es … uhm … ich …«

Dann, sehr langsam, breitet sich ein Strahlen auf seinem Gesicht aus, als ihm offenbar die perfekte Gesprächstaktik einfällt. »Ich kenne es ja nun schon so lange. Da habe ich mich einfach daran gewöhnt. Also«, sagt er grinsend, »was ist schon schön? Schönheit wird doch total überbewertet. Es gehört eben zu dir wie das Muttermal hinter deinem Ohr!«

Erleichterung. Bei ihm. Ich persönlich bin alles andere als erleichtert. Schließlich habe ich mir besagtes Muttermal letztes Jahr weglasern lassen, weil ich es so hässlich fand. Schrumplig. Erhaben. Groß. Igitt. Ich nehme an, Sie haben eine Vorstellung? Und die Sonne auf meinem Rücken sieht genauso aus?

»Na ja«, windet er sich, »ich kenne dich ja nicht anders. Aber wenn du mich fragst, hättest du nie eins gebaucht, um cool zu sein. Das hätte es jetzt auch nicht rausgeriss…« Offensichtlich bemerkt er, dass er sich hier um Kopf und Kragen redet. »Ich finde … Also … Für mich bist du mit oder ohne … Wie du meinst. Wie meinst du?«

Ich liebe ehrliche Gespräche, die mich weiterbringen. Vermutlich muss ich die aber mit Personen führen, die nicht mit mir im selben Bett schlafen. Und außerdem stelle ich mir ja die gleiche Frage: Also, wie meine ich? Ich empfinde die Sonne ja nun nicht als schrecklich und als etwas, wofür ich mich schämen müsste, wie zum Beispiel auftätowierte Babybilder.

Aber je länger ich darüber nachdenke, umso mehr will ich die Tätowierung loswerden. Ich weiß, man hat mich damals gewarnt. Geht nie mehr weg und so. Schon klar. Aber »nie mehr« war früher genauso weit weg wie die Vorstellung, dass 2018 beinahe zwanzig Prozent der Menschen in Deutschland zwischen achtzehn und achtzig Jahren tätowiert sind – davon manche mehr oder weniger komplett. Ich fand mein Tattoo super, solange es was Besonderes war. Doch jetzt ich will es nicht mehr, wenn ich ehrlich bin.

Der Doktor in der Hautarztklinik lacht mich erst mal aus, als ich sage, ich sei schließlich die Erste gewesen und es hätte ja keiner wissen können, dass … (Notiz an alle Leser, die sich in einem medizinischen Beruf verwirklichen wollen, in dem man Dinge zu Gesicht bekommt, die die Patienten meist nur mit viel Überwindung zeigen wollen: Wenn Sie eine Vertrauensbasis zur Ausübung Ihres Berufes brauchen: Lachen Sie niemanden aus. Auslachen ist so was von total unprofessionell. Echt jetzt. Oder werden Sie Pathologe, wenn es schon ein medizinischer Beruf sein soll, da können Sie lachen, so viel Sie wollen.)

Dann erklärt er mir aber doch, was ich wissen will. Also. Eine Tattoo-Entfernung ist nichts, was man mal eben machen kann. Leider. Bis das ganze Bild so weit verschwunden ist wie eben möglich (wobei nicht garantiert werden kann, dass es dann auch wirklich komplett weg ist), muss man sich ein bis zwei Jahre gedulden, denn zwischen den Laseranwendungen müssen immer Abheilphasen von mindestens vier Wochen liegen. In dieser Zeit ist Sonne tabu, genauso wie Schwimmbäder, Sauna und schweißtreibender Sport. Puh.

Übrigens: Wenn man sofort feststellt, dass man einen Fehler gemacht hat (Tattoos unter Alkoholeinfluss zum Beispiel sind IMMER ein Fehler! Zu Feldstudien empfehle ich *Hangover 1* bis *3* oder einen Besuch am Ballermann), muss man erst ein Jahr warten, bis man überhaupt mit der Behandlung beginnen kann. Aber da geht es mir ja besser. Zwischen Stechen und heute liegt ein Vierteljahrhundert. Das ist also nicht das Problem.

Welche Farbe der Tätowierer in San Francisco damals im letzten Jahrtausend benutzt hat, weiß ich nicht. Ich habe ihn nicht gefragt. Das wäre aber eine gute Idee gewesen, denn ein verantwortungsvoller Tätowierer kann Auskunft erteilen. Wenn er es nicht tut: Finger weg. Autolacke sind noch mit das Harmloseste, was man in den bunten Fläschchen schon gefunden hat, und auch die will man ja nun wirklich nicht im eigenen Lymphsystem haben. Egal welche Farbpigmente: Fakt ist auf jeden Fall, dass keiner vorhersehen kann, wie sich die Farbe unter Laserbestrahlung verhält. Und was bringt es mir, wenn das verblasste Grüngrauschwarz dann zu einem leuchtenden Lilaorange wird?

Muss man testen, sagt der Doc. Dass es wehtut, sagt er außerdem.

Menno. Das mit den Schmerzen hätte ich in Kauf genommen, aber die Vorstellung, dass ich da dann einen orangefarbenen Fleck haben könnte und ihn, wenn das alles nicht so funktioniert, wie ich mir das wünsche, auch behalten muss, schreckt mich ab. Der ganze Spaß würde außerdem pro Behandlung 180 Euro kosten. Mal sechs bis zehn.

Hm.

Mein Fazit zum Thema Tattoo-Entfernung

Was bringt es?
Schwer abzusehen. Von »nichts mehr zu sehen« bis
»Vernarbung mit Farbeinschlüssen« ist alles drin.

Was kostet es?
Je nach Größe des zu bearbeitenden Areals unterschiedlich. Mein 10 x 10 cm großes Tattoo hätte pro
Behandlung ungefähr 180 Euro gekostet, und man
sollte mit mindestens sechs Anwendungen über ein
bis zwei Jahre hinweg rechnen.

Tut es weh?
Auch hier kommt es auf die Stelle an. Die meisten, die es ausprobiert haben, sagen jedenfalls, es sei
schmerzhafter als das Tätowieren selbst. Die Haut
muss hinterher auf jeden Fall gut und mit passendem
Material gepflegt werden.

Risiken und Nebenwirkungen?
Es kann zu allergischen Reaktionen kommen und
man weiß nie, wie die Farbe auf den Laser reagiert.
Farbumschläge sind möglich. Brandblasen oder Ver-
narbungen können entstehen. Außerdem gibt es natürlich auch keine Garantie, dass die Farbe wirklich
ganz verschwindet. Eventuell bleibt ein gewisser
Farbschatten oder auch »nur« ein weißer Umriss.
Aber leider nimmt das menschliche Auge all dies

trotzdem wahr und vervollständigt diese Reste zu etwas, was wir eben gerade loswerden wollten: Unser Auge sieht das ganze Tattoo.

Wo bekomme ich es?
Manche Hautärzte und Schönheitskliniken bieten Tattoo-Entfernung an, manche Tattoostudios haben extra Tattoo-Entferner, und es gibt auch Studios, die sich nur auf die Entfernung spezialisiert haben. Jedenfalls sollte man unbedingt in eine Praxis gehen, wo man viel Erfahrung damit hat.

Aber ich mach doch gar keine Diät!

Puh, ganz schön teuer, so eine Tattoo-Entfernung. Was mach ich nur mit dem vielen Geld, das ich spare, weil ich gar keine Tätowierung habe, die ich mir weglasern lassen könnte? Vielleicht einen schönen Wellness-Urlaub?

Nicht, dass ich Tattoos doof fände. Daran liegt es nicht, dass meine Haut frei von Gemälden ist. Sondern einzig und allein daran, dass mir kein Motiv einfällt, das das Wahre für mich wäre. Es müsste echt was Besonderes sein. Eine tiefere Bedeutung haben. Puh. Ich bin da leider völlig einfallslos. So eine hübsche Sonne könnte mir ja durchaus gefallen. Aber auf die Idee ist Lucinde schon vor Jahrzehnten gekommen. Besonders originell scheint das also nicht zu sein.

Nun ja, ich lasse es wohl lieber mit der Körperkunst … und konzentriere mich auf den Körper selbst. Was nicht sehr schwerfällt, denn ich habe ziemlich viel davon. Körper, meine ich. Von Diät zu Diät wurde er voluminöser, um genau zu sein … Als ich dann fünfzig wurde, hatte er einen Rekordumfang erreicht. Mit wenig Aussicht auf Besserung, das wusste ich aus Erfahrung. Denn ich habe so ziemlich jede Diät ausprobiert, die mir untergekommen ist, und das, seit ich vierzehn war. Mit dem Ergebnis, dass ich nicht ab-, sondern stetig zugenommen habe. Call me Jo-Jo.

Angefangen hat alles mit der völlig aus der Luft gegriffenen Überzeugung, ich hätte zu viel Speck auf den Rippen. Ich wog 56 Kilo bei einer Größe von 1,74 m – hatte also einen BMI von 18,5. Untergewicht. Damals sprach man noch von Idealgewicht, und ich fand 52 Kilo eindeutig idealer als 56 Kilo. Ich probierte es mit FdH, friss die Hälfte, wobei es vermutlich eher nur ein Viertel war. Irgendwie war ich ziemlich gut darin, nur so zu tun, als würde ich etwas essen, und einmal knabberte ich ganze 25 Minuten an einer einzigen Scheibe Knäckebrot herum. Die vier Kilo waren schnell runter.

Da dachte ich, 50 Kilo klingt doch noch schöner als 52. Irgendwie glatter. Und als ich noch zwei Kilo runter hatte, fand ich 48 noch besser. So als Puffer zur 50.

Oder 47? Kein Problem, auch das war zu schaffen.

Als Problem stellte sich dann allerdings heraus, so untergewichtig zu sein. Ein BMI von 15,5 ist alles andere als gesund, und meine Eltern zogen die Reißleine. Sie schleppten mich zum Arzt.

Und der sagte: Zunehmen oder Krankenhaus. Man verschrieb mir was Appetitanregendes. Ein extrem wirksames Präparat! Ein halbes Jahr später wog ich – huch, wie war das nur passiert? – 70 Kilo.

Es musste etwas geschehen!

Sollte doch kein Problem sein, wieder abzunehmen, dachte ich. Hat ja letztes Mal auch so prima geklappt.

Was ich damals noch nicht wusste: Die allererste Diät meines Lebens war auch die letzte, die jemals wirklich funktioniert hat. Und sie hat meinen Stoffwechsel für alle Zeiten völlig verkorkst!

Ich habe danach eine Methode nach der anderen ausprobiert: Brigitte-Diät. Kartoffeldiät. Sauerkrautdiät. Kohlsuppendiät. Trennkost. Diätpulverdrinks. Fasten. Weight

Watchers. Brot-Diät. Acht-Stunden-Methode. Low-Carb. Fettarme Kost. Vegetarisch. Ananas-Diät.

Einfach alles, was Gewichtsreduktion versprach. (Und wenn ich damals schon von der Kryotherapie gehört hätte, dann hätte ich garantiert auch probiert, mithilfe von Kälte mein Fett schmelzen zu lassen. Ich schreckte wahrlich vor nichts zurück!)

Bis vor ein paar Jahren habe ich mich damit gequält und bin – wen wundert's – mit der Zeit immer dicker geworden. Oder runder. Oder weicher. Wie man's sieht. Irgendwann war ich dreistellig. Und irgendwann war mir auch das piepegal.

Ganz ehrlich: Ungefähr mit Mitte vierzig wurde mir klar, dass es Wichtigeres gibt im Leben als das Gewicht. Dünner sein macht bestimmt nicht glücklich, da war ich sicher. Immerhin war ich einmal deutlich dünner gewesen, aber kein bisschen glücklicher als jetzt mit ungefähr doppelt so vielen Kilos. Hoch lebe die Altersweisheit!

Gesundheit zum Beispiel war wichtiger.

Eine tolle Familie auch.

Ein Job, der mich ausfüllt.

Wunderbare Freunde.

Hobbys, die mir Spaß machen.

Habe ich schon Gesundheit erwähnt?

Als ich neulich zwecks Ü50-Check-up den Arzt aufsuchte, war das Erste, was ihm auffiel, der Wahnsinnsradau in meiner Bauchhöhle. Da war wirklich mächtig was los! Ich fand das nicht weiter erwähnenswert, denn eine, sagen wir, hysterische Verdauung hatte ich schon so lange, dass es mich nicht mehr wunderte.

Man empfahl mir eine dreitägige Kartoffel-Reis-Wasser-Salz-Diät. Wow. Das war etwas Neues! Davon hatte ich ja noch nie was gehört.

Nun ja, es handelt sich dabei auch nicht um eine Gewichtsreduktionskost im eigentlichen Sinn, sondern um einen Test: Wenn sich der Radau im Gedärm nach drei Tagen beruhigt, hat man höchstwahrscheinlich eine Lebensmittelunverträglichkeit gegen irgendwas. Denn gegen Kartoffeln, Reis, Wasser oder Salz hat niemand eine Unverträglichkeit. Ganz einfach.

Und was soll ich sagen? Der Arzt hatte recht. Nach drei Tagen war Ruhe im Karton. Mein alternder Leib verträgt eben nicht mehr alles. Nun galt es herauszufinden, was ich problemlos essen kann und was lieber nicht. Zu diesem Behuf sollte ich meinen Speiseplan jeden Tag um ein Lebensmittel (in Ziffern: 1 Stück!) erweitern. Kein Problem, dachte ich. Und nahm am ersten Tag Karotten hinzu. Am zweiten Olivenöl. Am dritten hing mir die einseitige Kost nicht nur zum Halse raus, sondern ich begann – ganz entgegen meiner natürlichen Neigung – zu rechnen. Und bald wurde mir klar, dass es Wochen, ach was, Monate oder gar Jahre dauern würde, bis ich alles durchprobiert haben würde! Das kam nicht infrage ... Denn wie gesagt: Zeit wird mit der Zeit immer knapper, und spätestens ab fünfzig wird sie zur wertvollsten Ressource überhaupt!

Hatte der Arzt da nicht auch was von einem Bluttest erwähnt? Her damit! Er kostete zwar rund 350 Euro, aber egal: Ich wollte wissen, was Sache war ...

Na, die Investition hatte sich ja gelohnt. Ich starrte auf das Untersuchungsresultat, das mehrere Seiten umfasste. Rot markiert waren verbotene Lebensmittel. Orange stand für: na ja, geht so, aber lieber nicht. Und dann waren da auch noch grüne Balken … Um es gleich vorwegzunehmen: Es gab nicht wenig Grün. Passenderweise ist Obst und Gemüse (von Zwiebeln abgesehen) erlaubt. Genauso wie Kräuter, Gewürze, Kerne und Nüsse (außer Macadamia). Außerdem Fleisch und Fisch, Reis und Kartoffeln, Soja und Tofu. Nicht zu vergessen Amaranth, Buchweizen, Quinoa und Co. Richtig viel leckeres Futter, oder?

Da merkt man ja kaum, was alles fehlt … Nämlich alles mit Gluten, Hefe, Milch und Ei. (Okay, Stuten- und Kamelmilch war nur orangefarben markiert, aber darauf verzichte ich freiwillig, und das schon seit meiner Geburt. Ach ja, und Gänseeier sind erlaubt. Aber die gibt's nicht das ganze Jahr über. Und nicht überall. Aber lecker, echt!)

Mit anderen Worten – mal eben ein Käsebrötchen mit Eischeibe drauf, das geht nicht mehr.

Schade eigentlich. Käsebrötchen mit Eischeibe war bis dahin meine Leibspeise. Gibt's überall und schmeckt zu jeder Tages- und Nachtzeit.

Ich esse jetzt viel frisches Gemüse. Wenig Kohlenhydrate. Viel Fisch (Lachs! Gebeizt, geräuchert, gegrillt, gedünstet). Abends gerne Cashewkerne und Wein. Und – erstmals im Leben – Bitterschokolade. Man gönnt sich ja sonst nix. Haha.

Nein, im Ernst: Ich habe nicht das Gefühl, dass mir etwas fehlt. Und es geht mir viel besser! In mir drin rumort nichts mehr.

Wobei – eigentlich fehlt mir schon etwas. Mir selbst wäre es gar nicht aufgefallen. Aber nachdem mich mein Mann, meine Mutter, meine Freunde und ganz besonders Leute, die

mich relativ selten sehen, darauf angesprochen haben, musste es wohl stimmen: Ich hatte eventuell womöglich ein bisschen abgenommen!

Da ich keine Waage betrete, war es Zeit für die Hose der
Wahrheit. Die nämlich, die ich vor ein paar Monaten nur mit
Mühe zubekommen hatte und mit der ich mich ungern hin-
gesetzt hätte. Ob sie jetzt wohl besser passte?

Tja. Sie rutschte.

Ich schwöre: Ich habe keine Kalorien gezählt. Ich habe mich
nicht gewogen. Ich habe kein Ernährungstagebuch geführt.
Ich habe keine Punkte beachtet und kein Fett gespart. Gegessen habe ich, wenn ich Hunger hatte – egal, wie viele Stunden seit der letzten Mahlzeit vergangen oder welche Tages-
zeit es war. Und ich hatte nicht im Traum vor abzunehmen.
Es ist einfach passiert. Nach einer jahrzehntelangen, erfolg-
losen Diätkarriere habe ich mit Ü50 ganz nebenbei Gewicht
verloren. Rein zufällig. Wie cool ist das denn?!

Und na ja – es gibt natürlich Wichtigeres, als leichter zu werden. Aber es fühlt sich trotzdem sehr gut an.

Ich bin in Feierlaune! Vielleicht lasse ich mir doch ein Tattoo stechen?

Ein fröhlicher Geist in einem gesunden Körper

Interessant ist, dass man für die Schönheit von innen vor allem Dinge weglassen muss: Alkohol. Zucker. Weißmehl. Milchprodukte. Kaffee. Weiterverarbeitete Nahrungsmittel.

Das ist ja nun keine neue Erkenntnis. Auch Stress und Ärger sorgen nicht wirklich für eine gute Haut oder ein gesundes Immunsystem. Außerdem hindert einen das ewige Gedankenkarussell daran, gut zu schlafen, und das ist wieder ... schlecht für das Immunsystem und die Schönheit. Jetzt kann man (besonders gut als Frau) deshalb auch noch ein schlechtes Gewissen haben, und das ist ...? Erraten.

Ich gebe zu: Im Weglassen bin ich miserabel. Ich mag glücklicherweise Chips nicht besonders, und auf Alkohol kann ich auch verzichten (meistens), vor allem, seitdem ich Rhabarberschorle für mich entdeckt habe. Aber Schokolade? Kaffee? Käse? Uh, schwierig. Außerdem: Wenn ich alles weglasse, was mich zu einem entspannten Menschen macht, dann kann das doch auch nicht gesund sein, oder?

Ich habe einen vegan lebenden Bekannten. Selbstverständlich verzichtet er auch auf Kaffee, Alkohol und alles, was Gluten enthält. Er beginnt seinen Tag mit Yoga und Meditation. Sein Lieblingswort ist Achtsamkeit. Das letzte Mal sind wir uns auf einem Grillfest begegnet. Er hatte sein eigenes gefiltertes lebendiges Wasser dabei und hatte – total viel Spaß. Quatsch. Seinen mitgebrachten Hirsefladen belegte er mit einem Salatblatt und einer Tomate vom Burgerbüfett und versicherte mir, wie großartig er sich fühle.

Ehrlich? Er sah scheiße aus. Seine Haut war schuppig, seine Wangen eingefallen und sein Blick gruselig. Ich habe versucht, mich mit ihm zu unterhalten, aber das ging nicht, denn er konnte über nichts anderes dozieren als über seine Gesundheit, sein Körpergefühl und wie schädlich alles ist, was wir anderen Achtlosen in uns hineinstopfen.

Bitte. Ich war selbst acht Jahre lang Vegetarierin und habe immer noch sehr intensive vegetarische Phasen. Als ich ihn fragte, was er denn zum Vergnügen mache, schaute er mich an, als ob ich ihm ein Schnitzel aufgedrängt hätte. Vergnügen? Geht's noch? O weh. Ich befürchte, er hat den Humor gleich mit aufgegeben. Innerhalb kürzester Zeit saß er allein da und schaute verächtlich all die Menschen um ihn herum an, die Spaß hatten. Alsbald brach er auf. Bestimmt wartete die Abendmeditation.

Ich weiß genau, jetzt hauen mich alle und sagen, dass man auch als Veganer Spaß haben und das Leben genießen kann. Glaube ich sogar. Allerdings glaube ich vor allem an das Zauberwort namens Balance.

Mein Plan für einen fröhlichen Geist in einem gesunden Körper: siebzig Prozent Gemüse, Wasser, Vollkorn, Achtsamkeit und Enthaltsamkeit (Zucker, Alkohol, Weißmehl) und ausreichend Bewegung – und dreißig Prozent Spaß, Genuss und die eine oder andere Sünde. Jawoll. Ich fühle mich gut und genieße bewusst. Aber ich genieße. Das Einzige, auf was ich wirklich zu verzichten versuche, ist dieses ständige schlechte Gewissen, wenn ich mir ein Stück Schokolade gönne. Oder ein Stück Fleisch. Aber ich überlege es mir eben vorher.

Ergänzende Geheimtipps für tolle Haut/Haare/ Gesundheit und allgemeines Wohlbefinden:

– Ein Glas Wasser mit einem Teelöffel Sole vor dem Frühstück: schmeckt am Anfang scheußlich, aber man gewöhnt sich dran. Himalajasalz enthält alle Mineralien, die für den menschlichen Körper notwendig sind. Bitte kein Kochsalz verwenden: Es besteht zu 97,5 Prozent aus Natriumchlorid und zu 2,5 Prozent aus Chemikalien. Sole geht so: Ein paar Brocken Himalajasalz in einem verschließbaren Marmeladenglas mit Quellwasser aufgießen. Die Salzbrocken lösen sich auf, bis die Lösung eine maximale Sättigung erreicht hat. Bis sich der Brocken aufgelöst hat, kann man immer wieder Wasser nachgießen. Ich mache das schon sehr viele Jahre und bin tatsächlich nie krank. Eine Joggingrunde (bei der man ja bekanntermaßen viel Wasser und Mineralien verliert) ohne Solewasser vorher kann ich mir überhaupt nicht mehr vorstellen.

– Ein Teelöffel hochwertiges und vor allem frisches Leinöl morgens vor dem Frühstück: enthält Omega-drei-Fettsäuren, die wir für Gehirn, Herz-Kreislauf und Gelenke brauchen. Und das Beste: Es schmeckt wirklich gut. Z. B. K-Linos, 250 ml, im Reformhaus oder direkt bestellen.

– Ich trinke zu wenig Wasser. Ich vergesse es einfach, vielleicht, weil ich es langweilig finde. Seitdem ich allerdings ein paar Scheiben Gurke/Ingwer/Limette/Ananas in der 1,5-Liter-Karaffe versenke und sie vor mir auf den Tisch stelle, ist es besser. Nicht gut, aber ich arbeite daran. Schade, dass Kaffee nicht schön macht. Den vergesse ich nämlich leider nie. Erlaubt ist allerdings:

– Espresso (juhu!): vor dem Sport. Regt den Stoffwechsel und die Hirndurchblutung an, senkt das Gallensteinrisiko und hilft bei Kopfschmerzen. Habe ich gelesen. Kommt mir entgegen. Glaube ich sofort. Natürlich kommt es hier auch auf die Menge an. Also bitte: alles in Maßen!

– Meine Freundin Dagmar schwört auf ihre Kükaleiwa-Kur: Alle drei Monate kocht sie eine Woche lang täglich einen Sud. Kükaleiwa ist die Abkürzung für Kümmel-Kartoffel-Leinsamen-Wasser: Jeweils ein Teelöffel Samen plus eine Kartoffel in einem Liter Wasser 20 Minuten kochen und relativ schnell trinken. In dieser Woche Zucker, Alkohol und Kaffee weglassen, denn Kükaleiwa entschlackt und gleicht den Säure-Basen-Haushalt aus.

Und es gibt tolle Nahrungsergänzungsmittel. Ich habe zwei verschiedene über einen längeren Zeitraum getestet, weil ich nach etwas gesucht habe, das gezielt mein Hautbild verbessert, dafür sorgt, dass nicht nur die Haut im meinem Gesicht, sondern am ganzen Körper straffer wirkt und die Feuchtigkeit besser speichern kann. Nicht zum Spritzen, sondern zum Einnehmen. Spannkraft zum Trinken sozusagen. Wenn man im Internet recherchiert, gibt es zwar genügend Stimmen dagegen (all die guten Inhaltsstoffe würden im Magen zerstört werden und kämen nie da an, wo man sie braucht. Diese Beautydrinks seien eine kostspielige Möglichkeit, sich selbst etwas vorzumachen, und so weiter und so weiter). Ladys, ich kann zwar nur für mich selber sprechen, aber ich kann eine Verbesserung spüren! Nicht innerhalb von einem Tag oder einer Woche, aber nach acht Wochen sehe ich definitiv einen Unterschied! Und mein Mann kann ihn fühlen. Und das will was heißen. Die beiden Produkte, die ich getestet habe, sind:

– Regulatpro® Hyaluron (Dr. Niedermaier Pharma) enthält neben Hyaluron auch Kieselsäure, Biotin, Zink, Kupfer und die kaskadenfermentierte Regulatessenz® aus pflanzlichen Inhaltsstoffen, die den Transport in die Zellen übernimmt, wie eine Art »Wirkstoff-Taxi«. Dr. Niedermaier Pharma sagt zwar, der Geschmack sei »frisch und fruchtig«, doch ich finde, die kleinen Ampullen schmecken eher ein bisschen wie Apfelessig. Man gewöhnt sich dran. Und wer es pur gar nicht mag, kann es auch mit einem Glas Wasser verdünnen. Meine Haare, meine Haut und meine Nägel sind nach den zwanzig Tagen tatsächlich fester, außerdem habe ich viel mehr Energie. Und: ein weiteres Argument für die Vegetarier unter uns: Es ist komplett vegan! Übrigens: Regulatpro® Hyaluron wurde als Anti-Aging-Beauty-Drink vom Deutschen Wellness und Spa Verband preisgekrönt. Und von mir auch! Kosten: 20 Ampullen ca. 69 Euro

– Elasten® (Quiris Healthcare) enthält bioaktive Kollagen-Peptide, Acerolafrucht-Extrakt, Vitamine, Zink und Biotin und schmeckt sehr gut, finde ich. Die Kollagen-Peptide wirken von innen in den tiefen Hautschichten und regen dort die Hautzellen an, wieder mehr Kollagen und Hyaluron zu produzieren, habe ich im Beipackzettel gelesen. Aber viel wichtiger noch als die Studien, mit denen die Quiri-Leute die Wirkung von Elasten belegen, ist meine eigene: Meine Haut an Armen und Beinen ist viel weniger trocken und fühlt sich straffer an. Echt cool! Dass die Inhaltsstoffe von der Magensäure zerstört werden, ist übrigens offensichtlich ein Irrtum:

Die Kollagen-Peptide in Elasten® werden zwar tatsächlich im Magen zerkleinert, aber nur so können sie auch wirklich effektiv aufgenommen werden und somit erst richtig was bewirken. Schon wieder was gelernt!

Kosten: 28 Ampullen ca. 89 Euro

Was du nicht isst, macht dich noch schöner

Schönheit von innen ist eine feine Sache. Doch das Ganze funktioniert auch umgekehrt, ganz nach dem Motto: Leckeres auf die Haut statt auf den Teller! Allein schon von dem, was beim Frühstück übrig bleibt, lässt sich ein Eins-A-Beauty-Programm zaubern …

Augenringe ade – dank Tee
Augenmasken sind nicht nur teuer, sondern man hat sie blöderweise meist nicht im Haus, wenn man sie mal dringend braucht. Und mit schlimmen Augenringen möchte man ja auch nicht auf die Straße, um Kosmetik zu kaufen … Ein Teufelskreis. Mithilfe eines alten Hausmittels können Sie daraus ausbrechen: Man lasse Lindenblüten-, Kamillen- oder Grünteebeutel in heißem Wasser ziehen, dann im Kühlschrank abkühlen und lege sie anschließend auf die geschlossenen Augen. Die Wirkung ist verblüffend: Die Teebeutel-Augenmaske wirkt abschwellend, beruhigend, durchblutungsfördernd und lässt die Augenringe verblassen.

Ultrasanfte Hautreinigung mit Haferflocken
Aus 2 EL zarten Haferflocken und 1–2 TL Wasser oder Milch (zimmerwarm) entsteht das vermutlich günstigste Mittel zur Gesichtsreinigung aller Zeiten. Einfach auftragen, leicht einmassieren, abwaschen, fertig. Die Reinigung fühlt sich

wunderbar cremig an und hat sogar einen leichten Peeling-Effekt!

Ein straffer Teint dank Hühnerei

Müder Teint und kleine Knitterfältchen am Dekolleté? Kein Problem: Dagegen hilft steif geschlagenes Eiweiß, das man als Maske aufträgt. Hals und Augenpartie werden dabei ausgespart. Während die Maske einwirkt, fällt der Eischnee in sich zusammen und bitzelt auf der Haut. Nachdem man die Straffungsmaske abgewaschen hat, wirkt die Haut glatter und frischer! Für besonders sensible Haut vielleicht nicht so ideal, für normale und Mischhaut dagegen ein heißer Tipp.

Herrlich beruhigend bei Sonnenbrand: Joghurtmaske

Heutzutage gehört Sonnenschutz natürlich zu den Standards der Anti-Aging-Pflege. Und doch kommt es vor, dass man mal ein bisschen zu lange in der Sonne war. Dann spannt die Haut und wird rot. Was tun? Ganz einfach: Joghurt (kühl, aber nicht mehr ganz kühlschrankkalt) auf die betroffene Stelle geben und die wohltuende Wirkung genießen! Schon nach fünf Minuten kann man die Joghurtmaske mit lauwarmem Wasser abwaschen und spüren, wie sich die sonnengereizte Haut beruhigt hat.

Kaffeesatz macht superzarte Hände

Man nehme den Kaffeesatz aus dem Vollautomaten, dem Pad, der Espressomaschine oder dem Filter und wasche sich damit die Hände. Das entfernt nicht nur Schmutz ganz einwandfrei, sondern schmirgelt beanspruchte Hände auch wunderbar glatt. Dank der enthaltenen Öle wird sogar das anschließende Eincremen überflüssig.

Baden wie Kleopatra – für eine samtweiche Haut

Das Rezept ist ganz simpel: 1 Liter Milch, ½ Tasse Honig, wer mag, kann noch ein paar Tropfen Parfum hinzugeben, und ab damit ins warme Badewasser!

Klingt wirklich sehr einfach – und doch kann man dabei allerhand falsch machen. Zum Beispiel länger als zwanzig Minuten im Wasser bleiben (was die Haut austrocknet). Oder zusätzlich Seife verwenden (was den Effekt zunichtemacht). Oder anschließend die Haut fest abrubbeln (bitte nur abtupfen, Kleopatra besteht darauf!).

Zarte Haut unter der Dusche mit Zucker-Öl-Peeling

Aus 3 EL Speiseöl und 3 EL Zucker lässt sich ein fabelhaftes Peeling mixen! Nun gilt es, den Körper damit einzureiben und dabei vor allem raue Stellen kräftig zu massieren. Gründlich abduschen und anschließend einfach in ein Saunatuch gehüllt trocknen. Das Resultat ist spektakulär! Die Sauerei in der Dusche (oder wahlweise auch in der Badewanne) übrigens ebenfalls. Um künftige Rutsch-Unfälle zu vermeiden, ist anschließend eine gründliche Reinigung angesagt. Aber umso besser – Putzen gilt schließlich als hoch effektives Workout!

Christopher Lee und seine Kinder – mit Blutsaugern gegen Krampfadern

Wir haben vier neue Haustiere. Und das haben wir meinen Beinen zu verdanken. Genauer gesagt, meiner kürzlich neu entdeckten Krampfader. Noch eine Alterserscheinung, auf die ich gerne verzichtet hätte, auch wenn man die natürlich schon viel früher bekommen kann. Ich nehme diese Krampfader persönlich, jawohl, und mag weder sie noch die vier neuen Mitbewohner, denn bei Letzteren handelt es sich um Blutegel. Angeblich sind sie ja eine Geheimwaffe im Kampf gegen Krampfadern, Entzündungen und degenerative Erkrankungen, indem sie beim Saugen an ihrem Wirt (der bin in diesem Fall ich) Hirudin absondern und Substanzen in die Vene geben, die gefäßkrampflösend und lymphstrombeschleunigend wirken. Super. Das will ich.

Diese meeeegaaaa Krampfader an meinem linken Oberschenkel habe ich übrigens seit einem Langstreckenflug vor nicht allzu langer Zeit. Okay, mein Mann sieht sie nicht. Nicht einmal meine Mutter sieht sie auf Anhieb. Mit der Lupe geht es dann. So viel zur Größe. Aber ich, ich sehe sie! Ich spüre sie. Und behalten will ich sie auf gar keinen Fall. Ich finde sie lästig und hässlich, und ich ziehe wegen ihr nie wieder Shorts an. So.

Der Phlebologe (also der offizielle Gefäßbeauftragte), dem ich sie nach einer unendlichen Wartezeit in einem mit tollen Vorher-Nachher-Bildern von Venen-OPs gepflasterten War-

tezimmer zeigen durfte, riet mir zur Verödung oder zur La-
serbehandlung. Da muss man aber anschließend unbedingt
Stützstrümpfe tragen, und das mag ich ja noch weniger als
Krampfadern und Blutegel zusammen. Irgendwie ist eine OP
auch nicht richtig angemessen für ein erweitertes Gefäß, das
man nur mit der Lupe erkennen kann, oder?

Ich suche also nach einer Alternative und bin erstaunt, als
ich die Blutegel finde. Dass es Blutegel-Therapien überhaupt
noch gibt, wusste ich gar nicht. Genauso wenig wie Aderläs-
se. Aber ich habe eine Zeit lang sehr gerne historische Ro-
mane gelesen, und die kamen niemals ohne das eine oder das
andere aus. Das wird also schon seine Berechtigung haben.

Meine Töchter schreien: »Wäh!«, »Igitt!« »Pfui!« und »Tu
das weg!«, und ich gebe zu, meine Reaktion tendiert auch
eher in diese Richtung. Nur mein Sohn ist völlig begeistert.
Er steht über ein Marmeladenglas mit Schraubverschluss gebeugt und betrachtet interessiert Blutegel Nummer eins.
»Was ist das für ein Wurm?«, will er wissen und tippt ans Glas.
Gute Frage. Ich persönlich bin mir nicht mal sicher, ob es
überhaupt ein Wurm ist. Es könnte auch eine Schlange sein.
Oder ist es einfach nur ein wild gewordener Saugnapf? Augen hat er jedenfalls keine. Dafür Beißerchen, die er morgen
in meinen Oberschenkel schlagen wird, zusammen mit seinen drei anderen Kumpels. Ein dreifach »Hoch!« auf die Naturheilkunde.

Wikipedia sagt – Überraschung –, er gehört zur Gattung
der Egel. Und die wiederum sind Teil der großen Ringel-
wurm-Familie. Ich glaube, so genau wollte ich es gar nicht
wissen. Auf Lateinisch werden sie »Hirudo medicinalis« genannt, lerne ich, aber dass sie einen medizinischen Namen haben, macht die Tiere auch nicht attraktiver.

»Nicht aufmachen! Nicht anfassen! Nicht ärgern!« Das sind die Instruktionen, die ich von meiner Hausärztin bekommen habe. Nicht aufmachen ist klar. Bin ja selbst nicht daran interessiert, die Jungs in meiner Küche suchen zu müssen. Nicht anfassen auch. Seitdem ich den Film *Stand by Me* in den Neunzigern über drei Teenager auf Wanderschaft gesehen habe, weiß ich, dass Blutegel potenzielle Wirte innerhalb von Sekundenbruchteilen finden und sich daran festbeißen, bis sie satt sind. Dann lassen sie sich erschöpft fallen und verdauen. Aber so lange muss man warten. Und das kann bis zu einer Stunde dauern, je nach Saugkraft und Hunger. Oder heißt das eher Durst? Egal. Wenn man sie einfach so vom Körper reißt, können Entzündungen entstehen, und das sollte man vermeiden. Wenn man ein wenig Alkohol auf die Bissstelle gibt, lassen sie glücklicherweise auch von selbst los. Das hätten die Jungs in diesem Film mal besser wissen müssen, da hatte sich der Egel nämlich nicht den Oberschenkel, sondern eine Stelle etwas weiter oben ausgesucht.

So oder so: Finger weg! »Wieso?«, mault William, »die sind doch süß!« Äh. Ja. Wenn man ein zehnjähriger Junge ist und alles toll findet, was sich bewegt (und was Mädchen igitt finden), will man vermutlich auch Blutegel streicheln.

Im Internet lese ich, dass es regelrechte Blutegelfans gibt. Die Kritiker sind euphorisch, die Patienten begeistert. Von tollen Erfolgen, unglaublichen Ergebnissen und schmerzfreier Heilung erfahre ich da. Während wir sie so beobachten und ich mir meiner Sache gar nicht mehr so sicher bin, halten sich die Egel immer noch tapfer mit ihren Saugnapf-Mäulern am Glasrand fest und harren der Dinge.

»Ich bin für Tick, Trick und Track.« William erntet erstaunte Blicke von seinen Schwestern.

»Spinnst du? Die brauchen doch keine Namen!« Lilli schaut angeekelt (oder müsste es angeegelt heißen?). »Und außerdem sind sie doch zu viert! Wenn schon, dann bin ich für Graf Zahl, Dracula, Edward und Bella.«

»Wie, da gibt's auch Mädchen?«

»Boah, was soll denn das? Ist doch egal, ob Mädchen- oder Jungs-Blutegel. Hauptsache, sie machen ihren Job, und dann werden sie entsorgt!« (Ganz nebenbei bemerkt, Blutegel sind übrigens Zwitter, aber das ist natürlich nur halb so interessant wie die Namensgebung). Und über die »Entsorgung« habe ich mir bisher auch keine Gedanken gemacht. Ich hoffe einfach nur, ich muss sie nicht wieder mit nach Hause nehmen. Ich habe nämlich gelesen, sie können bis zu dreißig Jahre alt werden. Da bin ich über siebzig! Hilfe!

»Nee!«, sagt William empört: »Wenn die Mamas Bein aufgefressen haben, bleiben sie bei uns!«

Moment mal! Ich hoffe doch, dass er da irgendwas falsch verstanden hat. Von fressen war bisher nicht die Rede. »William, das sind Blutegel und keine Piranhas!«, klärt ihn Maria auf. Darüber bin ich ehrlich gesagt auch sehr froh. Im Gegensatz zu meinem Sohn. Der ist nämlich enttäuscht. »Wie, die fressen gar nicht richtig? Mamas Bein bleibt dran? Ist ja voll langweilig! Blöde Blutegel!« Ach ja. Wieder einer dieser Momente, in denen ich mich frage, womit ich diese sensiblen und einfühlsamen Kinder verdient habe.

Warum man die Blutegel nicht ärgern soll, ist mir allerdings trotzdem ein Rätsel. Überhaupt: Wie ärgert man einen Blutegel?

»Sag ihm doch, wie hässlich er ist!« William findet seinen eigenen Vorschlag ziemlich genial. »Das ärgert Schwestern jedenfalls einwandfrei!«

Von meiner Ärztin erfahre ich am nächsten Tag, dass Blutegel sehr sensibel sind. Und wenn man sie ärgert, dann wollen sie nicht beißen. Das wäre jetzt doof. Wo ich schon in Unterwäsche auf der Liege liege. Da will man ja dann doch gebissen und ausgesaugt werden, oder? Obwohl, überlege ich, während ich an meinem noch intakten Bein hinunterschaue und die kaum zu spürende Krampfader an der oberen Innenseite meines Oberschenkels betaste, irgendwie will ich da doch keinen schwarzen Saugwurm dran haben. Was mach ich denn, wenn er sich verläuft?

»Die finden schon den besten Platz«, beruhigt mich die Ärztin freundlich und tätschelt mein Bein.

»Eben«, sage ich, »das ist ja meine Sorge!«

Im Moment noch sind sie nicht länger als vier Zentimeter und haben ungefähr einen Durchmesser von einem halben. Aber das wird sich bald ändern. Bis zu fünfzehn Zentimeter werden sie lang. Bäh! Es ist wirklich schwer, sie nicht eklig zu finden.

Ob ich es wohl eine Stunde mit diesen Dingern an mir aushalte? Und wenn ich aufs Klo muss? Nehme ich die dann mit und lasse sie wie Christbaumschmuck an mir runterbaumeln? Oh, mir graut!

Aber da hat die Ärztin schon vorsichtig-beherzt mit einer platten Zange den ersten Egel (ich glaube, es ist Edward) aus seinem Marmeladenglas geholt und ihn auf meinem Schenkel abgelegt.

Ich stelle ein wenig spät eine wichtige Frage: »Tut das eigentlich weh, wenn der zubeißt?«

»Na ja«, antwortet sie, »ich selber habe ja keine Krampfadern!« (Grrr!) »Aber die Patienten sagen Ja. Doch, ja, ich glaube, es tut ein bisschen weh, wenn sie sich an der Haut festbeißen. Oder eher, wenn sie mit ihren Kiefern die Haut ansägen. Und dann noch mal, wenn sie anfangen zu saugen. Aber irgendwann gewöhnt man sich dran.«

Sie sägen? Wie darf ich mir das vorstellen? Wie der Förster im Wald? Autsch! Edward hat mich aufgesägt! Es ziept. Aber es ist okay, wirklich. Im Grunde ist es nicht schlimmer als ein Mückenstich. Während ich Egel Nummer eins einigermaßen fasziniert beobachte, setzt die Ärztin Bella, Graf Zahl und Dracula an. Dracula ist ein bisschen lahm. Aber er sitzt auch eher in Richtung Knie. Das mundet ihm wohl nicht richtig. Meine Güte. Anspruchsvoll sind die auch noch …

Die Ärztin stupst ihn an. Irgendwann berappelt er sich aber und legt mit den anderen los. Ich hätte es ihm auch persönlich übel genommen, wenn er mein kostbares Blut verschmäht hätte. Die Natur wieder – unglaublich! Die Ärztin legt ein Tuch über mein Bein. »So fühlen sie sich wohler«, sagt sie und lächelt. »Sie mögen einfach ein wenig Geborgenheit beim Essen.« Uah. Man kann es mit dem Egelflüstern aber auch übertreiben, finde ich.

Als sich nach einer knappen Stunde einer nach dem anderen von mir löst, war es im Nachhinein gar nicht so schlimm. Also, bin ich fertig? Kann ich gehen? Nein, wohl eher nicht. Denn:

»Jetzt kommt der wichtigste Teil der Behandlung«, sagt die Ärztin. »Jetzt läuft das Blut noch bis zu 24 Stunden nach. Wegen dem Hirudin und der deshalb verminderten Blutgerinnung. Das ist ja das Tolle daran. Und das, was die Venen auch so entlastet.« Ja, ganz toll. Wirklich super. Da geht er hin, mein Cappuccino, den ich quasi schon auf meinen Lippen gespürt habe. Dank meiner grandiosen Idee, heute eine kurze Hose zu tragen (damit das mit den Pflastern einfacher ist), könnte sonst ja jeder mein aktives, wahnsinnig tolles Nachbluten betrachten. Sieht nicht gut aus. Eher wie frisch vom Fahrrad gefallen. Will keiner sehen.

24 Stunden sind es nicht, aber bis zum nächsten Morgen verbrauche ich doch so einiges an Pflastern und Auflagen. Ich bewege mich kaum, damit es nicht immer wieder anfängt zu bluten. Der eher unfreiwillige Pausentag ist natürlich das Beste an der ganzen Therapie. Und kochen kann ich auch nicht. Mein Mann schlägt vor, etwas zu essen mitzubringen. »Sushi?«, fragt er, »Lachs und Aal?«

Unter normalen Umständen wären wir alle begeistert. Nur heute hat auf Aal keiner Lust. Komisch eigentlich.

Einen Tag später kann ich die Pflaster entfernen und fünf Tage später sind auch die blauen Flecken um die Bissstellen weg. Das Loch, das jeder von den kleinen Nagern in mich gebissen hat, hat einen Durchmesser von zirka zwei Millimetern und kann bis zu zwei Monate sichtbar sein. Dann wäre der Sommer auch vorbei. Aber mein Bein fühlt sich viel besser an. Unbedingt. Und bis zum nächsten Sommer sieht man bestimmt gar nichts mehr.

Mein Blutegel-Fazit:

Was bringt es? Eine Blutegeltherapie ist auf jeden Fall eine Alternative zur Operation, solange man keine stärkeren Beschwerden hat. Die Krampfadern verschwinden allerdings nicht ganz, sie werden nur entlastet.

Was kostet es? Man muss die Kosten selber übernehmen, aber sie halten sich in Grenzen. Ich habe für meine Behandlung knapp fünfzig Euro bezahlt.

Tut es weh? Die Schmerzen sind gering. Das Jucken hinterher fand ich viel unangenehmer.

Wo bekomme ich es? Egel kann man tatsächlich in der Apotheke bestellen. Manche Heilpraktiker arbeiten mit ihnen.

Würde ich es wieder machen? Es hat – vorübergehend – geholfen. Trotzdem wünsche ich mir eine dauerhafte Lösung. Eine Krampfader-OP samt Stützstrümpfen bleibt mir nun wohl also doch nicht erspart.

Schwierige Füße. Wenn Schuh-Shopping zum Abenteuer wird

Wenn mich vor 25 Jahren eine gute Fee gefragt hätte, welches Körperteil ich durch eine neue, perfekte Version ausgetauscht haben möchte, dann hätte ich vermutlich meinen Hintern genannt (der damals noch in eine knackige Größe-38-Jeans passte) oder meine Nase (die ich irgendwie zu knollig fand). Wie dämlich! Es zeichnete sich nämlich schon früh ab, was einmal meine wahre Schwachstelle sein würde.

Dazu muss man wissen, dass »schwierige Füße« ein Familienerbstück sind (wie vermutlich auch Lucindes Krampfadern). Meine Mutter hat sie. Meine Oma hatte sie auch. Und vermutlich waren die Ahninnen zahlloser vorangegangener Generationen ebenfalls damit gesegnet ...

Aber das Schlimmste ist: Die Symptome werden mit jedem Jahr schlimmer, und was in der Jugend nur ein Ärgernis zu sein scheint, wird irgendwann zur echten Plage!

Zunächst bestand das Problem lediglich darin, dass ich viel zu früh viel zu große Füße hatte – jedenfalls zu groß, um altersgerechtes Schuhwerk zu finden. Ich war zwölf und trug Größe 39 (was sich bis vor rund zehn Jahren nicht geändert hat. Inzwischen habe ich sie so ausgetreten, dass ich 40 brauche). Und das in einer Zeit, in der es ab Größe 36 nur noch waffenscheinpflichtige Stöckelschuhe gab oder Plateausandalen, in denen man keine Höhenangst haben durfte.

Da blieben mir nur Turnschuhe, Oma-Sandalen und die Hoffnung, dass die Schuhmode bald vielfältiger werden würde.

Sie wurde es. Und ich wurde auch älter, sodass ein bisschen Absatz durchaus infrage kam. Ich kaufte mir schicke Pumps mit Tigermuster (sorry, es waren die Achtziger), die mir einwandfrei passten.

Im Geschäft.

Doch wehe, ich hatte sie länger als zwei Stunden an den Füßen. Oder trug sie nicht nur zum Sitzen, sondern auf einer Stehparty. Oder wagte sogar, darin herumzulaufen.

Ich sag nur: aua!

»Hunsrücker Füße in Pariser Schühchen – das kann ja nicht gut gehen«, kommentierte mein Vater gnadenlos. Er war ein Verfechter vernünftigen Schuhwerks.

Mit den Jahren häuften sich die Problemstellen am Fuß. Irgendwann wusste ich auch, was meine Mutter meinte, wenn sie über »Kreischfüße« klagte. Das ist der Zustand nach einem mehrstündigen Stadtbummel, wenn einem die Füße so wehtun, dass man Kreischen könnte. (Übrigens dieselbe Wortbildung, die bei Kreißsaal zugrunde liegt. Das kommt auch von Kreischen. Nur um das mal loszuwerden.)

Während ich Wanderungen durch Feld, Wald und Flur recht gut verkrafte, bekomme ich, wenn ich auf harten Stadtböden unterwegs bin, früher oder später scheußliche Schmerzen. Einmal, als ich mit Freundinnen in Rom war, hätte ich fast geweint, als eine von ihnen vorschlug, noch einen »kleinen Umweg« zur weltbesten Eisdiele zu machen. Eher wäre ich auf Knien zurück zum Hotel gekrochen. (Na ja, in Rom hätte man mich vermutlich nicht mal für irre gehalten, sondern nur für besonders reumütig und fromm.)

Inzwischen weiß ich, was für dieses Schmerz-Phänomen verantwortlich ist: mein Fersensporn! Beziehungsweise meine Fersensporne (-spörne? -spörner? -sporen?). Ich habe nämlich auf beiden Seiten das Missvergnügen.

Der Orthopädietechniker, den ich deswegen aufsuchte, ließ mich auf ein sandschaumartiges Kissen steigen, um Abdrücke für Einlagen abzunehmen, und nickte wissend. »Kein Wunder, dass Sie Schmerzen haben.«

Das war schön zu hören. Wegen schmerzender Füße wird man im Allgemeinen nur ernst genommen, wenn man blutig gelaufene Fersen oder üble Blasen vorweisen kann. Endlich verstand mich jemand!

Die Einlagen waren nicht schlecht, aber sie passten natürlich nur in geschlossene Schuhe. Aus Sandalen und Pantoletten rutschten sie heraus. Und vom ewigen Hin- und Herwechseln wurden sie auch nicht schöner. Also ließ ich sie einfach in den alten Walkingschuhen, die ich bei langen Gassigängen anziehe, und fertig.

»Im Sitzen brauche ich ja keine Einlagen«, fand ich. »Und ich sitze ja meistens, wenn ich nicht gerade Gassi gehe.« Ausgedehnte Stadtbummel habe ich mir ohnehin längst abgewöhnt. Wozu gibt's Kataloge? Und das Internet?

Dem Orthopädietechiker hätte das gewiss nicht gefallen. Seiner Meinung nach musste ich immer, immer, immer diese Dinger tragen. Eigentlich sei ich schon fast reif für orthopädische Schuhe, hat er einmal gesagt. (Danach bin ich da übrigens nicht mehr hingegangen. Orthopädische Schuhe, pah!)

Na gut. Die Fersenschmerzen sind zugegebenermaßen nicht die einzige Baustelle. Ich habe auch noch Plattfüße. Genauer gesagt: Knick-Senk-Spreiz-Plattfüße. Und einen Hallux valgus. Beziehungsweise zwei davon, aber der am rechten Fuß ist noch nicht ganz so schlimm. Und hohe Reihen. So nennt man das bei uns, wenn der Oberfuß extrem steil nach oben geht. Sehr nachteilig, wenn man Ballerinas oder Slipper trägt, die schneiden dann so unangenehm ins Fleisch. Noch mehr Aua.

Selbst Stiefel sind nicht unbedingt eine gute Alternative, denn zu allem Elend habe ich auch noch ziemlich ... nun ja, sagen wir: kräftige Fesseln. Bei normal geschnittenen Stiefeln bekomme ich den Reißverschluss gerade mal bis zum Fußknöchel zu, danach ist Schicht im Schacht. Es müssen schon Weitschaftstiefel sein. Und überhaupt breit geschnittene Schuhe. Mit gut gepolsterter Ferse. Und möglichst zartem Leder am Oberfuß. Außerdem sollte es bitte auch am Ballen schön weich sein. Eine Naht über der bösen Stelle kann sich verheerend auswirken!

Jetzt klar, warum ich keine Schuhfetischistin bin? Ich wäre wirklich gern eine! (Okay, ich könnte sie sammeln und in eine Vitrine stellen, aber das nähme bloß meinen Büchern den Platz weg.)

»Klamotten kaufen bringt bei jedem Kilo mehr nur Frust, aber Schuhe gehen immer«, habe ich schon oft gehört.

Nicht bei mir! Ich finde sogar Jeans kaufen entspannender als den Schuhkauf. Dabei habe ich einen ganz wundervollen Lieblingsschuhladen, in dem man mich und meine Problemquanten kennt und entsprechende Fußbekleidung führt. Sobald ich einen zwar schönen, aber zu schmal geschnittenen Schuh auch nur betrachte, schüttelt die Inhaberin bedauernd den Kopf und eilt davon, um Modelle herbeizutragen, die für mich infrage kommen.

Inzwischen habe ich gelernt, keine Schuhe mehr zu kaufen, die mir nicht zu hundert Prozent angenehm sind. Von wegen »das Leder gibt mit der Zeit noch nach« oder »die müssen erst noch eingelaufen werden« – darauf bin ich früher viel zu oft reingefallen. Spätestens seit ich fünfzig bin, bin ich weise genug, beim Schuhkauf nur noch auf mein Fußgefühl zu vertrauen.

Wenn ich jeden Euro und jede Mark, die ich im Laufe meines Lebens für Schuhfehlkäufe ausgegeben habe, wiederbekäme, könnte ich davon locker eine Kreuzfahrt machen. Mit der ganzen Familie.

Das nicht so Tolle am Älterwerden ist: Die Sache mit den Problemfüßen wird nicht besser, das Shopping entsprechend immer abenteuerlicher.

Das ziemlich Coole am Älterwerden ist: Die Fehlkäufe werden seltener. Ich kenne meine Quanten und weiß, was ich ihnen zumuten darf und was nicht. Meistens gönne ich ihnen superbequeme Markenschuhe, die leider teuer sind, aber nicht drücken, gut aussehen und lange halten. Hin und wieder traktiere ich meine Füße mit der Faszienkugel, was im ersten Moment ganz fürchterlich schmerzt, sich hinterher aber umso angenehmer anfühlt. Und alle fünf Wochen werden sie mit einer Eins-A-Fußpflege belohnt.

Leider denke ich viel zu selten daran, sie selbst einzucremen, zu massieren oder Fußgymnastik zu machen. Aber immerhin wüsste ich, wie das geht. Und was nicht ist, kann ja noch werden. Ich bin ja erst Anfang fünfzig. Vielleicht bin ich mit sechzig so weit?

Aber eins steht fest: Falls tatsächlich eine Fee käme und mir anbieten würde, einen ungeliebten Körperteil zu ersetzen, würde ich mir vermutlich perfekte Füße wünschen.

Doch halt! Lieber nicht. Das würde übelst teuer werden, wenn ich uneingeschränkt Schuhe shoppen könnte …

Aua-Füße – kein Einzelfallproblem

Laut Statistik haben sechzig Prozent aller Erwachsenen Fußprobleme – dabei sind sie zu 98 Prozent mit gesunden Füßen zur Welt gekommen (zumindest gilt das für die Industrienationen). Was ist passiert?

Häufig liegt es am Schuhwerk. Zu groß, zu klein, zu weit, zu eng … Viele Menschen kaufen Schuhe, die ihnen nicht richtig passen. Oder lassen ihre Kinder in Schuhen mit der falschen Größe herumlaufen. Dann sind spätere Problemfüße vorprogrammiert!

Dasselbe gilt für High Heels. Wer schön sein will, muss leiden, heißt es schließlich. Nun ja, wer stöckelt, wird mit hoher Wahrscheinlichkeit irgendwann einmal Schmerzpatientin. Und sooo schön sind hohe Hacken nun auch wieder nicht …

Trends, Fashionistas und überhaupt: Was soll ich anziehen?

Eine Fee fände ich auch nicht schlecht. Mir wäre es allerdings lieber, sie würde nichts herbei-, sondern etwas wegzaubern. Ja, da wären natürlich die Muffintops, die Krampfadern, die altersbedingte Weitsichtigkeit, die grauen Haare, die Bingowings und vieles mehr, was die letzten Jahre mit sich brachten und ein wenig Zauberfeeneinsatz durchaus rechtfertigen würde. Vor allem anderen aber wäre es mir recht, sie würde die Erinnerung an manche Jugendsünden aus meiner Erinnerung tilgen. Und zwar gründlich. Und die Fotos von damals gleich mit. Mit Jugendsünden meine ich übrigens nicht Frank, Peter, Stefan oder gar Klaus. Ich meine damit die bleibenden, ewig währenden, die man gerne vergessen möchte, aber irgendwie nicht vergessen kann. Sie wissen nicht, wovon ich spreche? Nun. Ich spreche von den Achtzigern. Modisch gesehen. Den High-Waist-Hosen (formerly known as Karottenhosen), den schmalen Lederkrawatten und den merkwürdigen Pudelfrisuren. Oh, und den ausladenden Schulterpolstern. Die Schulterpolster! Mit denen sah jeder aus wie ein Superheld in seinem Ausgehkostüm. Ich war nicht nur über 1,80 groß, sondern mit diesen Dingern auch beinahe so breit. In den Achtzigerjahren musste man manche Zimmertüren gar nicht abschließen – wenn sie schmal genug waren, kam eh keiner durch. Tja. So war das damals.

Wenn ich mich nicht täusche, hatte jede Generation in

Hinblick auf die jeweils aktuelle Mode ihre Probleme, doch merkwürdigerweise ist es keinem während dieser Zeit wirklich aufgefallen. Erst wenn die eigenen Kinder über die Bilder im Fotoalbum lachen oder sich fragen, wie der eine oder andere modische Missgriff passieren konnte, oder gar, wie man so gekleidet überhaupt einen Partner finden konnte, wundert man sich. Erstaunlich. Dabei trugen die Männer sehr bunte Hemden, merkwürdige hochgekrempelte Hosen und vor allem Oberlippenbärte, im Volksmund auch Pornobalken genannt. Ich meine, man hätte es bemerken können. Wirklich.

Und heute finden meine Kinder all die Scheußlichkeiten von damals unerklärlicherweise wieder toll! »Voll fresh, Mama«, sagt meine Tochter Lilli und zeigt mir Bilder von sogenannten Hipstern. Dank ihr, diversen Modeblogs von gerade den Windeln entwachsenen Jungs und Streetstyle-Posts auf Instagram, SnapChat und Co. bin ich also darüber informiert, dass der Freddie-Mercury-Gedächtnis-Bart absolut TREND ist. Aber nicht nur der Bart, sondern auch die Klamotten und die Pilotenbrille. Uäh. Schlimm. Frauen tragen jetzt gerne wieder gemusterte Jogginghosen, bauchfrei und tätowierte Theo-Waigel-Gedächtnis-Augenbrauen. Lilli findet das »hip« und ich bin geschockt, dass sich das alles tatsächlich wiederholt. Es ist ein wenig »Und täglich grüßt das Murmeltier« in der Mode.

Schlimm finden meine Kinder hingegen immer noch, dass wir sie selbst als wehrlose Kleinkinder in diese merkwürdigen Sarah-Kay-Rüschenkleider gesteckt haben. Das trugen aber damals alle kleinen Mädchen, merke ich zu meiner Verteidigung an. Ganz genau, es lag nämlich voll im Trend. Die Mädels bestanden darauf, schließlich orientierten sie sich an anderen Kindergartenkindern. Heute gibt es sogar für Kindergartenkinder eigene Modeblogs, und die fünfjährigen Expertinnen für alles, was man so trägt, heißen Fashionista. Schönes Wort, oder? Habe ich von einer jungen Frau gelernt, die mit knapp über zwanzig schon Multimillionärin ist. Und zwar, weil sie anderen Menschen zeigt, wie man sich künstliche Wimpern anklebt oder was sie anhat, wenn sie samstagnachmittags durch Berlin, New York oder Kirchentellinsfurt läuft. Hm. Ich vermute, mein fortgeschrittenes Alter kann man auch daran erkennen, dass ich das nicht verstehe. Nein, ich verstehe es nicht. Aber ich bin neidisch. Keiner will für Geld wissen, was in *meiner* Handtasche ist.

Bin ja mal gespannt, was für Kleider meine Enkel mal anhaben werden. Vermutlich graben meine Töchter die so sehr beklagten Rüschenkleider wieder aus. Wie? Natürlich habe ich sie aufgehoben. Ich fand sie süß. Und wenn es nicht gerade Freddies Bart und sonstiger Style ist, mag ich alte Sachen ja auch. Ich meine, ich freue mich darüber, dass meine andere Tochter meinen alten Plattenspieler aus dem Keller geholt hat und nun James Brown, Van Morrison, Eric Clapton und noch tausend andere Schallplatten hört, die bis dato in unserem Keller oder im Secondhandladen ihr trauriges Plattenleben fristeten. Befremdlich finde ich hingegen, dass sie aus selbigem Secondhandladen nicht nur Schallplatten, sondern auch bunt bestickte Jeans mit nach Hause bringt. In Karottenform. Und ich dachte, ich hätte diese grausamen Kleidungsstücke hinter mir gelassen, die dafür sorgen, dass selbst Frauen mit einem normalen Hinterteil plötzlich so aussehen, als hätten sie da irgendwas Aufblasbares drin, das gleich platzt.

Karottenjeans sind quasi der Inbegriff meiner persönlichen Jugendmodesünden. Aber ach, wenn alle High Waist tragen, was zieh ich denn dann an? Da stehe ich mal wieder vor meinem Kleiderschrank und bin ratlos. Nach all den Jahren mit mir selbst weiß ich zwar, was mir steht, wie ich mein Äußeres am besten zur Geltung bringen kann (Karottenjeans sind es definitiv nicht), und Experimente mache ich schon lange keine mehr. Aber in meinen Augen sind die meisten meiner Freundinnen im Gegensatz zu mir immer gleichzeitig schön, modisch, sexy und elegant. Und dann all die Gigi Hadids, Heidi Klums und wie sie alle heißen: An denen sieht auch immer alles toll aus. Überraschung: Ich bin kein Topmodel. Ich bin immer – naja – eben ich. So wie ich aussehe, könnte ich problemlos sofort zu allem aufbrechen, was mein Tag zu bieten hat. Meine Kleider passen zu meinem Leben. Ja, ich bin zufrieden. Aber ich glaube, da geht noch mehr. Und ich wünsche mir ein Outfit, das sagt: Seht her, hier geht eine Frau, die klug, interessant, humorvoll und erfolgreich ist. Stattdessen sagen meine Klamotten meiner Meinung nach: Hier lang, wenn ihr es an einem langen Tisch für viele Menschen nett haben und Spaghetti mit Tomatensauce essen wollt! Nicht immer. Ich kann schon, wenn ich will. Wenn ich Zeit habe. Und ein anderes Programm als den Alltag. Ansonsten bin ich eben Mutter, und das sehr gern, ich bewältige meinen Haushalt mehr oder weniger, ich habe einen Beruf, der mich meist glücklich macht und es mir theoretisch ermöglicht, im Schlafanzug zu arbeiten, weil es keinen interessiert, was ich dabei anhabe (ich HABE was an), aber das muss man mir ja nicht sofort ansehen! Ich klebe völlig unkreativ und hartnäckig an Jeans, Dunkelblau und Turnschuhen, während alle anderen schon längst Kleid, Beerentöne und Absatz tragen. Ich habe Kaschmir genauso verpasst wie Seide. Orange und Grün sowieso. Wenn ich mir das erste Kleidungsstück in einer vermeintlichen Trendfarbe kaufe, ist es längst im Sale. Beere ist out. Senf ist das neue Magenta. Und Marlene die neue Karotte.

Das Gute ist, es kommt ja alles wieder. Das Schlechte: Alles, was ich davon noch im Schrank habe und was mir prinzipiell auch mal gefiel, haben sich meine Töchter mittlerweile längst unter den Nagel gerissen. Ich trage also das, was noch da ist: Jeans, Shirt. Pulli. Blazer. Jeans, Shirt. Blau, Grau, Schwarz, manchmal Rot (ganz gewagt) und Weiß. Langweilig. Und immer das Gleiche.

Ich habe natürlich auch ein paar Röcke und Kleider, die ich behalten darf (danke, Mädels!), aber die kann ich maximal fünf Minuten vor dem Spiegel an mir ertragen und dann ziehe ich sie wieder aus, weil sie einfach nicht so richtig »Lucinde« sind. Ich hebe sie trotzdem auf, obwohl sie es nie in die Öffentlichkeit geschafft haben, in der Hoffnung, dass ihre Zeit noch kommt. Dann nämlich, wenn ich fünf Kilo weniger wiege. Oder wenn sie zum Anlass passen. Der Anlass kommt nie, und mein Schrank wird immer voller mit Dingen, die ich nie tragen werde.

Übrigens: Was »Lucinde« ist, weiß ich gar nicht so ganz genau. Dafür bin ich mir sehr sicher, was sie nicht ist. Ich finde hautfarbene Seidenstrümpfe komisch, und ohne die gehen Röcke und Kleider sowieso schon mal gar nicht. Hohe Schuhe? Ich bin 1,83 Meter groß. Bei »bunt« erschrecke ich bei meinem eigenen Anblick. Gewollt jugendlich finde ich furchtbar, Twinset und Perlenkette sind auch (noch?) nix für mich. Großes Dilemma.

Ich frage mich seit einiger Zeit, ob man mir mein Alter ansehen dürfen muss – also klamottentechnisch – und wenn ja, wie fünfzig überhaupt aussieht. Ist mir (und allen anderen großen, kleinen, dicken, dünnen, NORMALEN Frauen um die fünfzig) noch zu helfen, und wenn ja, wie?

Es ist offensichtlich: Ich habe ein Problem. Und Julia Zirpel, die Modechefin des Frauenmagazins *Myself*, rettet mich. Vor einigen Wochen schrieb ich ihr eine Mail mit der Bitte um Tipps für eine alters-, größen- und figurgemäße Garderobe. Und wurde prompt in die Redaktion eingeladen, denn offensichtlich fragen sich eine Menge Frauen da draußen das Gleiche. Wie so viele möchte ich einmal anders aussehen – und trotzdem wie ich. Ich möchte wissen: Was steht mir eigentlich? Was ist überhaupt Trend? Und wie passt beides zusammen?

Bei den Sachen, die an dem langen Kleiderständer hängen, den Julia für mich vorbereitet hat, sind ein paar dabei, die mir spontan gefallen: Eine coole khakifarbene Jacke aus grober Baumwolle mit Stickereien hintendrauf. Eine schmale blaue Hose. Eine lange weiße Bluse. Das würde ich mir auch kaufen. Aber Julia hat anderes mit mir vor, und ich bin plötzlich total unsicher: ein langes Strickkleid mit Rollkragen in Camel? Im Ernst? Steht mir nie im Leben, macht mich total blass, will ich rufen und lasse es bleiben, denn Julia kennt sich schließlich aus. Sie kommt gerade von der Fashion Week in Berlin, ist seit vielen Jahren bei der *Myself* und weiß, was sie tut. Ich komme aus Stuttgart, bin seit zwanzig Minuten hier und … nun ja.

Und so ziehe ich tatsächlich eine schwarze, weite Hose an, die auf halber Wadenhöhe aufhört, obwohl ich mein Leben lang schon versuche, nichts zu kaufen, was betont, dass mir eigentlich immer alles ein paar Zentimeter zu kurz ist.

Julia lacht, als ich sehr zögerlich den quer gestreiften Blazer über die längs gestreifte Bluse anziehe. Echt jetzt? Niemals würde ich das kombinieren. Das kann doch nicht gut aussehen, oder? Vorsichtig schaue ich in den Spiegel. Und da ist er, der magische Moment: Nach einem beherzten Griff hier und einem Zupf dort sieht die Bluse lässig aus und die Hose, als ob sie maßgeschneidert wäre. Ja, tatsächlich. Ich sehe mich – und doch jemand anderen. Sogar die grau schimmernden Jimmy Choos mit Glitzersteinen obendrauf kommen mir plötzlich gar nicht mehr schräg und überladen vor, sondern wie für mich gemacht. Ich fühle mich wie Cinderella in erwachsen. Ehrlich. Ja, ich finde mich richtig schön!

Einzig den Mantel ohne Ärmel lehne ich ab und die rote, halblange Marlenehose auch. Die allerdings erst, nachdem ich sie anhatte. Sah nicht gut aus. Sagt auch Julia. Es muss mir ja auch nicht alles stehen, nur weil es gerade in ist.

Schönes Gefühl übrigens, dass Julia die khakifarbene Leinenbluse, die ich bei meiner Ankunft in der Redaktion trug, genauso gut fand wie den knallroten Lippenstift. Und zu ein paar der Outfits kombinierte sie sogar meine dunkelblauen Vans. Klar wollte ich mal was Neues ausprobieren, doch es ist ja auch ein tolles Kompliment, wenn manches bleiben darf. Die roten Lippen und die hochgebundenen Haare stehen mir einfach, Trend hin oder her. Aber ich glaube, darum geht es in der Mode grundsätzlich: Trend ist, was dir das Gefühl gibt, so gut auszusehen, dass du beim Blick in den Spiegel stolz die Schultern straffst und lächelst. Also: Beere oder Senf? Kurz oder lang? Uni oder gepunktet? Und vor allem: fünfundzwanzig, fünfzig oder siebzig? Ich sage es Ihnen im Vertrauen: Was Sie tragen, ist völlig egal. Es ist Ihr Lächeln, das zählt!

Gibt's das auch in größer? Sieben goldene Tipps gegen XXL-Shopping-Frust!

Vielleicht bietet ja mal ein Mode-für-Mollige-Magazin so ein Ü50-Umstyling an? Das wäre dann eher was für mich …

Ich bin zwar nicht mehr ganz so rund wie noch vor einem halben Jahr, aber anders als bei Lucinde kann davon, dass ich schlank wäre, noch lange nicht die Rede sein. Ist auch nicht schlimm. Zumal ich inzwischen ja meinen Frieden mit meinen Kurven gemacht habe. Mit 25 fand ich mich deutlich unattraktiver, so viel steht fest!

Trotzdem gibt es Erfreulicheres, als in einer viel zu engen, viel zu grell ausgeleuchteten Umkleidekabine in einem viel zu engen Kleid festzustecken, während die viel zu junge, viel zu schlanke Verkäuferin viel zu fröhlich nachfragt, ob denn alles in Ordnung sei. Ganz ehrlich: Das muss man nicht haben. Schon gar nicht, wenn man sich mit der Einkaufstour doch eigentlich belohnen wollte. Und dann so was. Echt. Ich bin zu alt für Shopping-Frust! Und Sie müssen das auch nie mehr erleben – mit diesen sieben goldenen Tipps:

1: Der Optik-Trick – je größer die Umkleidekabine, desto weniger Volumen nimmt man davon ein
Ist doch logisch, dass man sich in einer winzigen Kammer fetter fühlt als in einer geräumigeren. Schließlich ist das alles relativ. Stichwort: Volumenprozent. (Und ich denke dabei

wirklich nicht an Alkohol!) Anproben kommen also nur in Läden mit Umkleidekabinen ab einer bestimmten Quadratmeterzahl infrage.

Genauso funktioniert es übrigens mit den unförmigen Puschel-Stiefeln, die eine Weile so angesagt waren. In so gigantischen Boots wirken selbst stämmige Beine relativ schmal. Dies ist ein zusätzlicher Gratis-Tipp.

2: Die Böse-Königinnen-Strategie – »Ihr seid die Schönste im ganzen Land«

Das Schlimmste, was man sich antun kann, ist, sich permanent mit jüngeren, schlankeren, hübscheren Menschen zu vergleichen. Wer Frauenzeitschriften liest, ist also selbst schuld. Ich tu mir das nicht mehr an. Geschäfte mit allzu attraktivem Verkaufspersonal haben dieselbe Wirkung. Deshalb kann ich nur dringend empfehlen, die hippen Shops links liegen zu lassen und sich lieber auf Omaläden zu konzentrieren. Fachverkäuferinnen im gesetzten Alter haben nicht nur mehr Ahnung als gelangweilte Nachwuchs-Aushilfen, sondern lassen einen im Vergleich automatisch viel besser aussehen. Und keine Angst vor langweiligen Senioren-Klamotten: Zwischen Faltenröcken und Blümchenblusen finden sich garantiert allerhand richtig schicke Sachen. Wetten?

3: Die Mir-doch-egal-Methode – was kümmert uns die Meinung der anderen?

Darf man Ü50 noch kurze Röcke tragen? Bis zu welcher Kleidergröße ist bauchfrei okay? Müssen Problemzonen unbedingt versteckt werden, auch wenn man sie nicht als Problem empfindet? Na?

Stopp! Sie werden doch wohl nicht ernsthaft über diese

dämlichen Fragen nachdenken. Mal ehrlich: Wer sollte die Macht haben, uns das vorzuschreiben? Wir können anziehen, was wir wollen. Schließlich sind wir alt genug! Für irgendwas muss diese Tatsache ja gut sein. Ich zum Beispiel trage am Strand durchaus einen Bikini, trotz Übergröße. Meine Rettungsringe sind auch mit einer Lage Stoff darüber nicht weniger vorhanden. Und wer sich das Elend nicht ansehen will, kann ja weggucken.

4 : Der Große-Größen-Kniff – schon schön, wenn mal etwas viel zu weit ist

Zugegeben – den Wunsch, endlich wieder in eine kleinere Kleidergröße zu passen, kann ich nachvollziehen. Aber ich muss dringend davor warnen, es zu versuchen! Es ist nämlich kein erfreulicher Anblick, wenn man darin aussieht wie eine Knackwurst. (Was übrigens in jedem Alter gilt, aber etwas angegammelte Knackwürste sind noch unerfreulicher.) Wesentlich schöner ist es doch, wenn das Teil, das man gerade anprobiert, eindeutig zu locker sitzt und alle einem dringend raten, mindestens eine Größe kleiner zu nehmen. »Das ist Ihnen ja viel zu groß« ist einer der wunderbarsten Sätze, die eine Frau je zu hören kriegen kann. Probieren Sie's aus!

5 : Die Mode-für-Mollige-Masche – noch schöner, wenn ein Teil »so klein« nicht mehr da ist

Das Schöne an Oversize-Läden ist, dass man selbst nicht die größten Klamotten im Sortiment braucht, sondern im Vergleich sogar die eher kleineren.

Ich empfehle, gegen Ende der Saison shoppen zu gehen, wenn nicht mehr alles in allen Größen vorrätig ist. Es mag zwar schade sein, die hübsche Sommertunika nicht abzubekommen, aber wenn das der Preis dafür ist, dass jemand »So klein haben wir die nicht mehr da« zu einem sagt, dann ist es das hundertmal wert!

6: Das Betreutes-Shoppen-Konzept – nette Menschen sind der beste Schutzschild gegen Frust

Die beiden vorherigen Tipps sind allerdings nur sinnvoll, wenn man nicht wirklich etwas kaufen möchte. Sollte das einmal anders sein, kann ich nur dringend empfehlen, nicht allein loszuziehen. Beste Freundinnen sind optimale Shoppingbegleiterinnen, stilsichere Söhne und Töchter ebenfalls – der eigene Gatte kommt allerdings nur bedingt infrage, denn im schlimmsten Fall wird er eh nicht richtig hinsehen und im besten Fall wird er behaupten, Sie sähen selbst in einem Müllsack brillant aus. Beides keine große Hilfe bei Ihrer Mission.

7: Die Dann-bestell-ich-eben-Alternative – Wohnzimmer-Shopping als ultimative Lösung

Oder Sie machen es ganz anders und wählen Ihre neuen Outfits bequem auf dem Sofa aus. Das ist in unserem Alter ohnehin die entspannteste Variante. Bestellen Sie einfach im Katalog oder in Online-Shops. Und wenn etwas nicht passt, können Sie es unfrei zurückschicken. Ist das nicht perfekt?

Sollten Sie doch einmal Lust auf einen Stadtbummel haben, konzentrieren Sie sich einfach auf garantiert frustfreie Einkäufe. In der Buchhandlung!

Teil 3:

UND WAS MACHEN WIR NUN?

Spaß mit Sachen:
Einfach mal was Neues
probieren

Lucinde

Schwerkraft – nein, danke!

Seit ungefähr zehn Jahren gehört es schon fast zum guten Ton, wenigstens einmal in der Woche die Matte auszurollen und mit den Fingerspitzen den Boden zu berühren. Wer das nicht kann, der ist ja so was von out! Jeder, wirklich jeder macht Yoga. Einmal. Zweimal. Dreimal die Woche. Sogar Männer machen es. Ständig. Und die richtig Coolen von früher, die, die sich immer darüber lustig gemacht haben und die immer mit ihren Zeige- und Mittelfingern dieses merkwürdige Anführungszeichen in die Luft gezeichnet haben, wenn sie Yoga als »Sport« bezeichneten, sind jetzt die Superyogis mit dem Minidutt auf dem Hinterkopf, die man gern auch in Bars, Agenturen oder Offices oder wo eben solche Typen arbeiten, dabei antrifft, wie sie sich geschmeidig in irgendwelche kraftstrotzenden Kriegerposen werfen. Auch Anzugträger betonen neuerdings gerne in Meetings, dass sie am besten im Kopfstand nachdenken können, weshalb sie eine Meditationsmatte in ihrem Büro haben und barfuß laufen, wenn jemand guckt, die alten Angeber. Wahrscheinlich riechen sie danach heimlich an ihren Achseln.

Auch mein eigener Mann macht Yoga. An der Volkshochschule. Ich bin mir aber nicht sicher, ob er es macht, weil er Yoga so gut findet, oder ob er es macht, weil er der einzige Mann in dieser Gruppe ist.

Ich bin in einer anderen Gruppe, wohlgemerkt. Bei mir gibt es keine Männer. Nicht einen einzigen. Ich finde das auch überhaupt nicht schade. So kann ich mich viel besser auf mich konzentrieren, und das muss ich auch, sonst falle ich Superyogi nämlich um.

Man sollte meinen, der eigene Körper sei einem vertraut. Jedenfalls dachte ich, ich könnte das von mir selbst behaupten. Wenn ich sehr grob schätze, habe ich mich in meinem Leben bestimmt mindestens 30 000-mal an- und wieder ausgezogen. Ich habe geduscht. Beinahe täglich. Und mich zusammengerechnet sicherlich ein komplettes Jahr in Umkleidekabinen rumgetrieben, um mich je nach vorherrschender Mode oder Bedarf in Karottenjeans, Röhrenjeans, Schlagjeans und Unterwäsche in allen Größen und Formen oder Sonstiges zu hüllen, um damit gut auszusehen. Ich habe mich sehr oft gefragt, »ob es wohl so geht«. Und um das herauszufinden, habe ich hingesehen. Und zwar genau. Das muss man. Wenigstens in Umkleidekabinen. Meistens ging es, fand ich. Aber was ich damit sagen will, ist eigentlich nur: Ich kenne mich. Ziemlich gut. Bekleidet und nackt. Schwanger, nicht schwanger, schlank, weniger schlank. Meine Silhouette ändert sich dabei nur bedingt, denn selbst eine superschlanke Lucinde hat Hüfte und eine üppige trotzdem keinen Busen. Tja. Das ist das Modell, in dem ich geliefert wurde, und ich kann nur minimal etwas daran ändern. Wenn, dann durch Sport oder durch Hüftumspielendes. Das besitze ich reichlich. So oder so hatte ich jedenfalls genügend Zeit, mich an mich selbst zu gewöhnen. Und sogar bei all den Bikini-Fotos aus dem Urlaub habe ich das eine oder andere Mal gedacht, es könnte schlimmer sein. Ja, besser auch, aber realistisch gesehen bin ich, wie schon erwähnt, eben kein Topmodel, sondern eine Frau. Ohne professionelle Stylisten, Make-up-Artists und Fotografen, die mich immer im perfekten Winkel ablichten. Damit komme ich ganz gut klar. Dachte ich.

Umso schlimmer traf mich heute Morgen ein ganz bestimmter Anblick mitten in mein Schockzentrum. Das ist dieses Ding in meinem Kopf, das mir sagt, ich müsse sofort Schokolade haben und mir eine Klatschzeitung kaufen, mit vielen Bildern von dicken Promis, und mich damit in die Badewanne/auf die Couch/ins Bett legen. Therapeutisches Klatschzeitunglesen sozusagen. Bezahlbar und effektiv. Meistens geht es mir danach besser. Dieses Mal hat es allerdings nicht so wahnsinnig gut geklappt, denn mein Schock saß so tief, dass ich auch mit meinen üblichen Methoden nicht an ihn rankam. Ich hatte nämlich für meine montägliche Yogastunde ausnahmsweise nicht mein eng anliegendes und über den Po reichendes Shirt angezogen (die optimale Yogaklamotte), denn es war nach wie vor in der Wäsche und IRGENDJEMAND hatte versäumt, es rechtzeitig zu waschen. Bei uns herrscht die selektive Wäschebetreuung: Meine Töchter waschen nur das, was sie selber gerade dringend brauchen, und dabei ist es egal, ob außer ihrer schwarzen Jeans noch weitere, ebenfalls schwarze Kleidungsstücke im Wäschekorb liegen. Die wollen sie ja nicht heute Abend anziehen. Oder Variante zwei: Wenn man Glück hat, waschen sie zwar das komplette schwarze Sortiment, dann aber können sie auf gar keinen Fall die ganze Wäsche aufhängen, denn das dauert, und mittendrin bekommen sie hundertpro eine WhatsApp, die ihre sofortige und dauerhafte Aufmerksamkeit erfordert. Feuchte Wäsche trocknet ja auch im Korb. Langsam und unter Geruchsbildung. Aber sie trocknet. Überhaupt: welche Wäsche?

Ich trug mein Yogashirt also nicht. Nein, ich trug ein pinkfarbenes Tanktop, also eines von diesen Dingern ohne Ärmel und mit sehr weitem Ausschnitt, das ich in dem Schrank meiner Tochter Maria gefunden hatte. Ich habe es schon oft an ihr gesehen, und da sieht es sehr gut aus. An mir auch. Solange ich aufrecht stehe. Nun ist Yoga aber eben nicht unbedingt eine Sportart, bei der man vor allem aufrecht steht. Im Gegenteil. Es dauerte keine drei Sekunden, bis ich im Vierfüßlerstand auf der Matte kniete, um mich von dort in den herabschauenden Hund durchzustrecken. Augen auf bei solchen Übungen und weiten Tops, dachte ich noch und stopfte das Rückenteil tief in meine Hose, um mich nicht selbst zu entblößen. Als ich nun schwungvoll mein Hinterteil gen Himmel reckte, was bei dem herabschauenden Hund wesentlicher Übungsbestandteil ist, war ich mir also keiner Gefahr bewusst. Indes, beim herabschauenden Hund soll man eben, wie der Name schon sagt, herabschauen. Und das tat ich. Ich schaute herab. Nichtsahnend. Und direkt in mein Top. Auf meinen Busen. Und meinen Bauch. Oh! Mein! Gott! Was für ein erschreckender Anblick! Aufrecht ist alles an Ort und Stelle, aber verkehrt herum? Ich sage es mal so: herabschauender Hund plus Schwerkraft gleich schlimmer Anblick von etwas Schrumpeligem, das ich als einigermaßen straffe Haut in Erinnerung hatte. Von heute Morgen! So schnell kann das mit der Hautalterung doch auch wieder nicht einsetzen, oder? Ich verlange, dass der Name dieser Position sofort geändert wird, denn so kann er nicht bleiben. Herabschauender Hund? Das ist gewiss ein Übersetzungsfehler aus dem Indischen. Herabhängende Haut muss es heißen. Ich weiß es genau. Her mit der Klatschzeitung, sage ich nur, und ab auf die Couch! Was für ein herber Schlag für meine Selbstwahrnehmung!

Doch Couch war leider nicht. Ich hatte mich zu allem Überfluss nämlich mit meiner Mutter zu einem Saunabesuch verabredet. Erstaunlich aber wahr, man kann jede Selbsterniedrigung noch toppen. Damit meine ich die Sauna, nicht meine Mutter.

Während ich mich zierte und mir noch überlegte, dass ich meinen Körper nun vielleicht doch besser von der Öffentlichkeit fernhalten sollte, um andere Menschen nicht diesem erschreckenden Anblick auszusetzen, verhüllte ich mich, solange es eben ging, mit meinem riesigen Saunatuch, hielt den Blick gesenkt und hoffte, dass mich keiner ansah. (Ganz wie früher beim Versteckspielen, als ich glaubte, wenn ich mir die Augen zuhielt und ich keinen sah, war ich auch für die anderen unsichtbar.) Als wir die Sauna zum ersten Gang ansteuerten, rammte mir meine Mutter ganz mütterlich-zärtlich ihren Ellbogen in die behandtuchte Seite. »Lucinde«, wisperte sie mir zu, während der Bademeister schon den Aufguss durch die Saunakabine wirbelte, »jetzt lass doch den Quatsch! Guck doch mal, da drüben, der Mann, der mit dem behaarten Rücken und dem dicken Ba…!«

Okay, okay. Ich schaute. Und ließ mein Handtuch fallen, denn unwillkürlich wollten sich meine Hände lieber über meine Augen als über meine Brüste legen. Meine Güte, war ich erschrocken! Und dabei war dieser Mann noch nicht einmal besonders hässlich oder dick oder verunstaltet oder … was auch immer. Er war einfach nur ein Mann. Um die fünfzig. Mit einem dazu passenden Männerkörper. Und er saß da, glücklich und froh, und genoss die Sauna, ohne sich vermutlich auch nur eine Sekunde über die Schwerkraft Gedanken zu machen, oder darüber, was wohl die Saunagesellschaft von ihm dachte. Und mir wurde klar, dass ich mir von ihm eine Scheibe abschneiden konnte. Oder, äh, das vielleicht nun doch besser nicht.

186

Und sie bewegt sich doch:
Sport für Spätberufene

Fünf Jahrzehnte lang war ich der unsportlichste Mensch, den man sich vorstellen kann. Der Unterricht im Stadion oder in der Turnhalle waren die schlimmsten Schulstunden von allen. Und nachdem mich keiner mehr zu 400-Meter-Läufen, Bocksprüngen oder Volleyballspielen zwingen konnte, stellte ich mein Trainingsprogramm vollends ein.

Von ein paar halbherzigen Versuchen abgesehen, habe ich mich nie mehr bewegt, als nötig war, um von A nach B zu kommen. Wobei A meist mit Bett oder Sofa gleichzusetzen war und B mit dem Schreibtischstuhl. Einmal habe ich mich sogar in einem Fitnessstudio angemeldet, aber sich irgendwo anmelden gilt ja noch lange nicht als Sport. Leider.

Meine Theorie dazu habe ich eingangs bereits erläutert: Solange man ohnehin noch fit, ausdauernd und beweglich ist, wäre es ja total überflüssig zu trainieren. Wer es dennoch tut, riskiert, sich vorzeitig seine Knie, Sprunggelenke, Hüften und Wirbel zu ruinieren.

Ich dagegen habe meine Gelenke, Bänder, Sehnen und Muskeln konsequent geschont. Und so sind sie jetzt wie neu für die zweite Hälfte des Jahrhunderts – in der ich sportlich voll durchstarte, um im Alter nicht einzurosten. Clever, oder?

Für viele, die mich kennen, mag das jetzt überraschend kommen, aber glauben Sie mir: Für niemanden kam es überraschender als für mich selbst!

Was genau ich sportlich so mache? Hier meine fünf bevorzugten Arten der Leibesertüchtigung:

Der Klassiker: Sie läuft und läuft und läuft

Das Zieleinlauffoto einer Kollegin auf Facebook war der Auslöser. Plötzlich und unerwartet überkam mich die Lust zu joggen. Beziehungsweise joggen zu lernen. So wie ein Kleinkind laufen lernt. Mir war klar, dass ich das nicht allein schaffen würde, daher suchte ich mir eine persönliche Trainerin. Eine großartige persönliche Trainerin!

Im Oktober startete ich unter Ankes Anleitung mit einer Minute joggen, zwei Minuten gehen, immer abwechselnd, eine halbe Stunde lang.

Ein Dreivierteljahr später schaffte ich eine Stunde am Stück. Ohne Pause. Zwar im Schneckentempo, aber egal. Ein Wunder war geschehen! Danke, Anke!

Übrigens: An alle, die sich fragen, ob meine Knie das mitmachen, wo ich doch so schwer bin und eigentlich lieber Wassergymnastik machen sollte: Nein, tun sie nicht. Wir haben die Anstrengung so sanft gesteigert, dass mein Körper genug Zeit hatte, sich darauf einzustellen.

Was aber nicht bedeutet, dass mir nichts wehtat. Im Gegenteil. Vor allem der Rücken meldete sich, kaum dass wir die 15-Minuten-Marke überschritten hatten.

Nun, mir war auch klar, woher das kam: Ich hatte mir wegen meiner Bauch-OP zwei Jahre zuvor nicht nur eine Schonhaltung – leicht nach vorne gebeugt – angewöhnt, sondern auch überhaupt keinerlei Bauchmuskeln mehr. Logisch, dass die ungewohnte Belastung zu Schmerzen führte. Da half nur eins: Ich musste Muskulatur aufbauen!

Hier geht's zu Ankes Website: www.laufschule-suedwest.de

Callanetics: Einmal ist keinmal, hundertmal ist autsch!
Man strecke die Arme zur Seite, die Handflächen nach oben, nach unten, nach oben, nach unten … Eine winzige Bewegung. Nicht anstrengend? Nein, nicht wenn man es einmal macht. Oder zweimal. Aber Callanetics ist eine Trainingsmethode, die auf Quantität setzt. Die einzelnen Bewegungen wie die eingangs beschriebenen sind völlig harmlos, dank gefühlt unzähliger Wiederholungen aber wird das Programm zur echten Herausforderung. Für die Effektivität des Ganzen ist die Übungsleiterin, die im örtlichen Sportverein seit Jahren diese Kurse zweimal wöchentlich anbietet, das lebende Beispiel. Ich will auch so straffe Oberarme, so einen flachen Bauch, so einen knackigen Po und so lange Beine! Nun ja, wenn ich fleißig trainiere, könnte das auch irgendwann klappen. Von den langen Beinen vielleicht einmal abgesehen. Die werden wohl jetzt nicht mehr wachsen.

Callanetics wird in vielen Sportvereinen angeboten. Mehr darüber hier: wikipedia.org/wiki/Callanetics

Pilates: Wo, bitte, ist mein Powerhouse?
Im Unterschied zu Callanetics werden Pilates-Übungen nicht so schnell und nicht so oft wiederholt, sondern langsamer und intensiver ausgeführt.

Zum ersten Mal ausprobiert habe ich diese Sportart anhand einer Fitness-DVD von Barbara Becker. Ich auf dem Küchenboden, sie in wunderschöner – vermutlich floridianischer – Umgebung. Zwischen Luxus-Swimmingpool und Palmenhain führte sie das scheinbar harmlose Workout vor, sanft lächelnd und ohne ihr puderrosa Outfit durchzuschwitzen. Ihre Bewegungen waren geschmeidig, ihr Körper ein Traum. Und sie sprach unentwegt von etwas, das sie als »Powerhouse« bezeichnete. Inzwischen weiß ich, dass damit wohl die tief liegenden Muskeln in der Körpermitte gemeint sind. Damals verstand ich nur Bahnhof.

Der Versuch nachzumachen, was Barbara Becker so anmutig vorturnte, scheiterte übrigens grandios, sodass ich am Ende nur vom Lachen einen deftigen Muskelkater bekam ...

Inzwischen habe ich ein Abo in einem wunderbaren Pilates-Studio, besuche einen kombinierten Matten-Geräte-Kurs und warte darauf, dass sich mein Tanzbären-Körper in den einer anmutigen Gazelle verwandelt. Kann sich nur noch um Jahre handeln.

Pilates wird in vielen Sportvereinen, Fitness- oder Pilates-Studios angeboten. Benannt ist die Methode übrigens nach ihrem Begründer: wikipedia.org/wiki/Joseph_H._Pilates

Cantienica: Muskelkater an Stellen, die man nicht kannte

Ich möchte wetten, wenn jemand einen Blick in den Cantienica-Trainingsraum werfen würde, während wir schwitzend und ächzend unsere Übungen absolvieren, würde er vermutlich glauben, bei einer Seniorengymnastikgruppe gelandet zu sein. Nicht weil das Durchschnittsalter so hoch ist (die Gruppe ist altersmäßig wunderbar gemischt), sondern weil es bei flüchtiger Betrachtung scheint, als täten wir rein gar nichts. Vielleicht wirkt es sogar bei genauerer Betrachtung so. Wie anstrengend das Ganze tatsächlich ist, spürt man erst, wenn man es selbst ausprobiert.

Cantienica kombiniert das Beste aus Callanetics und Pilates zu einer neuen, unglaublich effektiven Ganzkörpermethode: Winzige Bewegungen, sorgfältig ausgeführt, aktivieren die Tiefenmuskulatur. Es stärkt Rücken, Bauch und Beckenboden, überhaupt alle Muskelgruppen (auch die, von denen man bisher nichts geahnt hat), macht die Gelenke frei, den Kopf sowieso, und umfasst sogar ein Anti-Falten-Gesichtstraining.

Es ist wirklich unfassbar, dass eine Sportart, die so gechillt aussieht, dermaßen anstrengend ist. Der Muskelkater dauert übrigens eine ganze Woche. Ich schwöre!

Mehr über Cantienica: www.cantienica.com

Faszination Faszien: Wohlschmerz gegen chronische Pein

Faszien sind modern. Aber nicht neu. Früher nannte man sie ganz einfach Bindegewebe. Und wenn es durch Bewegungsmangel und einseitige Belastung Probleme machte, sagte man dazu verklebtes Gewebe. Klang unschön. Fühlt sich auch so an.

Ich habe verklebtes Gewebe! Jede Menge sogar. Manchmal quält es mich so sehr, dass ich kaum laufen kann.

Der erste Orthopäde, den ich deswegen aufsuchte, riet mir, »mal ordentlich abzuspecken«. Wörtlich.

Der nächste verschrieb mir muskelentspannende Tabletten. Sie entspannten leider nicht nur die schmerzenden Stellen, sondern den ganzen Körper und auch den Geist. Mit anderen Worten: Nach der Einnahme musste ich mich hinlegen und war für einen halben Tag außer Gefecht gesetzt.

Erst der dritte verordnete mir Physiotherapie. Man drückte und knetete an mir herum, dass es nur so eine Art hatte. Es war pure Quälerei! Die Therapeutin nannte das Wohlschmerz – ich dachte, sie verhöhnt mich. Dass sie recht hatte, wurde mir erst hinterher klar, als die ursprüngliche Verkrampfung nachließ. Aber nach sechs Behandlungen ist so ein Rezept aufgebraucht. Und irgendwann kommt das Problem wieder ...

Immer wieder Physiotherapie ist keine Option. Jedenfalls nicht mit einer normalen Krankenversicherung.

Umso besser, dass man sich diesen Wohlschmerz auch selbst verschaffen kann: Mithilfe von Faszienkugeln und -rollen kann man die bösen Stellen punktgenau bearbeiten. Oh, tut das weh! Oh, tut das gut! Ob Lucinde das auch schon mal ausprobiert hat?

Mehr über Faszien lesen Sie beispielsweise in der unvermeidlichen Ü50-Fachzeitschrift: www.apotheken-umschau.de/Rueckenschmerzen/Bei-Rueckenschmerzen-Faszien-trainieren-501139.html

Kleine Abkotzrunde und Gesichts-gymnastik – Sport, wie ich ihn mag

Haben wir hier schon über mentale Ausgeglichenheit ge-sprochen? Ein gesunder Geist in einem gesunden Körper und so? Nein? Gut, dann machen wir das jetzt, denn es nutzt ja nichts, wenn wir top-straff dem körperlichen Verfall trotzen und dabei innendrin trotzdem nur so semifroh sind, richtig? Ich packe mich da an die eigene Nase, denn vor lauter äu-ßerer Selbstoptimierung habe ich die innere Weiterentwick-lung völlig außen vor gelassen. Das ist erstens oberflächlich und zweitens nicht gesund. Nein, das darf man nicht. Dabei ist es natürlich egal, ob wir dreißig, vierzig oder fünfzig Jah-re alt sind, man darf es nie. Aber das Bewusstsein für unsere jeweiligen Bedürfnisse wächst nun mal mit den Jahren, und das Zugeständnis an uns selbst, uns auch ab und zu danach zu richten, wächst meist mit! Was für ein Glück! Endlich mal was Positives, das sogar ich als solches erkennen kann. Seit Neuestem lasse ich tatsächlich ab und zu Spülmaschi-ne/Waschmaschine/Steuererklärung links liegen und gehe in den Wald. Das darf man. Das muss man sogar. Man muss sich nur gleichzeitig auch die Ohren zuhalten, damit man den Schweinehund/das schlechte Gewissen/das immer im unpas-senden Moment klingelnde Telefon nicht hört.

Jeder muss da natürlich seinen eigenen Weg finden. Man-che malen, töpfern, klettern, GOLFEN, kochen, gehen ins Theater oder tanzen. Mich macht Laufen glücklich. Ich kann es dann tun, wenn ich will, brauche wenig Ausrüstung, kann es in Gesellschaft oder ganz allein tun und verbrenne ausreichend Kalorien, um die Spaghetti am Abend genießen zu können. Heike und ich sind in sportlicher Hinsicht ja eher unterschiedlich aufgestellt. Wenn ich länger als drei Tage nicht in den Wald kann, dann werde ich unleidlich. Das erkenne ich selbst meist erst (zu) spät, nämlich dann, wenn ich sehr schnell die Contenance verliere (ja, so kann man es auch nennen, wenn die Mutter in der Gegend rumschreit). Mein Mann erkennt es glücklicherweise früher und hält mir dann sogleich völlig selbst- und wortlos die Joggingschuhe unter die Nase. Ich laufe, um zu denken. Um zu sortieren. Um mich abzuregen, oder aus purer Lust an der Bewegung und mit viel guter Laune. Meine Joggingrunde ist ziemlich genau zehn Kilometer lang, und ich liebe jeden einzelnen Meter davon. Ist so. Manchmal muss ich zwar einen Teil davon gehen, aber das macht nichts. Im Wald bin ich mit mir und meiner Mega-Playlist allein. Ich sortiere meine Gedanken, das passiert ganz automatisch. Mir fallen die besten Titel für Bücher ein, die dringend geschrieben werden müssten, Dinge, die ich in der einen oder anderen Situation hätte sagen sollen, die mir aber leider nicht eingefallen sind. Während meiner Joggingrunde bin ich so klug, kreativ und genial, wie ich gerne auch am Schreibtisch und im richtigen Leben wäre. Eindeutig fehlt etwas auf meinem iPod: Er sollte unbedingt alles speichern, was ich während meiner Joggingrunde so denke. Denn das Einzige, was mich an dieser Geschichte nervt, ist die Tatsache, dass ich beinahe jede Formulierung bis zu Hause vergessen habe. Egal. Der Grundgedanke bleibt. Und so oder so fühle ich mich bei meiner Rückkehr viel besser. Die Dusche danach ist die größte Belohnung für mich.

Beinahe noch lieber als allein jogge ich allerdings mit meinen Freundinnen. Wir nennen es wahlweise die kleine oder auch die große Abkotzrunde. Und die geht so: Wir treffen uns oben am Wald. Meist ist schon klar, wer den größeren Redebedarf hat, oh ja. Das sieht man schon am Gesicht. Ich bin, wie viele Sportmediziner und Kardiologen, ein großer Verfechter der Theorie, dass man immer so laufen sollte, dass man sich auch noch nebenher unterhalten kann. Die Ärzte sind der Meinung, dass das die gesündeste Variante des Herz-Kreislauf-Trainings ist. Ich finde, wenn man nicht nebenher quatschen kann, ergibt das ganze gemeinsame Joggen keinen Sinn. Männer können das ja. Die trainieren wie die Bekloppten nebeneinander her, reden kein Wort, lassen die Muskeln spielen, stöhnen zwischendurch hingebungsvoll, damit auch jeder weiß, dass sie noch toller sind als der jeweils andere, gehen danach gemeinsam duschen, wo sich der ehrgeizige Vergleich wiederholt (allerdings nun nicht mehr Muskeln betreffend, sondern … Sie wissen schon). Dann, und das ist der Knaller, gehen sie in die Kneipe, behaupten, das hätten sie sich verdient, vergleichen nun zur Abwechslung Autos, Frauen, Jobs und ruinieren ihre Trainingsbilanz mit mindestens drei Bieren.

Wir Frauen sind da ja ganz anders: Wir reden die ganze Zeit, sagen uns, dass die andere viel toller, schlanker und überhaupt besser ist, fahren danach nach Hause, duschen allein und fangen an zu kochen. Ist doch auch viel sinnvoller, oder?

Noch besser funktioniert das weibliche Konzept bei der Abkotzrunde. Zuerst wird das Problem identifiziert. Es hat selbstverständlich nie etwas mit der Betroffenen zu tun. Und sollte das doch der Fall sein, wird die Geschichte so lange analysiert, bis klar ist, dass alle anderen schuld sind. Das kann schon mal ein bisschen dauern, was direkt zur großen Abkotzrunde führt. Die wiederum hat weniger Steigungen und Gefälle, damit man nicht nebenher aus der Puste kommt, aber beide Runden führen an einer ganz bestimmten Stelle vorbei, die für den Erfolg der Unternehmung essenziell ist. Denn die Schuldigen (also die anderen) sind ja jetzt gefunden. Schritt eins. Jetzt kommt aber das Beste an der ganzen Sache. Schritt zwei: Dafür muss man stehen bleiben und sehr laut sehr schlimme Schimpfwörter in den Wald rufen. Worte, die Erziehungsberechtige nicht sagen, noch nicht einmal denken dürfen. Worte mit F vorne dran und A und … schlimme, befreiende Worte. Es ist dabei sehr wichtig, dass man richtig laut ruft, sodass es theoretisch gehört werden könnte. Das Ganze ist natürlich total albern und ein kleines bisschen peinlich. Aber wir müssen genau deshalb dabei immer so lachen, dass danach alles besser ist. Um die Wirkung noch eine Weile aufrechtzuerhalten, kann man sich dann im Verlauf des Tages immer wieder WhatsApps schicken. Reicht ein Buchstabe. Zum Beispiel ein großes »F«. Sofort ist die Wirkung wieder da. Dass es noch keine Therapieform mit diesem Konzept gibt, ist mir persönlich ein absolutes Rätsel.

Was übrigens aus sportlicher Sicht anscheinend auch super effektiv ist, also gegen Falten und Hängebacken und andere Hautalterungsmerkmale, ist – tadaa – Gesichtsyoga. Ich mache ja jeden Mist mit, wirklich. Und die Abkotzrunde mit Im-Wald-Rumschreien ist da ja weit vorn, aber jetzt hoffe ich wirklich, dass mich keiner sieht, als ich mich vor dem Spiegel wiederfinde und versuche, es der Frau im Gesichtsyoga-YouTube-Video nachzumachen, die *garantiert* nicht gebotoxt ist und trotzdem aussieht wie 25. Die Zunge also an den Gaumen legen, als ob ich schnalzen will. Kann ich. Den Mund zu einem »Oh« formen und mit Daumen und Zeigefinger jeweils ein Ohr nach hinten ziehen. Krieg ich hin. Unterkiefer von unten nach oben und wieder zurückbewegen. Im Rhythmus bleiben. Sich fühlen wie ein gestrandeter Karpfen. Öh.

»Mama?«

Mist, ich habe William nicht kommen sehen.

»Was machst du da?« Mit schräg gelegtem Kopf beobachtet er mich. »Hackt's bei dir?«

Er hat die direkte Kommunikationsstrategie seiner Mutter offensichtlich verinnerlicht.

»Noin«, nuschle ich mit Karpfenmund, »ich mache Gesichtsgymnastik.«

»Soll ich Papa anrufen?«, fragt er und greift schon nach meinem Handy.

Nein, ich glaube, das möchte ich nicht. Karpfengymnastik möchte ich aber auch nicht unbedingt. Lieber Schokolade mit meinem Sohn. Meine Güte, ist das bescheuert! Ich bin ein Fisch, holt mich hier raus! Muskelkater bekomme ich übrigens trotzdem. Unter dem Kinn. Also, bestimmt funktioniert das Konzept irgendwie. Nur leider nicht für mich. Und die Fischstäbchen, die sich William zum Mittagessen gewünscht hat, kann ich jetzt auch nicht braten. Sind ja quasi Artgenossen. Bleibe ich lieber bei Joggen und Yoga. Am besten alles mit Musik.

Lucindes Motivationsmusik alternativ zur kleinen Abkotzrunde:

»Little Hollywood«, Alle Farben

»The Road to Mandalay«, Robbie Williams

»Living«, Bakermat

»All Night«, Parov Stelar

»I Feel So Bad«, Kungs

»No Roots«, Alice Merton

»You Don't Know Me«, Jax Jones

»Goodbye«, Feder (featuring Lyse)

»I Love It«, Icona Pop (featuring Charli XCX)

»Bailar«, Deorro (featuring Elvis Crespo)

»You Had Me«, Joss Stone

»Molotov«, Seeed

»Unter meiner Haut«, Gestört aber Geil

»Wolke 4«, Dittberner & Marv

»Don't«, Ed Sheeran

»Let's Get It Started«, Black Eyed Peas

»Bills«, Lunchmoney Lewis

Und zum Auslaufen:

»Million Years Ago«, Adele

»Sign of the Times«, Harry Styles

»Love on the Brain«, Rihanna

»Love Yourself«, Justin Bieber

»7 Years«, Lukas Graham

Nicht so mein Ding – ungeliebte Sportarten

Laufen ist völlig okay, aber mit Yoga hab ich, anders als Lucinde, gar nichts am Hut. Und Meditieren finde ich extrem lästig. Wenn am Ende der Callanetics-Stunde noch zum abschließenden Entspannen eingeladen wird, rolle ich flugs meine Trainingsmatte zusammen und sehe zu, dass ich Land gewinne. Man soll schließlich aufhören, wenn's am schönsten ist.

Auf eine Thai-Massage dagegen hätte ich durchaus mal Lust. Klingt nach Wohlschmerz vom Feinsten – mindestens so gut wie das mit der Faszienrolle. Aber aktives Entspannen? Nein danke. Das ist einfach nichts für mich. Neu entdeckte Sportlichkeit hin oder her …

1: Yoga – bitte nicht im Rhythmus des Atems!
Ich weiß, Lucinde liebt es. Aber ich kann Yoga einfach nicht leiden. Und ich weiß, wovon ich rede, denn ich habe es ausprobiert. Die Übungen an sich waren ja einigermaßen okay. Ein bisschen wie Pilates. Aber dass man sie im Rhythmus des Atems ausführen muss, hat mich schier in den Wahnsinn getrieben. Ich möchte mich nicht auf meinen Atem konzentrieren müssen. Der soll, bitte schön, wie in den vergangenen 51 Jahren auch weiterhin von allein funktionieren. So wie der Herzschlag und die Verdauung. Man kann sich doch nicht um alles kümmern, herrje!

2: Crunning – neu, angesagt und hochgradig albern

Nicht zu fassen, was der neueste heiße Scheiß ist: eine Mischung aus Krabbeln und Rennen! So richtig auf allen vieren. Halb Kleinkind, halb Spiderman. Oder anschaulicher gesagt: wie ein Gorilla auf der Flucht. Das soll irrsinnig viele Kalorien verbrauchen und gilt als echtes Ganzkörpertraining. Wirklich jeder Muskel wird beansprucht, vermutlich sogar der, der fürs Ohrenwackeln verantwortlich ist. Aber ganz ehrlich: Ich würde eher so lange üben, bis ich das mit den Ohren draufhabe, bevor ich mich beim Crunning zum Affen mache. Aber wenn du es mal ausprobieren willst, Lucinde, nur zu – ich mach gerne ein Video davon. Ich persönlich bin definitiv zu alt für diesen Unsinn.

3: Zumba – Leute, auf diesen Trick fall ich nicht rein!

Der Trick ist perfide: Die Musik soll davon ablenken, dass es sich beim Zumba um ein furchtbar anstrengendes Workout handelt. Während man rumzappelt wie eine teutonische Hupfdohle beim Carnaval do Brasil und dabei schwitzt wie ein Schwein, soll man Spaß haben. Und weil alle so tun, als hätten sie welchen, tut man selbst auch so, als gäbe es nichts Schöneres. Oder man geht da nie wieder hin. So wie ich. Wenn ich meine Ausdauer trainieren will, gehe ich laufen. Und wenn ich tanzen will, gehe ich tanzen. (Dass Letzteres so gut wie nie der Fall ist, spielt dabei keine Rolle. Es geht schließlich ums Prinzip.) Auch das ist ein echter Vorteil des Älterwerdens: Mit Ü50 weiß man zwar nicht unbedingt, was man will, aber definitiv, was man nicht will!

4: Radfahren – wenn der schmerzende Steiß nicht wäre

Wenn die Baustellensituation in unserem Ort das Autofahren zu einer einzigen Schikane macht, kann Radfahren wirklich zeitsparend sein. Und ich gebe auch zu: Gemütlich durch die Dünen zu radeln und zwischendurch im Strandcafé zu pausieren ist manchmal einfach herrlich! Aber am nächsten Tag tut einem alles unterhalb der Taille weh. Vor allem der Po. (Und zwar egal, ob mit Sportsattel oder Gelsattel.) Leute, gebt's zu: Das ist doch nicht nur bei mir so, oder? Radfahren als Ausdauersport käme deshalb für mich keinesfalls infrage. Es sei denn, statt eines gewöhnlichen Sattels hätte das Rad einen gemütlichen Polstersitz. Oder noch besser: einen Ohrensessel. Kann das mal bitte jemand erfinden? Wäre schließlich auch altersgerecht, so rein optisch …

5: Schwimmen – höchstens, wenn sonst keiner im Wasser ist

Dass Schwimmer von allen Sportlern die beste Figur haben, ist allgemein bekannt. Aber um welchen Preis! Stundenlang Bahnen ziehen ist fast so langweilig, wie zu angeln. Wenn man dabei wenigstens lesen könnte! Seit ich Ü50 bin und mir klar wurde, wie kostbar unsere Lebenszeit ist, kommt mir dieses stupide Hin-und-her-Schwimmen geradezu unmoralisch vor. Was für eine Verschwendung!

Aber das ist noch nicht das Schlimmste daran. Nein, das Schlimmste ist das Geplansche und Gespritze der anderen im Becken. Und damit meine ich nicht nur vom Seitenrand springende Jugendliche, sondern auch die spaßbefreiten Ausdauersportler mit ihren albernen Schwimmbrillen und Nasenklammern, nicht zu vergessen die gnadenlosen Senioren (die scheinbar nur einen Gang drauf haben, nämlich den Rückwärtsgang, komme, was wolle).

Ständig schwappen einem Wellen ins Gesicht, und würde man nicht den Hals wie ein Schwan aus dem Wasser recken, bekäme man permanent Wasser in die Lunge. Was ungesund ist. Beides. Der Schwanenhals allerdings nicht ganz so wie Wasser in der Lunge. Aber das kann mir beides nicht passieren – als leidenschaftlicher Nichtschwimmerin …

Das Ende dieser Liste bedeutet nicht, dass alle anderen Sportarten für mich infrage kämen. Mitnichten! Was ich über Tennis, Skifahren und diese dämliche Fitness-App denke, lege ich übrigens an anderer Stelle ausführlich dar. Und selbstverständlich sind auch sämtliche Extremsportarten ausgeschlossen.

Und nicht zuletzt verzichte ich auf alles, was in irgendeiner Form mit Akrobatik zu tun hat. Ich bin zwar außerordentlich beweglich, doch so etwas wie einen Salto habe ich nicht mal als Jugendliche hinbekommen, ein Rad schlagen konnte ich auch noch nie, und als ich zum letzten Mal einen Purzelbaum probiert habe (mit Ende dreißig), ging das überhaupt nicht gut aus. Der fürchterliche Drehschwindel ließ erst nach zehn Minuten nach, und die Kopfschmerzen wurden sogar erst am Abend schwächer … Aber Sie sollten mich beim Stretching sehen! Um mal Sandra Bullock in »Ein Chef zum Verlieben« zu zitieren: »Ich kann mich verbiegen wie eine Brezel!« Ob Sandra Bullock das wohl immer noch von sich behaupten kann? Immerhin ist sie auch schon Ü50 …

Puckiii, die Thaimassage und Instrumentalunterricht

Ich konnte noch nie einen Purzelbaum. Ich kann kein Rad. Flickflack, Handstand – Gott bewahre! Ich kann überhaupt nichts, was man mit Schwung und kopfüber machen muss. Ich bin 1,83 m groß und der Weg bis auf den Boden ist einfach viel zu weit, um ihn schnell zurückzulegen. Was da unterwegs alles passieren kann! Kopfstand an der Wand geht ein paar Sekunden, aber dann frage ich mich auch schon, warum der liebe Gott uns Beine gemacht hat, wenn wir dann den Kopf zum Draufstehen benutzen. Sobald dieser Gedanke den Weg in mein kopfstandbedingt wahnsinnig gut durchblutetes Gehirn gefunden hat, wollen meine Beine wieder zurück, dahin, wo sie hingehören, und ich falle um. Nein, ich kann all das nicht besonders gut, und die Zeit, in der ich vielleicht noch die Chance gehabt hätte, meine gymnastischen Kompetenzen von null auf sagen wir sieben zu erweitern, weil ich einen halben Meter kleiner war, liegt deutlich in der weit entfernten Vergangenheit. Jetzt fange ich auf gar keinen Fall mehr damit an, auch wenn es auf Youtube diese ganzen crazy Omas gibt, die wie verrückt Geräte oder sonstwas turnen, und ich mir vor ein paar Jahren geschworen habe, jedes Jahr etwas Neues zu lernen. Damit habe ich aber weder Flickflack, Felgaufschwung noch Radschlagen gemeint. Muss ja auch nicht sein. Ich kenne meine Grenzen. Außerdem gibt es ja auch für Menschen wie mich Hoffnung und Sportarten, die man richtig herum betreibt, die meinem Alter und meinen körperlichen Voraussetzungen entsprechen und für die man weniger Oberarmmuskulatur braucht. Was aber ja alle körperlichen Bemühungen gemeinsam haben, ist die Dehnempfehlung hinterher. Das gilt auch fürs Joggen. Nach dem Sport ist vor dem Strecken. Wie halb Deutschland habe also auch ich einen Faszienroller ausprobiert. Besser noch, ich habe sogar eine »Blackroll« zu Hause! Soll ja prima gegen Muskelkater, Cellulite und Verspannungen helfen. Nun. Stapelt man die Dinge, die ich gekauft habe, um meine Gesundheit zu verbessern, und die ich dann leider doch nie benutzt habe, im Wohnzimmer und legt noch all die unbesehenen Ratgeber, Diätbücher und Fitness-DVDs dazu, man könnte vermutlich den Raum nicht mehr betreten.

Ja, Haben ist gut. Machen wäre vermutlich die nötige Ergänzung. Aber leider bin ich nicht so sehr der sich selbst motivierende Typ, was Dinge betrifft, die man auf Gummimatten in den eigenen vier Wänden tut. Irgendwie gibt es keine einzige Position, in der ich nicht auf den Kühlschrank/das Telefon/die Couch schaue, und es gelingt mir einfach nicht, mehr als eine Übung zu machen, ohne mir zwischendrin was zu essen zu holen. Wenn ich Glück habe, läutet aber vorher das Telefon. Dabei darf ein bisschen Dehnen, Strecken und Wellness zwischendurch schon sein, oder? Mein Leben (und Ihres vermutlich ganz ähnlich) läuft zusammengefasst nämlich ungefähr so: Ich arbeite hart, wuppe erfolgreich und flexibel einen Mehrpersonenhaushalt, gebe zwischenmenschlich alles, übe Respekt, Geduld und nehme Rücksicht, treibe Sport, denke für alle anderen mit und ertrage deren Undankbarkeit, weil sie das weder nötig haben noch wollen. Außerdem biete ich Essen, Weck-, Fahr- und Waschdienste, offene

Ohren, Verständnis, Unterstützung in finanzieller und emotionaler Hinsicht, schiebe meine eigenen Termine, Verabredungen und Verpflichtungen auf oder fort, nur damit alle glücklich sind, und wundere mich abends, warum mir auf der Couch die Augen zufallen.

Im Bett kann ich dann aber nicht abschalten, weil mir zu viel im Kopf rumschwirrt und es noch so viel zu erledigen gibt, dass ich eigentlich weniger über Entspannung und mehr übers Klonen nachdenken sollte, und überhaupt: Wer kann schlafen, wenn es noch unzusammengelegte Wäsche/ungeerntete Früchte im Garten/ungeführte Telefonate mit der Mutter zu erledigen gibt? Ich nicht.

Und das ist nachhaltig. Wenn wir in den Urlaub fahren, brauche ich mindestens drei Tage, bis ich wirklich abschalten kann. In diesen drei Tagen sitze ich beim Essen auf meinen Händen, um nicht mal eben für den Kellner das Geschirr abzutragen, schließlich sieht man ja, dass er im Stress ist. Selbstverständlich räume ich selbst mein Hotelzimmer auf, mache das Bett und frage gerne mal die Jungs vom Sport, ob ich nicht was helfen kann. Die sagen »nein«, kriegen Angst vor der bleichen, merkwürdigen Frau, die gerade erst angekommen ist, denken, ich nehme irgendwelche illegalen Aufputschmittel und bemitleiden meinen Mann. Aber dass sie ab da einen Bogen um mich machen, ist auch kein Fehler, denn wenn ich mich dann wirklich entspannen kann, geht der Animationskelch an mir vorüber, und ich muss nie Wassergymnastik machen oder Boccia spielen.

Dafür lese ich in den ersten Tagen 300-mal ein und denselben Satz in meinem Buch, weil ich nicht länger als fünf Minuten auf meiner Liege liegen kann, ohne mich schrecklich zu fühlen. Unausgelastet. Beinahe schäme ich mich sogar für meine Tatenlosigkeit. Ich stehe deshalb auf, um mir ein Wasser zu holen, gehe schwimmen, setze mich hin, creme mich ein, stehe auf, hole mir wieder was zu trinken, suche nach den Kindern, suche nach meinem Buch, gehe schwimmen …

Das Beste: Ich kriege mich mit Holger in die Wolle, weil der einfach froh ist, dass er mal gar nichts machen muss und endlich lesen darf. Nach dem achtzigsten »Komm, bitte, lass uns Beachball spielen!« ist er dann endlich auch genervt. Ich bin es ja sowieso, denn wann, wenn nicht jetzt, könnten wir doch prima mal was zusammen machen! Unsere Ehe zelebrieren! Richtig lange tolle Gespräche führen! Spielen! Aber er will nicht. Immer das Gleiche.

Der Arme, echt. So aus der Ferne betrachtet. Währenddessen fühle ich mich natürlich total im Recht und völlig unverstanden. Aber wenigstens bin ich dann beschäftigt.

Ich habe gelesen, dass man all das durch Meditation verhindern kann. Ja, Meditation im Alltag soll für viele Menschen, die diesen wilden Affen im Kopf haben, extrem hilfreich und gesundheitsförderlich sein. Ich glaube das durchaus. Wenn ich aber mit geschlossenen Augen herumsitze oder -liege, gibt es genau zwei Möglichkeiten: Entweder ich schlafe sofort ein, oder mein Kopf macht sich selbstständig. Eben noch »einatmen – ausatmen« und schon: »Was soll ich nachher nur kochen? Hab ich das Bügeleisen ausgesteckt? Und Klopapier habe ich auch vergessen!« Rumliegen? Mitten am Tag? Da muss ich mich sehr langsam und vorsichtig herantasten. Und im Alltag kann ich es schon zehnmal nicht.

Dafür kann ich allerdings prima aktiv entspannen. Wenn ich abschalten will, brauche ich sowas wie Yoga. Naja. Mit den richtigen Klamotten natürlich. Etwas, wobei ich mich auf mich selbst konzentrieren muss und einfach gar nichts anderes denken kann außer: Fuß vor/einatmen/nicht umfallen/ nicht lachen. So etwas in der Art eben.

Semiaktiv geht auch. Wie bei der Thaimassage zum Beispiel. In meiner Vorstellung ist das wie Passivyoga. Entspannend. Angenehm. Einlullend. Schmerzfrei. Ich habe ja keine Ahnung, was da auf mich zukommt, als ich mir eine anderthalbstündige »Session« buche.

Die Thaidamen in meiner Heimatstadt, die mir von diversen Freundinnen sehr empfohlen wurden, haben ein original thaimäßig anmutendes Massagestudio gebaut, mit kleinen Holzverschlägen, hinter deren Vorhängen auf den typischen, dicken Matten jeweils eine Person massiert werden kann. Im Hintergrund läuft Entspannungsmusik. Ich war hier noch nie, aber es gefällt mir. Als ich eintrete, fällt mein Blick zuerst auf einen typisch thailändischen Hausschrein auf der Theke und eine schwarze Couch im Eingangsbereich.

Hm, keiner da, denke ich noch und möchte mich auf der einladenden Couch niederlassen. Ist ja ein gutes Zeichen, wenn das Studio läuft und alle beschäftigt sind.

Zirka dreißig Zentimeter vor dem Aufsetzen meines Hinterteils auf der Couch passieren mehrere Dinge gleichzeitig. Erstens: Ich spüre einen Widerstand. Zweitens: Hinter der Theke schießt eine winzige, schwarzhaarige Person hervor, und drittens: Sie ruft sehr laut etwas Unverständliches. Nämlich: »Puckiii! Puckiii! Musst du aufsteh! Puckiii!« Erschrocken bringe ich dies mit meinem Niedersetzen in Verbindung und bin schlagartig gelähmt. Who the hell is Puckiiii?

Ich bleibe also in einer Art Schock-Hockstellung und versuche, das Gehörte zu verarbeiten. Es gelingt mir nicht.

Macht nichts, denn es erschließt sich mir jetzt von selbst, als sich ein riesiger, langhaariger, pechschwarzer Hund (»Puckiii, weit du nicht, wa sich gehööööt!«) gemächlich direkt unter meinem Hintern erhebt und sich auf den Fußboden rutschen lässt, während ihm ein monströser Hundepups entfährt (»Puckiii! Schäm du sich!«).

Annu, die winzige Person von hinter der Theke, lacht laut. Pucki schämt sich aber nicht. Vermutlich. Kann man ja bei Hunden nicht so genau sehen. Jedenfalls liegt er sehr entspannt neben mir. Nachdem gelüftet ist und ich nun endlich den Platz auf der Couch eingenommen habe (»Ist ja für Gäste, nicht für Puckiii!«), bekomme ich ein Fußbad. Während Annu meine Füße wäscht und abtrocknet, versuche ich mal probeweise, mich zu entspannen. Schwierig. Wer weiß, was hier noch alles in der Wundertüte drin ist, außer einem pupsenden Hund, der von einem Sofa nicht zu unterscheiden ist. Wenn schon der Empfang so aufregend ist, wie soll ich denn dann die eineinhalb Stunden Massage aushalten? »Puckiii! Bring du die Pantoffel!« Da. Es geht schon wieder los.

Annu gibt dem Hund einen Motivationsklaps und lacht sich abermals kaputt, als er tatsächlich aufsteht und geht. Haha. Sehr lustig, diese Leute, denke ich noch. Bisschen schräger Humor – naja, und bisschen schräger Hund auch. Und dann bringt Pucki tatsächlich die Pantoffeln, und ich denke nichts mehr. Vorsichtshalber.

Ich werde in eines der kleinen Separees geführt. Pucki kommt natürlich mit. Nachdem ich mich bis auf die Unterhose entkleidet habe, lege ich mich zuerst auf den Bauch. Annu ist halb so groß wie ich. Ich habe keine Ahnung, wie sie mit mir irgendetwas anstellen will, aber sie tut es. Vorsichtshalber habe ich die Augen geschlossen. Sie biegt und zieht, sie drückt und überkreuzt, sie geht auf meinem Rücken spazieren und auf der Rückseite meiner Oberschenkel auch, sie verdreht meinen Oberkörper, bis er quietscht (oder war ich das?), und bevor ich in der Mitte auseinanderbreche, dreht sie mich in die andere Richtung und freut sich an den Knack- und Krachgeräuschen, die sie meinen müden Knochen entlocken kann. Ich glaube, ich werde ohnmächtig. Annu lacht mich die ganze Zeit aus.

Nein, Thaimassage ist nichts für Feiglinge. Es tut weh und ich schwitze vor Schmerzen. Pucki pupst. Ich weine still. Und als das alles vorbei ist, bin ich froh, dass ich überlebt habe. Merkwürdig finde ich dabei allerdings, dass die Schmerzen sofort aufhören, als ich nicht mehr bearbeitet werde. Und mein Nacken ist so beweglich wie nie zuvor! Außerdem habe ich nicht ein einziges Mal an etwas anderes gedacht als an mich selbst. Es ging nicht. Ist das nicht genau das, was ich wollte? Gut, meine gedankliche Vorstellung ging leider eher in Richtung *bitte, lass mich meine Kinder noch einmal sehen, bevor ich sterbe,* aber ich war eindeutig ganz bei mir. Hm. Ob ich vielleicht dem ganzen Unrecht getan habe? Sag mal? Puckiiii?

Bevor ich mich allerdings jemals wieder in die Hände eines thailändischen Kraftpaketes begebe, teste ich doch noch mal was Neues. Was Sanftes zur Abwechslung. Vielleicht muss es ja nicht unbedingt immer schmerzhaft sein, nur damit auch ich glaube, dass es wirklich funktioniert?

Ich probiere Floaten, habe ich beschlossen. Es hört sich schön bescheuert an und es ist mir nur deshalb begegnet, weil ich diesen Artikel über Menschen mit chronischen Schmerzen gelesen habe, die auf Floaten schwören. Man fühlt sich wie ein Baby. Gewiegt, geborgen, sicher, man kann alle Spannung an das Wasser abgeben, und Körper und Geist können schweben. Hach, ist das nicht traumhaft? Ein schwebender Geist im körperwarmen Wasser, das einen so hohen Salzgehalt hat, dass man sich einfach hineinlegen und entspannen kann. Das will ich.

Das Einzige, was mich ein wenig irritiert, ist die Zeit, denn floaten kann man nicht mal so eben zwischendrin. Nein, nein, gefloatet wird eine ganze Stunde. Um ehrlich zu sein, hört es sich für mich ziemlich schwierig an. Ähnlich schwierig wie das Zwangsentspannen am ersten Urlaubstag. Aber alle Menschen, die es je probiert haben, schwärmen, also? Andererseits: Alle schwärmen auch von Meditation …

Man kann sehr gut allein floaten, steht in dem Prospekt, oder zu zweit. Mehr passen aber auf gar keinen Fall in diese Wanne rein. Das ist ja schon mal gut. Und man kann zwischen Wannen mit und ohne Deckel wählen. Mit Deckel? Nicht mit mir. Da krieg ich Platzangst. Und wen nehme ich mit? Ich kann das natürlich auf keinen Fall allein machen, denn mit wem soll ich denn dann reden? Heike ist zu weit weg. Und Holger muss arbeiten. Also frage ich meine Mutter. Sie geht schwimmen, sooft es geht, kann Entspannung auch gut vertragen, und außerdem, mit ihr in einer Wanne – kein Problem. Ich rufe sie an.

»Oma Moses«, sage ich (Oma Moses wird meine Mutter von allen genannt. Ich glaube, das steht mittlerweile sogar an ihrem Briefkasten), »möchtest du mit mir floaten?«

»Wie: flöten?«, antwortet sie. »Du weißt doch, Lucinde, wenn ich wieder mit Musikunterricht anfange, dann ist das Klavier! Und hast du nicht neulich erst mit dem Ukulelespielen …?«

»Floaten, Oma Moses! Nicht flöten!«

»Ah! Okay? Zupf-, Holz- oder Blech-? Was ist es denn für ein Instrument?«

Äh? Ich bin wohl ein wenig mit der Tür ins Haus gefallen.

»Das ist eine Entspannungsmethode im Wasser in einer großen Badewanne, da liegt man zu zweit drin und …«

»Oh! Ist das was Schweinisches?« Sie lacht begeistert. Wenn es »was »Schweinisches« wäre, wäre meine Mutter vermutlich sofort dabei. Aber da es sich in ihren Ohren verrückt genug anhört, kommt sie mit, ohne genauer nachzufragen. Ach, es ist so schön, dass sie wirklich beinahe jedes Abenteuer mitmacht. Das Einzige, was sie wirklich wissen will, ist, ob sie auch Nein sagen kann, wenn es ihr gar nicht behagt. Kann sie. Man kann immer Nein sagen. Bei allem.

Floaten geht so: In einem abgedunkelten Raum befindet sich eine sehr große Badewanne oder vielmehr ein kleiner Pool, der mit 37 Grad warmem und extrem salzhaltigem Wasser geflutet wird. Das Salz kommt aus dem Toten Meer und wird mit ein paar netten Dingen angereichert, damit man nicht nur gut floaten kann, sondern es auch noch eine supertolle Haut macht (und das macht es, wirklich). Manche Menschen gehen auch wegen Schuppenflechte oder Ähnlichem hin.

Wir nicht. Wir wollen nur versuchen, uns auf eine schmerzfreie Art und Weise zu entspannen. Und wir beide sind ziemlich schlecht darin. Ich bin froh, dass ich meine Mutter mitgenommen habe, denn die Dame, die uns den Pool einlässt, empfiehlt uns, komplett nackt hineinzusteigen. Kein Problem eigentlich, aber wenn ich nackt bin und in lauwarmem Wasser rumfloate und immer wieder meinen Mitfloater berühre, dann bin ich schon froh, dass es jemand ist, der mir sehr vertraut ist. Sonst wird das ja nie was mit dem Loslassen.

Okay. Das Wasser ist drin. Und wir auch. Neben mir an der Badewannenwand ist ein Schalter für die Musik und einer fürs Licht. Das Licht geht aus, wenn man sich drei Minuten nicht bewegt hat, und bei Bewegung, oder wenn die Stunde rum ist, wieder an. Boah echt, ne ganze Stunde? Und überhaupt, wie soll man sich denn da fallen lassen? Da fließt einem doch Wasser in die Augen, und das Salz und …?

»Lucinde, jetzt entspann dich doch mal! Das kannst du doch? Guck mal! Das macht man so!« Meine Mutter legt sich einfach flach aufs Wasser. Ihr Gesicht verschwindet bis zur Hälfte unter der Oberfläche, und nur Nase, Mund und Augen schauen raus. »Und dann floatest du so rum und atmest und entspannst und alles ist schön! Total einfach!«, sagt sie und floatet weiter. »Und außerdem: Das ist doch wahnsinnig natürlich! Immerhin bist du schon neun Monate in meinem Bauch gefloatet, bevor du …«

Schon gut, schon gut. Wenn man mit dem Kopf unter Wasser ist, hört man nur die Musik. Und das ist mir in diesem Fall lieber als allzu viele Details aus meinem vorgeburtlichen Leben, die meine Fantasie dann wieder nicht unter Kontrolle bekommt. Aber echt, das hier ist nichts für mich oder andere ungeduldige Menschen. Da soll ich jetzt hier in diesem Wasser liegen? Mein Nacken tut weh, und ich bin schon wieder an meine Mutter angestoßen. Und wenn ich jetzt Salz in die Augen bekomme? Warum tu ich mir so was überhaupt an? Ich will raus, und meine Mutter floatet wie ein Weltmeister, und ich kann es nicht, gar nichts kann ich, noch nicht mal einfach floaten. Eine ganze Stunde muss ich hier … Merkwürdig. Das Licht geht an. Dabei hat sich doch keiner von uns beiden bewegt?

»So«, sagt meine Mutter und steht aus der Wanne auf, »das

war echt eine sehr angenehme Stunde hier im Wasser. Aber dass du gleich eingepennt bist, fand ich ja schon irgendwie schade!«

Übrigens: Sie fand es so toll, dass sie gleich einen Gutschein für ihre Freundin mitgenommen hat. Ich fand es auch toll. Dass ich geschlafen haben soll, halte ich für einen Irrtum. Ich glaube ja eher, die haben da was mit der Uhr gemacht. Ganz bestimmt.

Nachtrag: Soeben komme ich vom Hals-Nasen-Ohren-Arzt. Hinter meinem Trommelfell gibt es seit vorgestern eine hübsche Ansammlung von Flüssigkeit, dank der ich nichts mehr hören kann und ständig komische Grimassen schneide, in der Hoffnung, dass dann das blöde Wasser vielleicht rauskommt. Tut es nicht. Auch nicht, wenn ich auf einem Bein hüpfe, nochmal Wasser nachtropfe, abwarte oder meine Ohren föhne (was es im Internet für Tipps gibt, unglaublich). Das Floating-Tote-Meer-Salz ist hartnäckig. Und der HNO-Arzt ein sehr netter Mann. Hingebungsvoll macht er mit seinem Ministaubsauger in meinem Ohr mal Ordnung (autsch), damit das Salzwasser abfließen kann, aber da es sich hinter meinem Trommelfell befindet, ist das gar nicht einfach. Bei dem von ihm angeregten Druckausgleich rechne ich trotzdem damit, dass rechts und links Wasser aus meinen Ohren spritzt, aber nee, für Kunststücke dieser Art eignet sich mein Gehörgang wohl auch nicht. Ich höre nichts, außer mich selber reden, und auch wenn mein Mann sagt, dass mir das doch gefallen müsste (na warte!), hätte ich es gern wieder los. Wenn es ein nächstes Mal Floaten gibt, dann jedenfalls nur mit Ohrstöpseln. Und bis dahin entspanne ich mit einem Buch und Schokolade auf der Couch. Darin bin ich wirklich am allerbesten.

Thaimassage:

Was kostet es?
90 Minuten Thaimassage ca. 75 Euro

Wer bietet es an? Thaimassagen gibt es an vielen Standorten. Wer es authentisch mag, schaut sich die Betreiber und die Inneneinrichtung an. Ganz klar: Auch Europäer können Thaimassagen durchführen. Ungefähr genauso gut, wie der indische Lieferservice original italienische Pizza macht.

Tut es weh? JA! Und wie! Aber man kann natürlich mit den Damen reden. Hätte mir das nur einer vorher gesagt. Währenddessen kam ich leider nicht drauf, da war ich mit flach in die Seite atmen beschäftigt. »Bao bao« oder so ähnlich heißt übrigens »sanft«, sollte es ein Verständnisproblem geben. Das kann einem aber sicher auch passieren, wenn man das thailändische Wort falsch ausspricht. Aber gut. Menschen, die zur Thaimassage gehen, lieben das Unvorhergesehene ja wohl sowieso. Warum es also nicht mit einer Vokabel probieren, von der man nichts Genaues weiß?

Würde ich es wieder machen? Ja. Nein. Ja. Nein. Jetzt, da ich das Zauberwort für »sanft« kenne, schon.

Floaten:

Was kostet es?

Eine Stunde Floaten alleine ca. 69 Euro, zu zweit ca. 99 Euro, jeweils je nach Anbieter und Saison

Wer bietet es an?

Floating-Studios findet man im Internet. Am besten schaut man sich die Bewertungen in Hinblick auf »Sauberkeit« und »Hygiene« ganz besonders genau an. Auch eine Angabe zur Zusammensetzung des Floating-Wassers ist nicht uninteressant. Mein Studio hatte original Totes-Meer-Salz, angereichert mit Magnesium und noch anderen guten Sachen.

Tut es weh?

Nein. Aber man sollte sich vielleicht nicht direkt vorher rasieren. Der hohe Salzgehalt kann zu einem Brennen der Schleimhäute führen, aber das hört angeblich auch schnell auf. Schlucken oder Einatmen des Wassers ist bestimmt fies. Das habe ich aber nicht ausprobiert.

Würde ich es wieder machen?

Floaten im Winter ist vermutlich sehr schön. Wenn mich dann bitte vorher einer an die Ohrstöpsel und hinterher an die Mütze erinnern möchte?

Schnarchend schlafen, ächzend aufstehen

Apropos einnicken …

Die gute Nachricht vorneweg: Ich schlafe wie ein Baby. Oder vielleicht sogar besser, denn ich wache des Nachts selten bis nie auf, und wenn, dann würde es mir nicht im Traum einfallen zu plärren. Anders als mein 52 Jahre jüngeres Ich hab ich dann auch weder Hunger noch die Windeln voll.

Was ich eigentlich meine: Ich schlafe so tief und fest, dass mich dabei nicht das Geringste stören kann.

Draußen tobt ein Gewitter, ein Krankenwagen fährt mit heulender Sirene vorbei, unser Hund jault dazu wie ein Wolf? Ich kriege garantiert nichts davon mit. Genauso wenig wie von den Schwertransportern, die vor einiger Zeit Nacht für Nacht an unserem Schlafzimmerfenster vorbeibretterten und angeblich die Fenster zum Klirren brachten. Gigantische Laster mit haushoher Ladung, berichten Augenzeugen. Teile von Windrädern, die weiter unten im Tal aufgestellt wurden. Ich hätte geschworen, dass hier nachts noch nie ein Lkw vorbeigefahren ist. Ja, ich habe sogar neulich erst erfahren, dass mein Mann seit Jahrzehnten einen Wecker besitzt und auch benutzt. Ich habe ihn noch nie klingeln gehört. Den Wecker, meine ich.

Wie gesagt: Ich habe wirklich einen gesunden Schlaf.

Allerdings – und das ist nun nicht ganz so schön, jedenfalls für meine Mitmenschen – fabriziere ich dabei selbst so viel

Lärm wie Schwertransporter und Gewitter zusammen. Sagt jedenfalls mein Mann. Der übrigens sehr zu Übertreibungen neigt. Weshalb ich ihm anfangs (wann war das eigentlich? So mit knapp über vierzig?) kein Wort glaubte, als er sich über mein Geschnarche beklagte. Doch inzwischen hatten wir so viele Übernachtungsgäste (die nicht mal Tür an Tür mit mir nächtigten, sondern in einem Zimmer am anderen Ende des Hauses), dass ich nicht umhinkann, ihnen zu glauben. Die Wahrscheinlichkeit, dass sie sich alle gegen mich verschworen haben und Fake News im großen Stil über meine Schnarcherei verbreiten, um mich zu beschämen, erscheint mir dann doch zu unwahrscheinlich.

Womit ich meine Aussage von eben leider widerrufen muss: Offenbar habe ich also doch keinen gesunden Schlaf. Denn Schnarchen, vor allem mit Atemaussetzern, ist alles andere als gesund. (Zum Glück muss ich mir das nicht anhören, ehrlich!)

Auf jeden Fall ist Schnarcher-Schlaf weniger erholsam, heißt es. Gut möglich, dass das mein gesamtes Schlafverhalten verändert hat, und zwar grundsätzlich.

Nicht, dass ich jemals eine Frühaufsteherin gewesen wäre. Ganz im Gegensatz zu meinem Mann oder meinem Sohn, die sogar an Sonntagen allerspätestens um sieben putzmunter sind (und mir, ohne es zu wollen, ein schlechtes Gewissen machen, wenn ich bis halb neun im Bett bleibe). Aber eine Zweck-Frühaufsteherin. Jedenfalls in meiner Jugend.

Um acht fing die Schule an, also stellte ich meinen Wecker auf sechs und stand um drei Sekunden nach sechs vor dem Bett.

Heute bin ich gottfroh, keine Lehrerin geworden zu sein, sonst ginge dieses Elend so weiter bis zur Rente – nur ohne das schnelle Aus-den-Federn-Springen.

Denn inzwischen leide ich am Gegenteil der senilen Bett-flucht. Das, was andere in der Pubertät haben: Ich komme einfach nicht aus dem Bett! Allein schon die Aufwachphase dauert locker eine Viertelstunde. Nicht mehr schlafen heißt nämlich noch lange nicht, sich wach zu fühlen. Oder wenigstens halbwegs dazu bereit zu sein, sich aus den Federn zu quälen. Wo es im Nest doch so warm und gemütlich ist …

Mittlerweile habe ich mir sogar angewöhnt, noch eine weitere Viertelstunde liegen zu bleiben. Das rechtfertige ich vor mir selbst, indem ich mich in dieser Zeit auf die bevorstehenden Aufgaben des Tages einstimme:

Ich will ein neues Kapitel anfangen? Okay, dann kann ich mir ja schon mal die einleitenden Sätze überlegen. Oder zumindest die Überschrift. Ich habe eine Anzeigenkampagne zu texten? Die zündende Idee dafür fällt mir vielleicht schon vor dem Aufstehen ein.

»Ich schlafe nicht, das sieht nur so aus. In Wahrheit arbeite ich«, murmele ich zuweilen, wenn mein Mann das Zimmer betritt. Auch wenn er seinen freien Tag oder Spätschicht hat, ist er meist Stunden vor mir auf. Ich habe das Gefühl, er glaubt mir nicht. Aber wer sagt denn, dass man nur mit offenen Augen denken kann?

Egal. Es hat ja alles keinen Sinn. Irgendwann muss ich aufstehen, damit mir die wunderbaren Formulierungen, die mir eingefallen sind, nicht wieder entgleiten, bevor ich sie aufgeschrieben habe. Und ein bisschen auch, weil mir vom Rumliegen alles wehtut. Eine echt fiese Nebenwirkung des Älterwerdens!

Noch fieser: Der Schmerz lässt nach dem Aufstehen gar nicht gleich nach, sondern im Gegenteil, er wird erst mal schlimmer. Was ist nur mit meiner Hüfte los? Und mit den

Knien? Sind meine Gelenke über Nacht etwa komplett einge-
rostet?

Ein Wunder, dass es nicht quietscht, wenn ich mich im
Zeitlupentempo aufrichte. Es ist, als müsste ich allmorgend-
lich die Evolution der Menschheit nachvollziehen. Und mit
etwas Glück kriege ich das mit dem aufrechten Gang dann
unterwegs zur Küche irgendwie hin. Erst mal einen Kaffee!!!

Während ich ihn schlürfe, nehme ich mir fest vor, heute
Abend früher schlafen zu gehen. Diesmal wirklich. Nicht
wieder erst um zwei. Kein Wunder, dass ich morgens so
schwer in die Gänge komme. Aber ich weiß jetzt schon, dass
daraus nichts wird. Denn je später der Abend, desto fitter
fühle ich mich. Die meisten meiner Texte für dieses Buch
habe ich gegen Mitternacht geschrieben. Vermutlich ent-
wickele ich mich mit den Jahren immer mehr zur Nachteule.
Passt doch gut – Eulen sind schließlich extrem klug. So viel
zum Thema Altersweisheit.

Nutzloses Wissen:
Wieso eigentlich Eulen nach Athen tragen?

Diese Redensart geht zurück auf ein Zitat in »Die
Vögel«. Nein, nicht der Hitchcock-Film, sondern die
satirische Komödie des antiken Dichters Aristopha-
nes. »Eulen nach Athen tragen« bedeutet, etwas absolut Überflüssiges zu tun. Denn als Symbol der Göttin
Athene war die Eule schon in Athen – man musste sie
nicht hinbringen.

Übrigens war die Eule nicht nur auf der alten Drachme-Münze, sondern sie ist auch auf der Rückseite des griechischen Eineurostücks. Aber diese Eulen sind bestimmt nicht gemeint, wenn es heißt, man solle sie nicht nach Athen tragen …

Nicht ohne mein Kopfkissen!

Es scheint, als gäbe es in jeder guten Beziehung einen, der nachts das Schlafzimmer beschallt, und einen, der davon aufwacht. Schnarchen oder besser angeschnarcht werden – das ist hier also vermutlich die Frage. Ich persönlich verfüge ebenfalls über die außerordentlich angenehme Eigenschaft, tief, fest und durchschlafen zu können. Theoretisch. Praktisch schlafe ich nicht mehr meinen Fähigkeiten entsprechend, seitdem ich Mann und Kinder habe. Also seit 25 Jahren. Das ist beruhigend, denn dann kann es nicht die senile Bettflucht sein oder sonst irgendwas mit dem Fünfzigwerden zu tun haben. Bei mir jedenfalls.

Dabei brauche ich, um gut schlafen zu können, überhaupt nicht viel: ein ruhiges Zimmer, ein paar entspannende Sätze in einem guten Buch, eine mittelharte Matratze, Dunkelheit, frische Luft, eine vertraute Umgebung. Und mein eigenes Kopfkissen. Mit dem verreise ich mittlerweile sogar, weil es die perfekte Füllmenge und Größe hat, weil es vertraut riecht und mir ein gewisses Gefühl der Sicherheit gibt, was zum Einschlafen sehr förderlich ist. Und weil ich mir sicher sein kann, dass sich nur meine Schuppen, Haare und Hautschnirpsel darauf befinden. Verzeihen Sie bitte und nennen Sie mich ruhig übertrieben empfindlich. Ich weiß, die Kopfkissen in Hotels werden genauso gewaschen wie die Handtücher, Laken und Bettbezüge. Aber kann ich mich auch darauf verlassen? Nein, kann ich nicht. Und ich kann nichts dafür. Ich will auch die Kissenfrage nicht groß thematisieren, denn schließlich ist es meine Sache und mein Gepäckvolumen, das sich grundsätzlich um ein Drittel verkleinert. Pech für mich. Wenn Sie jetzt sagen, dass das neurotisch ist, sind Sie wenigstens der gleichen Meinung wie mein Mann. Früher habe ich mir über so was übrigens keine Gedanken gemacht. Aber mit zunehmendem Alter weiß ich eben auch, wie ich mich am besten erholen kann. Im Schlaf. Abgesehen von all den genannten Kleinigkeiten und meinem Kopfkissen brauche ich dafür nur noch – tadaa – Ruhe! Heike und ich sind der totale Gegenentwurf, was das angeht. Ich schnarche übrigens selbstverständlich auch nicht. Niemals. Fragen Sie nicht meinen Mann. Er ist ein ehrlicher Mensch, es sei denn, es geht um nächtliche Geräusche. Er sagt, ich würde mit den Zähnen knirschen. Seufzen. Im Schlaf sprechen. Er lügt. Das würde ich niemals tun! Ich hätte viel zu viel Angst davor, Geheimnisse zu verraten! Er hingegen: OH! MEIN! GOTT! Nein, er schnarcht nicht unbedingt, er pustet. Es macht dieses Geräusch, das man macht, wenn man sehr erleichtert ist: Phhhhhh. Mit einem starken »P« am Anfang und einem rauschenden »Hhhhh« im Anschluss. Das kann man leise machen. Oder auch sehr laut. Aber glauben Sie mir, selbst wenn jemand neben einem liegt, der nur sehr leise phhhhht, ist das nicht weniger nervtötend, als wenn er es laut macht. Probieren Sie es aus. Ihr Nebenlieger wird innerhalb der ersten fünf Minuten beginnen, Sie zu knuffen, und nach zehn Minuten spätestens Ihren Geisteszustand oder die Beziehung infrage stellen. Ich persönlich bin davon überzeugt, dass phhhen eine sehr erfolgreiche Foltermethode ist. Bis zu einer gemeinsamen Reise nach Prag mit unseren Kindern und mehreren Übernachtungen in einem Sechsbettzimmer einer Jugendherberge hat Holger jedenfalls jegliches Pusten entrüstet von sich gewiesen. In Prag indes begab es sich nun, dass er als Einziger eingeschlafen war, selbstverständlich pustend. Keiner außer ihm konnte ein Auge zutun. Es war sehr laut. Wie laut es war, kann man daran erkennen, dass sogar mein Mann plötzlich aufschrak. Er setzte sich hin. Schaute sich um. Und teilte uns mit, dass er es unglaublich finde, dass man in einer Jugendherberge immer diesem ganzen Geschnarche von anderen Leuten ausgesetzt sei, da könne ja kein Mensch schlafen. Tja. Nun.

Seitdem gibt er es wenigstens zu. Zwangsläufig. Manchmal helfen Zeugen einfach beim Herausfinden der Wahrheit.

Wenn er irgendwann richtig tief schläft, hört er übrigens damit auf. Das ist gut. Ich muss also nur die Zeit überbrücken, die er dazu braucht, und dann kann auch ich einschlafen. Endlich. Dabei handelt es sich meist um eine halbe Stunde, die sich allerdings sehr lange anfühlen kann, vor allem, wenn man sie, wie ich, dazu nutzt, darüber nachzudenken, dass man aufgrund der fehlenden halben Stunde am nächsten Tag unausgeschlafen sein wird. Und das werde ich auf jeden Fall sein, denn es vergeht keine Nacht, in der ich durchschlafen kann. Und das liegt nicht an mir.

Bevor ich Kinder bekam, konnte mich wie Heike nachts nichts und niemand wecken. Vom ersten Kind und dessen erster Nacht an schaltete mein Unterbewusstsein allerdings niemals wieder richtig ab. Mein Schlafverhalten veränderte sich parallel zur Mutterschaft. Während ich bei Kind eins in den ersten Wochen noch freudig nachts aufsprang, um zu stillen, zu schmusen, die besondere erste Zeit mit meiner Tochter zu genießen, und es mir völlig egal war, ob ich dabei den Nachtschlaf vernachlässigte (denn ich konnte ihn ja am nächsten

Tag zu jeder Zeit nachholen), änderte sich das sofort bei Kind zwei. Wenn eines der Mädels nachts aufwachte, musste ich sehr schnell sein, damit es das andere nicht aufweckte. Nun, wer ist nachts schon schnell? Ich jedenfalls nicht. Gefühlt habe ich in den ersten Jahren nicht mehr als zwei Stunden am Stück geschlafen, und ich fühlte mich abends manchmal älter als jetzt. Viel älter. 300 Jahre alt oder so. Ja, manchmal bin ich froh, dass diese extrem anstrengende Zeit vorbei ist. Manchmal wünsche ich sie mir allerdings auch wieder zurück. Denn wenn ich gedacht habe, besser schlafen zu können, wenn die Kinder älter sind, habe ich mich geschnitten. Ich muss zwar nicht mehr stillen oder Windeln wechseln, aber mein Unterbewusstsein ist immer noch in Habachtstellung. Beim leisesten Geräusch schrecke ich auf. Hat da gerade einer geheult? Ist das ein Tier? Gewittert es, und ich hab die Wäsche noch draußen? Wie gesagt, mein Unterbewusstsein ist auf Zack – und meistens rechnet es mit dem Schlimmsten. Dabei ist Paulina vor zwei Jahren ausgezogen, Maria achtzehn und mitten im Abitur, Lilli siebzehn und William zehn. Ich will damit sagen, dass sie wissen, was sie tun. Ich muss sie nicht dauerhaft beschützen. Indes, der Einzige, bei dem ich mit Sicherheit sagen kann, dass er nachts wirklich schläft, allein, in seinem eigenen Bett, ist William. Naja. Und mein Mann. Wenn er mal schläft, ist zumindest vorübergehend auch alles gut. Leider wacht er meist gegen vier Uhr auf, egal, ob er um Mitternacht oder acht Uhr abends ins Bett geht. Und wenn er wach ist, bin ich es auch. Denn vielleicht hat er ja was gehört, was ich nicht gehört habe? Diebe? Naturkatastrophen? Ungeheuer? Meist muss er einfach nur aufs Klo. Ich dann auch. Und dann ist es halb fünf, und er kann nicht mehr einschlafen, weil ihm tausend Dinge durch den Kopf gehen. Dann steht er auf, beschäftigt sich mit der Steuer, arbeitet im Garten oder räumt die Spülmaschine aus.

Lobenswerte Aktivitäten, die ich sehr gerne abgebe. Vor allem die Steuer. Boah. Und den Garten. Und die Spülmaschine. Wobei, die mache ich lieber selbst, denn im Gegensatz zu Holger würde ich gerne um halb fünf noch schlafen, und Spülmaschineausräumen macht KRACH! Ja, es ist schwierig, es mir recht zu machen, ich weiß.

Dabei gibt es doch so viele Ein- und Durchschlaftipps, die ihm bestimmt helfen könnten, wenn er sie denn anwenden würde:

- Immer zur gleichen Zeit ins Bett gehen (passt)
- Vor dem Einschlafen ein entspannendes Buch lesen (Bitte sehr, ich mach das ja. Holger fällt immer das Buch ins Gesicht, sobald er einen Satz gelesen hat, weil er so müde ist, dass ihm die Augen zufallen. Kein Wunder, wenn man schon um halb fünf aufsteht, oder?)
- Lavendelspray aufs Kopfkissen (Schön, wenn *er* dann besser schlafen kann. ICH kann es nicht. Ich muss nämlich niesen. Auf *mein* Kissen kommt nix!)
- Warme Honigmilch trinken
- Spaziergang nach dem Essen
- Sex

Sex? Jeden Abend? Echt jetzt? Das finde ich wirklich viel verlangt. Vor allem, weil es bei all den Tipps ja nur ums Ein- und Durchschlafen geht. Und vom Pusten hat wieder keiner was gesagt.

Ein gemeinsames Hobby?
Puh. Schwierige Frage

In der Ehe teilt man nicht nur Tisch und Bett, sondern auch Waschbecken und Fernbedienung. Und was sonst so? Man liest ja immer wieder, ein gemeinsames Hobby sei total wichtig für eine funktionierende Beziehung. Vor allem bei Paaren in der Lebensmitte. Weiß doch jeder, dass das eine besonders kritische Zeit ist. Die Karriere läuft, die Brutpflege ist weitestgehend abgeschlossen, und die Wohnsituation ist − von einem eventuellen Umzug in eine finale Anstalt abgesehen − langfristig geregelt. Mit anderen Worten: Man hat keine gemeinsamen Projekte mehr. Also gilt es, neue zu finden. Freizeitprojekte.

Nun ist es allerdings so, dass mein Mann und ich noch nie ein gemeinsames Hobby hatten. Warum eigentlich nicht?

Ich habe mir den Kopf darüber zerbrochen und die Möglichkeiten geprüft. Mit ernüchterndem Resultat.

Steckenpferd für Paare − verzweifelt gesucht

Möglichkeit 1: Tennis
Nachdem Tennis längst zum Volkssport geworden ist und man ihn zu zweit bzw. zu viert ausübt, wäre er eigentlich ein perfektes Hobby für Paare. Sagen wir: für andere Paare. Nicht für uns. Vor allem nicht für mich. In meiner Kindheit

habe ich zwar ein paar Jahre trainiert, aber unglaublich erfolglos. Und dann gegen meinen Bruder 0:6, 0:6, 0:6 verloren. Wohlgemerkt: Er hatte an diesem Tag zum ersten Mal im Leben einen Schläger in der Hand! Ich war völlig frustriert.

Erst Jahre später wurde mir klar, warum ich keinen Ball bekam: Mein schlechtes Stereosehen war schuld. (Ja, das wurde bei mir wirklich diagnostiziert! Siehe Kapitel »Gleitsichtdingens«.) Manchmal bringt es mich dazu, ein Glas *neben* den Tisch zu stellen statt darauf. Beim Tennis brachte es mich dazu, wie blöd loszulaufen, um einen Ball zu erreichen, den ich locker bekommen hätte, wenn ich einfach stehen geblieben wäre. Und umgekehrt. Denkbar schlechte Voraussetzungen für einen Ballsport.

Sie sehen: Tennis scheidet schon mal aus.

Möglichkeit 2: Kochen

Vorletztes Silvester haben mein Mann und ich zu zweit verbracht, und der Plan war, dass wir gemeinsam ein Fünf-Gänge-Menü zaubern. Es war unglaublich lecker! Davon, dass es im Teamwork entstanden wäre, kann jedoch nicht im Entferntesten die Rede sein. Ich tauge da nicht mal als Handlangerin. Während ich eine Kartoffel schäle, hat mein Mann einen ganzen Berg davon fertig. Und das Gemüse geputzt. Und aufgesetzt. Und Schneidbrett sowie Messer gespült. Und Gewürze bereitgestellt. Deren Namen ich meist nicht einmal kenne.

Schade. Gemeinsam kochen klingt so romantisch. Gemeinsam essen ist aber auch schön. Gilt das als Hobby?

Möglichkeit 3: Lesen

Wenn es um Hobbys geht, fällt mir Lesen normalerweise gleich als Erstes ein. Aber hier geht's ja um Freizeitbeschäftigungen für Paare ...

Dennoch: Die Vorstellung, nebeneinander mit einem Buch in der Hand auf dem Sofa rumzulümmeln, sich hin und wieder gegenseitig einen besonders schönen, lustigen oder denkwürdigen Satz vorzulesen und anschließend über die Bücher zu diskutieren – das hat was. Genauer gesagt: Das hätte was. Denn mein Mann gehört nun mal zur Gattung der Nichtleser. Wenn überhaupt, liest er Rezepte, Facebook-Posts und Nachrichten auf Videotext. Von meinem ersten Roman hat er rund siebzig Seiten geschafft. Weitere rund zwanzig Bücher liegen – liebevoll signiert – auf seinem Stapel ungelesener Bücher. Inzwischen hat er die Hoffnung aufgegeben, mich jemals einzuholen. Aber er ist ein großer Fan. Was will ich mehr?

Möglichkeit 4: Golfen

Auch bei diesem Sport, den ich zugebenermaßen noch nie ausprobiert habe, würde ich garantiert baden gehen. Wie gesagt: das Stereosehen ... Aber selbst wenn ich mich damit abfinden könnte, immer zu verlieren, könnte ich mich nicht mit Golf anfreunden, auch wenn dieser Sport absolut alterstauglich ist. Mein Mann aber vermutlich auch nicht. Denn ohne Hund draußen rumzulaufen wäre für uns pure Verschwendung. Man stelle sich vor, stundenlang auf dem Golfplatz unterwegs zu sein, nur um gleich anschließend einen Gassigang zu unternehmen! Geradezu absurd.

Gemeinsame Gassigänge dagegen könnte man fast als Partner-Hobby bezeichnen – wenn sie nicht eine absolute Ausnahme wären. Tatsächlich wechseln wir uns meistens ab. Mein Mann geht im Morgengrauen, ich mittags bzw. nachmittags, er dann wieder nach Feierabend. Manchmal gehen wir sonntags zusammen. Ich fürchte jedoch, das gilt noch nicht als Hobby.

Möglichkeit 5: Gesellschaftsspiele

Ich liebe Gesellschaftsspiele! Leider braucht man dazu Mitspieler (von Solitaire und Patiencen einmal abgesehen). Hin und wieder, vor allem wenn wir Besuch haben, kann ich den Gatten zum Mitmachen überreden. Aber begeistert ist er davon weniger. Und wer einmal mit (oder gegen) ihn gespielt hat, verzichtet künftig auch lieber darauf, denn er neigt dazu, Spielregeln sehr individuell zu interpretieren. Von wegen: Warum beim Kartenspiel bekennen, wenn man auch trumpfen kann? »Weil die Regeln so sind«, ist keine Antwort, die ihn überzeugt. »Dann sind die Regeln doof«, erwidert er störrisch. »Das seh ich nicht ein.«

Man sollte nicht glauben, dass er nicht mehr fünf ist, sondern fast 55. In gewisser Hinsicht ist und bleibt er wohl einfach ein Rebell. Und Gesellschaftsspiele sind nun mal nix für Rebellen …

Möglichkeit 6: Tanzen

Ich habe, wie alle aus meiner Klasse, mit vierzehn einen Tanzkurs absolviert. Inklusive Mittelkränzchen, Abschlussball und langem Kleid. Mein Mann kannte, als wir uns kennenlernten, weder Standardtänze noch lateinamerikanische. Anlässlich unserer Hochzeit hat er Walzer geübt, das war's.

Einmal waren wir zusammen auf einem Ball, und dort war ich die einzige Frau, die kein einziges Mal aufgefordert wurde, denn der Gemahl weigerte sich. »Ich würde nur tanzen, wenn ich es richtig könnte.«

Also schlug ich einen Tanzkurs vor. Schwieriges Unterfangen für jemanden, der in der Gastronomie arbeitet, oft erst spät abends nach Hause kommt und an wechselnden Wochentagen freihat. Trotzdem haben wir es probiert. In einem Sonntagskurs. Ein einziges Mal waren wir dort. Es wurde Rumba geübt. Mit heftigem Hüftschwung. Der Gatte fiel durch übermäßige Albernheit auf und dadurch, dass er den Tanzlehrer schamlos imitierte. Wir sind da nie wieder hin. Aber vielleicht unternehmen wir im Rentenalter mal einen zweiten Versuch? Es sind ja nur noch rund fünfzehn Jahre bis dahin …

Möglichkeit 7: Sprachen lernen

Das haben wir tatsächlich mal praktiziert. Im Niederländischkurs! War ja auch naheliegend, weil wir Jahr für Jahr an der holländischen Küste Urlaub machen. (Und ja, in diesem Fall ist »Holland« korrekt, denn wir waren immer nur in den Provinzen Südholland und Nordholland.)

Der Kurs kam irgendwann mangels Teilnehmern nicht mehr zustande, also war es auch mit dieser gemeinsamen Freizeitaktivität vorbei. Aber immerhin bleiben die gemeinsamen Urlaube! Die immer wieder sehr schön sind. Heerlijk, sogar!

Tja. Sieht ganz danach aus, als müssten wir weiterhin ohne Steckenpferd für Paare auskommen. Aber da wir schon verheiratet waren, als die Mauer noch stand, scheint das auch kein Muss zu sein, um langfristig durchzuhalten. Vielleicht ist sogar das Nichtvorhandensein eines gemeinsamen Hobbys das Geheimnis?

PS: Gerade öffnet mein Mann zwei Flaschen Rebensaft – roten für sich, weißen für mich – und fragt, ob Weintrinken auch gilt. Ich finde: Ja, gilt absolut. Also doch nicht so ernüchternd ... Prost!

Hilfe, mein Mann hat einen Foodtruck! Flirten für Wiedereinsteiger – was man von anderen nicht wissen will

Da stehe ich nun im Bratfettduft, trage eine Schürze und ein neckisches Schiffchen auf dem Kopf und frage mich, wie es so weit kommen konnte. Das heißt, ich muss mich nicht wirklich fragen, denn ich weiß die Antwort natürlich genau: Ich stehe hier, weil mein Mann ein Hobby hat. Er hat jetzt nämlich einen Foodtruck. »Wurst on Wheels« heißt das gute Teil, kurz WoW. Ein altes Feuerwehrauto, das er zu einer mobilen Wurst- und Burgerbraterei umgebaut hat. Mit allem Schnickschnack, den man dafür so braucht. Grill, Kühlschrank, Anhänger, Kisten, Kästen und viel PLATZ in der Garage, wo bisher mein Fahrrad stand. Aber das kann ja eigentlich auch weg, denn zum Fahren hat sowieso keiner mehr Zeit. Ha. Haha. Hahaha.

Der Foodtruck und die Einsätze damit beschäftigen mich neuerdings beinahe so sehr wie die Aufzucht von meinen – unseren – vier Kindern. Als Heike und ich uns darüber unterhalten haben, was Paare so gemeinsam machen, da fiel mir Folgendes auf: Ich habe ein paar Freundinnen, die sehr viel sehr oft mit ihren Männern unternehmen. Fahrradfahren. Opern- oder Theaterbesuche. Reisen. Kino. Ausstellungen. Kegeln. Motorradfahren. Wandern. Yoga. Malkurse. Soll ich weitermachen? Schon gut, mir ist selbst schon ganz schwindelig. Aber eines ist klar: Es gibt unendlich viele Möglichkeiten, was man an gemeinsamen Aktivitäten unternehmen kann. Und ich bin neidisch. Ich möchte sehr gerne alles Mögliche mit meinem Mann erleben. An mir liegt es nicht, dass das nicht passiert. Nein, es liegt an ihm: Nehmen wir etwas, was wirklich viele machen. Ja, nehmen wir doch dieses Fahrrad fahren zum Beispiel. Wenn ich mit meinem Mann Fahrrad fahren wollte, also so hobby- und regelmäßig, dann müsste ich erstens eine Route raussuchen, zweitens Tag, Uhrzeit und Wetter festlegen (natürlich! Ich bin auch fürs Wetter verantwortlich, wer denn sonst, ich bin ja hier die Mutter, und außerdem wollte schließlich *ich* Fahrrad fahren), ich müsste dafür sorgen, dass wirklich sonst nichts in und um unser Haus zu erledigen ist, und mich dann viertens darauf einstellen, dass mein Mann kurz vorher aber trotzdem noch überraschend zum Wertstoffhof/die Reifen wechseln/Bäume beschneiden muss. Und außerdem hat Holger ein schlechtes Gewissen, weil er ja so wenig unter der Woche mit seinem Sohn macht, und jetzt, wenn er mal könnte, muss er mit mir was machen, obwohl wir ja theoretisch auch mal abends … Und irgendwie ist dann auch schon wieder Zeit fürs Mittagessen. Halten wir fest: Wegen mir hat er nie ein schlechtes Gewissen. Holger bleibt also auch zu Hause, fährt später allerdings mit seinem Sohn zu einer Oldtimer-Ausstellung (»das Kind wollte …!«), während ich resigniert Wäsche zusammenlege. Mein Fahrrad hat Spinnweben zwischen den Speichen. Und nachdem die beiden von dieser Ausstellung zurück sind, haben wir ein altes blaues Mofa im Keller stehen, um dem Ganzen noch eines oben draufzusetzen. Es stinkt und knattert furchtbar, wenn es fährt.

»Wir haben jetzt ein gemeinsames Hobby, Papa und ich. Für den Winter«, sagt mein Sohn glücklich und streicht liebevoll über den aufgeplatzten Sattel und den rostigen Lenker. »Damit wir uns nicht langweilen müssen, wenn die Feuerwehrsaison rum ist.«

Prima. Schön für euch.

Also bitte, nicht falsch verstehen: Ich bin nicht etwa eifersüchtig auf meinen Sohn, und ich finde es toll, wenn die beiden was miteinander machen. Aber die letzte Sache, die mein Mann und ich zusammen unternommen haben, war ein gemeinsamer Besuch im Kreißsaal. Vor elf Jahren. Da konnte er ja schlecht passen. Obwohl: Bei Williams Geburt (einem geplanten Kaiserschnitt) haben wir gewartet. Soll ich Ihnen verraten, auf wen? Auf mich jedenfalls nicht.

William ist jetzt beinahe elf Jahre alt, und ich gehe noch immer allein aus. Im Sommer ist es der Foodtruck. Und im Winter ab jetzt das Mofa. Positiv denkende Menschen finden ja sowieso, dass es viel sinnvoller ist, getrennt etwas zu unternehmen. Man hat sich dann angeblich viel mehr zu erzählen.

Fein, denke ich und besorge Theaterkarten für meine Freundinnen und mich. Und ja, es ist ein wunderschöner Abend. Wir gehen danach noch ein Gläschen Wein trinken und erzählen uns all die Dinge, die man nur im Freundinnenkreis bespricht und bei denen man Männer nicht brauchen kann. Taschenkäufe, Männerschnupfen und Pubertistengeschichten. Als ich erfüllt nach Hause komme und meinem Mann von meinem tollen Abend erzählen will, schläft er schon. Als ich am nächsten Morgen aufstehe, ist er schon weg, aber beim Abendessen, denke ich, da wird es ja dann bestimmt passen. Beim Abendessen erzählen unsere Töchter allerlei aus ihrem Leben (und wer weiß, wie selten Jugendliche in der Pubertät von sich aus sprechen, der wird verstehen, dass wir ihnen unsere volle Aufmerksamkeit schenken müssen), William muss uns dringend was vorsingen, außerdem: Dieses Gemüse schmeckt ja e-kel-haft, und wer auch immer Salat erfunden hat, sollte sich was schämen. Als wir alle fertig mit dem Essen sind (und ich versuche, mich daran zu erinnern, was ich überhaupt gegessen habe), steht Holger auf, räumt einen Alibiteller in die Spülmaschine und sagt, er müsse jetzt aber wirklich los, schließlich hätte er Sport und nicht (wie ich) den ganzen Tag Zeit, sich um sich selbst zu kümmern. Leider ist er so schnell, dass ich ihn noch nicht einmal mit meinem bösen Blick erwischen kann, außerdem macht mir ja da mittlerweile auch das Botox einen Strich durch die Rechnung. Wir haben nicht einen Satz miteinander gesprochen, jenseits von: »Kannst du morgen Klopapier kaufen?«, oder: »Am Wochenende müssen wir aber dringend mal Unkraut jäten«, oder so. Familieninterne Terminabsprachen tätigen wir schon lange tagsüber und per Telefon, wenn ich das Glück habe, Holger bei der Arbeit in einem Moment zu erwischen, in dem er überhaupt drangeht. Wir sind das Paar aus dem Wetterhäuschen: Ich bin da, weil er weg ist. Und wenn er kommt, gehe ich. Nicht weil ich ihn nicht leiden kann, nein, sondern weil … es einfach so ist. Aber es gefällt mir trotzdem nicht.

Während ich darauf gewartet habe, dass mein Mann mit mir etwas unternimmt, hat er sich heimlich, still und leise schon dieses eigene Hobby zugelegt. Dabei war er sehr großzügig. Er hat nämlich mit diesem Hobby dafür gesorgt, dass die ganze Familie in ihrer Freizeit damit beschäftigt ist. Jawohl. Für den Foodtruck konnte er aber ü-ber-haupt nichts! Wo denken Sie hin? Es kam einfach so, und keiner hat es kommen sehen. Er wollte das alte Ding nur restaurieren und dann wieder verkaufen. Und wer bin ich, ihm das zu untersagen? Hätte eh nicht funktioniert, und außerdem weiß ich ja, wie sehr er alte Autos liebt und wie viel Spaß er dabei hat, sie wieder aufzuhübschen. Gönne ich ihm von Herzen, dauert, grob überschlagen, zwei Monate. Außerdem war William auch ganz begeistert, und meine zwei Jungs zusammen arbeiten zu sehen, finde ich einfach schön.

Stutzig wurde ich erst, als ich mich plötzlich auf Genussmessen wiederfand, weil Holger da »nur mal ein bisschen gucken wollte«. Noch nie wollte mein Mann auf eine Genussmesse. Ich übrigens auch nicht. Er war außerdem noch nirgends und zu keiner Zeit je »nur ein bisschen gucken«. Er ist so nicht. Ich glaube, die meisten Männer sind so nicht. Die gehen doch nicht bummeln, ziellos rumlaufen, bisschen hier, bisschen da, Kaffee trinken, plaudern? Machen die nicht. Sie brauchen was, sie gehen los und kaufen es. Punkt. Zack. Aus. Schnickschnack drum herum? Zeit- und Energieverschwendung. Und ich bin schwer von Begriff. Bis ich kapiert hatte, warum wir Brötchenaufbackautomaten, Gewürze, Kühlschränke und Einwegschälchen genauestens untersuchten, hatte er schon längst einen Beschluss gefasst: Das Feuerwehrauto würde ein Foodtruck werden. Jawohl. Und mitnichten weiterverkauft. Denn: Mit fünfzig sollte jeder richtige Mann ein richtiges Männerhobby haben. Angeln. Jagen. Segeln. Oldtimer. Grillen. Die Kombination aus zwei der erstrebenswerten Zeitvertreibe (Oldtimer und Grillen) ist quasi die Königsdisziplin der Männerhobbys. Schade, dass man die Würstchen, die er auf seinem integrierten Foodtruck-Grill braten wollte, nicht vorher auch noch jagen konnte. Das wäre einfach *zu* schön gewesen.

Kein Jahr später ist das alte Feuerwehrauto also zum Foodtruck umgerüstet und ich bin Handlanger mit Mütze, denn bei den Einsätzen baucht man Personal. Natürlich hat Holger da in erster Linie an seine jungen, schönen und fleißigen Töchter gedacht und nicht an seine Frau, deren herausragendes Charaktermerkmal nicht unbedingt ihre Fähigkeit ist, das zu tun, was der Mann von ihr will. Aber da die Töchter am Wochenende überraschenderweise manchmal eigene Pläne haben, helfe dann eben ich. Widerwillig. Ich will schließlich auch Wochenende. Und zwar mit meinem Mann. Die Theaterbesuche, Wanderungen und gemütlichen Kneipenbesuche, die ich nun zu genießen gedachte, da die Kinder so groß sind, dass man sie auch mal allein lassen kann, sind dank dieses riesigen roten Lastwagens in unserer Einfahrt in weite Ferne gerückt. Aber was tut man nicht alles für ein wenig Zeit zu zweit?

Wir sprechen nicht einmal mehr konkret über die Dinge, die wir gemeinsam tun könnten. Nein, jetzt sprechen wir über Fleischpatties, Buns und die besten Zutaten für Currywurstsauce. Ich kann keine Grillwürste mehr sehen und wenn mich einer ärgern will, sagt er einfach nur: »Merguez!« Ich kriege sofort Aggressionen, Schluckauf und Pickel beim Anblick von überdimensionalen Senf- und Ketchupflaschen. Meine Waschküche riecht jetzt grundsätzlich so, als würde ich meine Wäsche vor dem Waschen frittieren. Und außerdem ist mir langweilig.

Meine Freundin Andrea schlägt vor, doch mal wie früher wegzugehen. In eine Bar. Menschen treffen, reden, Spaß haben. FLIRTEN. Mit MÄNNERN. Die wir nicht kennen, mit denen wir nicht verheiratet sind und mit denen man über andere Dinge sprechen kann, als über – siehe oben.

Ich mache mich also schön und kein Geheimnis daraus,

dass ich unterwegs bin. Auf der Pirsch. Ich habe vor, bis mindestens zwei Uhr nachts wegzubleiben und so richtig, richtig Spaß zu haben. Ja, heute will ich wirklich was erleben. Ich trage meine kanariengelbe Hose, ein schwarzes Top und roten Lippenstift. Mein Mann wird sich noch umschauen, denke ich, wenn all die interessierten Männer bei mir Schlange stehen und …

»Huch, hab ich was verpasst? Spielt Deutschland?«, fragt er, und ich schaue verständnislos. »Ich meine ja nur: Hose, Top und Lippen? Schwarz-Rot-Gold?«

Boah. Wenn ich ein Emoji wäre, würde jetzt Rauch aus meiner Nase kommen. Ich bin schwer verunsichert und würde mich gerne umziehen, aber da steht meine Freundin schon vor der Tür. Zu spät. Gehe ich halt als Deutschlandflagge. Vielleicht sind all die anderen Männer, die ich heute zu umgarnen gedenke, farbenblind oder wenigstens charmant.

»Ich gehe aus! Mit Andrea! In die Stadt!«, sage ich und werfe mir die Tasche über die Schulter.

»Ah. Ja. Gut«, antwortet Holger und wendet sich wieder dem Innenleben seines Kühlschrankes zu, bei dem irgendwas nicht so funktioniert, wie er sich das vorstellt. »Ich bin für Brasilien.« Er lacht. Ich auch. Aber erst, als ich aus seinem Sichtfeld entschwunden bin.

Ja, ich möchte wirklich gerne sagen, dass ich einen sehr netten Abend hatte (hatte ich auch – mit Andrea), aber irgendwie ist mir meine Flirtfähigkeit abhandengekommen. Oder ich habe mehr erwartet. Das vermutlich auch. Das am allermeisten. Schließlich bin ich schon lange raus aus dem Flirtgeschäft und wie wir wissen, beschönigt der Rückblick einiges. Wenn ich das Trauerspiel des heutigen Abends analysieren soll, nicht nur einiges – alles.

»Harald.« Mann eins neben mir trägt noch seinen Arbeitsanzug und, damit auch jeder weiß, dass er bei einem großen deutschen Automobilhersteller arbeitet, den Ausweis an der Hosentasche. Er streckt mir die Hand hin und verbeugt sich knapp. Äh? Was? Fehlt nur noch, dass er die Hacken aneinanderschlägt. Wie alt Harald ist, kann ich schwer sagen. Zum Anzug trägt er ein Einstecktuch, Hipsterbart und eine runde Brille. Ich nehme an, dies ist der kreative Look. Könnte aber auch sehr retro sein und Harald Ü60.

»Lucinde.« Ich überlege mir schon jetzt, was ich mit ihm reden soll. Verdammt. »Du arbeitest also bei der Firma mit dem Stern?« Haha. Ein bisschen bin ich seinem Ausweis sogar dankbar. Es ist in etwa so hilfreich, als ob jemand mit seinem Hund spazieren geht (»soso, du hast also einen Hund!«). Dass man im Erstgespräch viele Fragen stellen und somit aktives Interesse bekunden soll, kann man in jedem Flirtratgeber nachlesen. Aber er arbeitet nun mal bei derselben Firma wie mein eigener Mann, was bedeutet, dass ich darüber ausreichend informiert bin.

Im Gegensatz zu einem Gespräch über Hunde, dem ich durchaus etwas abgewinnen könnte, erfahre ich nun alles über Haralds Abteilung und darüber, was ihn an seinen Kollegen im Allgemeinen und an den Schwaben im Besonderen stört. Da wäre zum Beispiel ihr Geiz, sagt er und findet, um unter Beweis zu stellen, dass ich ja ganz anders bin, könnte ich ja die erste Runde übernehmen. (Er kommt aus Düsseldorf, wo die Leute viel lustiger und geselliger sind und viel besser darin, auf andere zuzugehen – und großzügig sind sie! *Unfassbar* großzügig.)

Er erfährt überhaupt nichts über mich, denn dazu hätte er eine winzige Frage stellen müssen, aber das scheint man in Düsseldorf nicht zu brauchen. Harald hat stur auf Senden gestellt; an Empfang ist nicht zu denken. Ich bin sein undankbares Publikum, und dass ich mich Mann zwei zuwende, spricht bestimmt auch gegen die Schwaben.

Frank auf meiner anderen Seite zeigt mir hingegen erst einmal Bilder von seiner entzückenden Frau und seinen entzückenden Kindern (wirklich!), und wir unterhalten uns ganz nett über unsere jeweiligen Familienleben, auch wenn ich lieber über anderes gesprochen hätte, denn Familienleben habe ich ja ausreichend tagsüber, aber immerhin fragt er mich zwischendrin das eine oder andere über meine persönliche Strategie im Umgang mit Pubertisten, Noten, Hausaufgaben und Handys – natürlich vor allem, um mir dann sofort zu sagen, dass seine entzückende Frau, die Moni, das alles sowieso ganz anders und natürlich viel besser macht.

Nach Drink Nummer zwei ist es dann aber um seine entzückende Familienliebe geschehen und er erkundigt sich, ob ich mir nicht vorstellen könne, im Anschluss an Drink Nummer drei mit ihm noch ein bisschen »was für Erwachsene« zu machen. Ich denke zuerst an Golf (der Inbegriff von Erwachsenensport meiner Meinung nach) und frage mich, wo man das nachts noch spielen kann. Ich bin einfach schwer von Begriff. Als ich es dann endlich verstanden habe, überlege ich, ob ich ihm meinen entzückenden Drink in den Schritt schütten soll, aber Schwäbin, die ich bin, will ich ihn lieber trinken.

Und ich will nach Hause. Zu meinem Mann und seinem Foodtruck. Es ist ja auch schon fast elf Uhr. Meine Singlefreundinnen haben mich sowieso vor der freien Wildbahn gewarnt und von vornherein Dating-Apps oder Partnerschaftsplattformen empfohlen. Ich weiß nicht, ob zu so was meine Energie reicht.

Und ich suche ja auch nicht wirklich. Ich will nicht mit anderen Männern über deren Arbeit, Familie oder Hobbys sprechen, sondern mit meinem über meine. Außerdem würde ich vermutlich immer nach einem großen, blonden, blauäugigen Ausschau halten, der viele Kinder und einen Foodtruck hat. Der mir sagt, dass er eigentlich überhaupt keine Zeit für gar nix hat, aber es ihn einfach schon glücklich macht, mich morgens oder abends wenigstens kurz zu sehen (auch wenn er meine Ausgehklamotte nebst Frisur und Make-up ein wenig too much findet), und der auch gar nicht viele Fragen braucht, um zu wissen, wie es mir geht. Ja, ich würde überall nach meinem eigenen Mann suchen. So ist es nun mal. Und seitdem mir das klar ist, weiß ich auch, dass wir kein gemeinsames Hobby brauchen. Wenn ich will, dass Holger sich intensiv mit mir beschäftigt, muss ich nur eines beachten: In meinem nächsten Leben sollte ich einfach irgendwas Altes aus Blech werden. Selbstverständlich mit Rädern unten dran.

Übrigens, gerade, wo ich so schön im Selbstmitleid schwelge und mich unendlich einsam, verkannt und überhaupt schrecklich fühle, legt mir mein Mann die Hand auf die bebende Schulter (naja, jetzt übertreibe ich vielleicht ein bisschen) und sagt: »Sag mal, heute Abend, da spielt diese Band im Biergarten am Turm. Hast du nicht Lust, mit mir da hinzugehen? Und vielleicht wollen die Kinder ja mit? Oder Andrea und Torsten? Oder Arleen und Oliver? Oder …?«

Um es kurz zu machen: Ja, ich will! Und alle anderen auch.

Eine halbe Stunde später sitzen wir im Biergarten mit unseren Freunden, allen Kindern und anderen Menschen, die wir bisher noch nicht kannten, die aber im Laufe des Abends zu Freunden werden. Die Sonne scheint noch sehr lange, wir hören gute Musik und haben einen sehr entspannten und fröhlichen, weil total ungeplanten Abend. Hach, ist das schön! Hach, bin ich glücklich! Hach, ich glaube, ich habe unser gemeinsames Hobby gefunden! Es heißt: Leben! Jetzt!

Das ist doch eigentlich ein prima Hobby für uns alle. Also auch für die, die nicht die ganze Zeit schon mit Fahrradfahren, Wandern und Ins-Theater-Gehen beschäftigt sind.

Aus Versehen beim Guru:
Wir sind ein Paar, holt uns hier raus!

Im Gegensatz zu mir legt mein Mann keinen gesteigerten Wert darauf, sein Älterwerden festlich zu begehen. Doch ebenso, wie er permanent versucht, mich vom Segen scharfer Gewürze zu überzeugen (Harissa! Teufelszeug!), gebe ich nicht auf, ihm das Konzept »Geburtstag« näherzubringen. Zumal er mich zu meinem Wiegenfest Jahr für Jahr so wunderbar beschenkt und meine Gäste kulinarisch verwöhnt.

Wenn ich schon nicht so gut kochen kann wie er, muss ich doch wenigstens versuchen, in Sachen Geschenk einigermaßen mitzuhalten … Was aber schwierig ist bei einem Mann, der das, was er sich wünscht, umgehend selbst kauft und alles andere nicht braucht oder will. Und der zu allem Überfluss auch noch kurz nach Weihnachten Geburtstag hat! Da hat man ideentechnisch gerade sein letztes Pulver verschossen, und dann muss einem schon wieder was Neues einfallen. Gar nicht so einfach.

Einmal habe ich ihn mit Tickets für eine Lord-of-the-Dance-Show überrascht. Ein echter Volltreffer. (Am liebsten hätten wir uns anschließend selbst zu einem Stepptanzkurs angemeldet …) Aber letztes Jahr Anfang Januar, als ich mir mal wieder den Kopf über ein passendes Geschenk zerbrach, stand natürlich nichts Vergleichbares auf dem städtischen Veranstaltungskalender. Wenn wenigstens diese Truppe, die auf gigantischen Mülltonnen herumtrommelt, einen Auftritt gehabt hätte. Oder die enorm biegsamen Artisten, die irre Verrenkungen machen und dabei beeindruckende Schattenbilder entstehen lassen. Aber nichts dergleichen. Nicht einmal ein Kasperletheater.

Apropos Kasperletheater: Comedy kommt eigentlich auch immer gut an. Ich erinnerte mich daran, wie wir vor ein paar Jahren mal bei Mundstuhl waren und uns nicht mehr einkriegten vor Lachen. So was in der Art, das wär doch was!

Schnell klickte ich mich durch das Programm der nahe gelegenen Kleinkunstbühne. Und tatsächlich: »Lachen Sie noch oder sind sie schon verheiratet?«, stand da in großen Lettern. So hieß offenbar das Programm des Comedians, dessen Konterfei daneben abgebildet war. Sympathisches, breites Lachen trotz ansonsten vager Ähnlichkeit mit Berlusconi. Aber dafür konnte der Ärmste ja nichts. Auch nicht dafür, dass mir sein Name völlig unbekannt war. Aber das ließ sich ja ändern. Ich überflog schnell die Beschreibung. Comedy über Beziehungsthemen, das kann gut sein, dachte ich. Solange es nicht allzu Mario-Barth-artig gerät. Und so viel Pech würden wir schon nicht haben, da war ich sicher.

Die Veranstaltung fand drei Tage nach dem Geburtstag statt. Auch das hatte mich dazu bewogen, spontan zwei Karten zu bestellen. Wenn man schon Tickets für ein Event verschenkt, dann sollte das auch zeitnah stattfinden. Also: alles, wie es sein soll!

Schon im Foyer stellten wir fest, dass sich das Publikum ungewöhnlich homogen zusammensetzte für einen Comedyabend. Ausnahmslos Leute um die fünfzig, zum Großteil Paare wie wir. Doch anders als sonst kamen die Besucher nicht überwiegend aus unserer Region, sondern von weiter weg.

Das hörte man nicht nur an der südwestdeutschen Dialektvielfalt, das war uns schon auf dem Parkplatz aufgefallen. Nummernschilder aus Saarbrücken, Ludwigshafen, Mainz, Karlsruhe und Trier. Während unsere Anreise gerade mal zehn Minuten gedauert hatte, hatten andere offenbar einen richtig weiten Weg auf sich genommen. Wie es aussah, war der grinsende Berlusconi-Doppelgänger, dessen Namen ich schon wieder vergessen hatte, berühmter als vermutet.

Als wir den Zuschauerraum betraten, wurden wir von zwei freundlichen Pagenkopffrauen begrüßt, die mir ein Programmheft in die Hand drückten. Ich stopfte es in meine Handtasche, denn wir hatten mit unseren Jacken über dem Arm, den Getränken von der Bar und der Suche nach unseren Plätzen wahrhaft genug zu tun, da wollte ich nicht auch noch ein Programm lesen. Ich fand es ohnehin ungewöhnlich für diese Art von Veranstaltung, dass es überhaupt eines gab, aber sei's drum.

Wir fanden gute Plätze in der fünften Reihe und machten es uns bequem.

»Bin mal gespannt, ob es so lustig wird wie bei Mundstuhl damals«, sagte ich zu meinem Mann.

»Oder so genial wie Mario Barth«, erwiderte der todernst. (Ich fürchte, das sollte kein Scherz sein.) »Es geht doch um Beziehungen, oder?«

»Pass auf, pass auf, pass auf«, zitierte ich den Comedian, der aus unerfindlichen Gründen der erfolgreichste im ganzen Land ist, und erzielte beim Gatten den ersten Lacher des Abends.

Und dann ging es endlich los. Berlusconi (bleiben wir doch einfach bei diesem Namen) betrat die Bühne, strahlte über beide Ohren und ließ ein paar launige Begrüßungsworte los.

Das war jetzt noch nicht so der Brüller, aber ganz nett. Vielleicht musste er sich erst noch warm reden.

Als Nächstes ließ er sich über Paare aus, die sich gegenseitig das Leben vermiesen, weil sie von der irrigen Annahme ausgehen, ein Partner sei ein Glücksgarant. »Niemand ist dafür verantwortlich, dass es dem jeweils anderen gut geht«, rief Berlusconi, »dafür ist jeder nämlich selbst verantwortlich!«

»Na, was für eine weltbewegende Erkenntnis«, raunte der Gemahl. »Aber recht hat er schon.«

Kunststück, wenn man Selbstverständlichkeiten ausspricht.

»Er hätte auch recht, wenn er sagen würde, dass Wasser nass ist«, gab ich zurück. Und fand mich erneut witziger als den Comedian da oben auf der Bühne.

Inzwischen hatte der eine etwas ernstere Miene aufgesetzt (das Dauergrinsen war bestimmt irre anstrengend!) und sprach von Veränderungen. Veränderungen, die jeder bei sich selbst bewirken müsse, um damit die Beziehung zu seinem Partner oder seiner Partnerin zu verbessern. Er nannte das Transformation. Keine Pointe.

»Und überhaupt ist dieses Jahr, das gerade angefangen hat, ein Jahr voller Veränderungen«, verkündete er. Ob er damit wohl die bevorstehenden Wahlen in verschiedenen europäischen Nachbarländern meinte? Oder gar die Bundestagswahlen im Herbst?

Der folgende Satz brachte Aufklärung: Er meinte weder das eine noch das andere. Vielmehr jubelte er, diese Veränderungen kämen von zwei Seiten. Nämlich sowohl aus dem Erdinneren als auch aus dem Weltall.

Grundgütiger! Wo waren wir denn da hingeraten?

»Seltsamer Humor«, fand mein Mann.

»Gar kein Humor«, fürchtete ich.

Ein Blick in das Programmheft, das ich vorhin so achtlos in meine Tasche gesteckt hatte, genügte, um die letzten Zweifel zu beseitigen: Dieser grinsende Berlusconi war gar kein Comedian. Sondern ein selbst ernannter Lebenscoach, der aus so unterschiedlichen Zutaten wie Religion, Tupper-Party-Euphorie, Kommunikationstheorien, Küchenpsychologie, Alltagswissen und Esoterik eine wilde Mischung gezaubert hatte und damit nicht nur ganze Hallen füllte, sondern auch extrem überteuerte Seminare. Für satte tausend Euro könnte man bei ihm (oder, das wäre dann etwas günstiger, seinen Hilfsgurus) dem eigenen Erfolg auf die Spur kommen.

Wortlos reichte ich meinem Mann das Programm. Er blätterte darin herum, sichtlich erschüttert.

»Es tut mir so leid«, flüsterte ich. »Ich dachte wirklich, das wäre Comedy.«

Ich war untröstlich. Da hatte ich mit meinem Geschenk wirklich meilenweit danebengelegen. Und wir konnten auch nicht einmal abhauen, denn es gab keine Pause, die Stuhlreihen waren eng gestellt und unser Platz lag so zentral, dass wir damit für einigen Tumult gesorgt hätten. Es blieb uns also nichts anderes übrig, als durchzuhalten und gute Miene zu bösem Spiel zu machen. Oder besser gesagt: amüsierte Miene zum absurden Spiel!

»Und wenn wir uns einfach vorstellen, es wäre wirklich Comedy?«, schlug mein Mann vor.

Gute Idee, so machten wir es. Und wir hatten reichlich Spaß! Vor allem während der abschließenden Massenhypnose, Verzeihung: Meditation, bei der wir uns vorstellen sollten, gemeinsam mit unserem Partner am Strand spazieren zu gehen. So weit, so gut. Das erforderte nicht einmal sonderlich viel Fantasie, denn das tun wir ohnehin regelmäßig. Schräg wurde es erst, als wir dazu aufgefordert wurden, bei diesem Strandspaziergang auch jeweils das Kind in uns, das wir einmal gewesen waren, mitzunehmen. Und unsere Eltern. Nebst den Kindern, die sie mal gewesen waren. Und unsere Geschwister. Auch die Ungeborenen. (Moment mal. Wie genau …?) Und unsere Kinder. Tanten und Onkel. Freunde. Nachbarn. Nicht zu vergessen die Kinder, die sie jeweils einmal gewesen waren …

Der Strand, an den ich dachte, ist zwar extrem breit, aber wenn all diese Leute dort zeitgleich spazieren gingen, wäre das ein wahrer Massenauflauf!

Endlich signalisierte ein silbriges Glöckchen das Ende der Meditation und damit auch des Programms, das zwanglos in eine Verkaufsveranstaltung überging. Berlusconi rief dazu auf, im großen Saal neben dem Foyer vorbeizuschauen, wo er gern für individuelle Fragen zur Verfügung stehe. Und natürlich auch, wenn jemand sein neues Buch, seine Meditations-CDs oder eine seiner DVDs signieren lassen wolle.

Während wir eilig dem Ausgang zustrebten, strömte die Mehrheit der anderen Zuschauer mit gezückten Geldbörsen auf den Shoppingbereich zu.

»Wie weit bist du denn schon auf deinem Transformationsweg?«, erkundigt sich die Dame vor uns bei ihrer Nebenfrau.

»Läuft immer besser, vor allem seit meinem letzten Intensivseminar«, strahlte diese beseelt.

Oh ja, das war pure Comedy!

»Willst du wirklich keine DVD?«, fragte mein Mann augenzwinkernd.

»Ich verzichte lieber«, erwiderte ich. Eher würde ich mir eine Mario-Barth-DVD anschauen! Aber das sagte ich lieber nicht. Mein Mann wäre imstande, mich beim Wort zu nehmen.

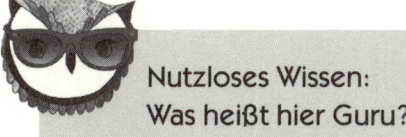

Nutzloses Wissen:
Was heißt hier Guru?

Eigentlich ist »Guru« ein religiöser Titel, der im Hinduismus und im Buddhismus einen spirituellen Lehrer bezeichnet. Das Wort kommt aus dem Sanskrit und bedeutet wörtlich »schwer, gewichtig«.

Comedy dagegen ist englisch für »Komödie«, was wiederum aus dem Griechischen stammt und übersetzt so etwas »singender Umzug, Fest zu Ehren des Dionysos« bedeutet.

Ich hab den Kerl mal gegoogelt. Gott des Weins, klingt ja gut. Aber Dionysos hatte, wie's aussieht, keine Glatze. Und ist auf Standbildern gern mal nackt. Da ist uns ja allerhand erspart geblieben …

Paarweise

Also gut. Heike ist fünfzig. Mein Mann wird fünfzig. Und ich bin demnächst auch soweit. Ich werde mich irgendwie auch noch dran gewöhnen. Irgendwann. Mit ein wenig Psychotherapie und viel Schokolade krieg ich das schon hin. Hoffentlich.

Was mich allerdings ebenso überrascht wie mein fortschreitendes Alter, ist die Tatsache, dass ich mit jedem Tag, den ich älter werde, auch jeden Tag einen Tag länger verheiratet bin! Keiner hätte es gedacht! Dieses Jahr sind es schon zwanzig Jahre. ZWANZIG! Schon so lange verheiratet zu sein ist beinahe noch ein größerer Schock für mich als die Tatsache, dass die Fünfzig immer näher kommt.

Anyway. Wir haben also zwanzigsten Hochzeitstag. Da feiert man die sogenannte Porzellanhochzeit. Sie ist so kostbar wie Gold und so zerbrechlich wie Porzellan. Wie zerbrechlich sie ist, davon konnte ich mich gerade erst an unserem Hochzeitstag mal wieder überzeugen, aber dazu gleich.

Als Holger und ich uns begegnet sind, ging alles ganz schnell. Wer mich kennt, weiß, dass das nicht ungewöhnlich für mich ist. Ich war (ach was – ich BIN!) bei jedem neuen Plan davon überzeugt, dass es die beste Idee der Welt ist, frage mich, warum ich nicht schon vorher darauf gekommen bin, und bin bereit, alles bisher Dagewesene dafür über den Haufen zu werfen – so in diesem Fall mein Konzept der lebenslangen Unabhängigkeit.

Wir kannten uns noch nicht einmal vier Wochen, als mein Mann um meine Hand anhielt. Das fand ich total verrückt und spannend, weil bisher noch nie da gewesen. Selbstverständlich sagte ich Ja. Ach, ich war so glücklich. *Wir* waren so glücklich. Wir warfen mit Romantik nur so um uns, sodass unsere Freunde und Familie sich schon sehr tief ducken mussten, um nicht ständig mit einer rosarot glitzernden Happinessschicht überzogen zu werden.

WAR! DAS! SCHÖN! Wir waren Hollywood in Person. Und kaum nervig. Erstaunlich, dass uns unsere Freunde geblieben sind. Die meisten jedenfalls.

Gut, über die Jahre lernt man sich ja dann besser kennen und der Glanz verblasst ein wenig, total synchron zum hell polierten Gold des Eheringes. Also, nicht falsch verstehen: Holger ist immer noch prima. Und immer nur Hollywood hält ja keiner aus. Ich finde allerdings trotzdem, dass die eigentliche Leistung nach zwanzig Jahren Ehe darin besteht, nach wie vor miteinander verheiratet zu sein. Und zwar nicht, *weil* man sich so gut kennt, nein, nein, sondern *obwohl*. Ohne eine riesige Portion Humor geht da gar nix.

Das bringt mich wieder zurück zu unserem Hochzeitstag.

Es soll schon vorgekommen sein, dass *einer* von uns diesen Termin vergessen hat. Ich brauche an diesem Tag keine Blumen, ach was. Ich brauche auch kein romantisches Dinner-Date in einem netten kleinen Restaurant mit gedämpftem Licht und angeregten Gesprächen! Tiefe Blicke und Anerkennung für meine Leistung als nahezu perfekte Ehefrau und Mutter. Ich doch nicht. Ich bin so unkompliziert wie …

wie ... wie eine vierfache Mutter eben, die über die Jahre hinweg gelernt hat, sich hinten anzustellen.

Hochzeitstag? Pfff. Steh ich drüber. Ich hatte mein Hollywood in mehr als ausreichender Menge. Das muss jetzt einfach auch bis zur diamantenen Hochzeit reichen.

Weil mein Mann an unserem Hochzeitstag am Bodensee weilt, weil sein sehr freundlicher Arbeitgeber ihm eine sogenannte Gesundheitswoche ermöglicht hat und weil der See weniger als zwei Stunden entfernt und es zudem noch Sonntag ist, habe ich beschlossen, ihn zu besuchen. Mein Hochzeitstagsgeschenk für ihn. Er freut sich. Seins für mich.

William kommt auch mit. Ich glaube ehrlich gesagt, dass Holger sich mehr auf ihn freut als auf mich, denn meine Vorstellung von einem romantischen Tag am See beinhaltet offensichtlich wenig von dem, was mein Gatte sich so ausgedacht hat. Wie zum Beispiel Romantik. Überflüssig. Denn wenn Wasser in der Nähe ist, dann angeln wir. Also, die beiden. Alles andere wäre schließlich Gelegenheitsverschwendung. Außerdem sprechen wir nicht, denn das verscheucht die Fische. Angeln verscheucht zwar die Ehefrau, aber die ist ja auch nur so zum Spaß dabei. Tja. Ich versuche aus diesem Grund seit Jahren, Urlaubs- und Ausflugsziele danach auszusuchen, dass sie seefern liegen. Bergtouren finde ich spitze.

Erstaunlicherweise finden wir aber dieses Mal tatsächlich einen Kompromiss, denn Holgers Gesundheitshotel liegt direkt an einer großen, eingezäunten Wiese in einer ruhigen Bodensee-Bucht. Eingezäunt, damit die vielen Wildgänse, die auf der kleinen Landzunge links ihr Sommerlager aufgeschlagen haben, nicht das ganze Idyll verkacken. Unter den Bäumen stehen Liegestühle, von denen man über den See hinüber bis in die Schweiz schauen kann. Kein Angler weit und breit. Die Sonne scheint. Alle Hotelgäste liegen am Wasser und schauen uns zu, wie wir hinüber zur Landzunge wandern, den Enten und Gänsen Hallo sagen und uns eines der Ruderboote ausleihen, die dort auf dem Kies liegen. DAS finde ich nun wirklich romantisch. Wir drei in einem hübschen kleinen Bötchen auf dem blaugrünen Wasser, das so ruhig vor uns liegt. Mein Mann wird mich über den See rudern, wir werden lachen, die Aussicht genießen und entspannt unser Gesicht der Sonne zuwenden.

Ob es allerdings eine gute Idee war, meine Handtasche mitzunehmen, frage ich mich dann doch, als William das Boot bei dem Versuch, das wackelige Ding so weit durch Entengrütze und Schlamm ins flache Wasser zu schieben, dass es schwimmt, gehörig ins Schwanken bringt. Ich sitze vorn, Holger hinten und William in der Mitte an den Rudern.

Anstatt »ach, wie schön!« denke ich: mein Geldbeutel. Mein Handy. Mein Schlüssel. Mein Kalender. MEIN LEBEN! Holgers Handy und sein Geldbeutel. Alles drin. »Kann man mit so einem Nussschalenteil eigentlich kentern?«

»Quatsch«, sagt Holger: »Also, wer hier ins Wasser fällt, ist selber schuld! Oder, William?« Er grinst.

Der Kapitän nickt und rudert uns gefährlich nahe an einen Schwan heran. Vor denen habe ich ja Angst. Einmal hat mich einer in die Backe gebissen. Da war ich ungefähr sieben Jahre alt und wollte meine Brezel nicht teilen. Also, ich wollte schon. Aber nicht die, die ich schon im Mund hatte. Dieser Schwan hier schaut so, als würde er ebenfalls eine Brezel bei mir vermuten. Vorsichtshalber lehne ich mich zurück. Weit zurück. Sehr, sehr weit. Das Boot schaukelt. Holger lacht. Ich umklammere meine Handtasche und versuche den Schwan mittels Hypnose davon zu überzeugen, dass es bei mir nichts zu holen gibt. Der Schwan glaubt mir nicht, ignoriert meine Bemühungen und kommt immer näher. Beinahe bin ich soweit, dass ich mir nun doch eine Angel für die Männer wünsche. Zu viel Romantik ist wohl nichts für meine Nerven. Ein paar Badegäste haben mittlerweile ihre Lektüre sinken lassen und beobachten uns freudig. Endlich passiert mal was. Ja, das Publikum ist angetan. Ich transpiriere still vor mich hin und freue mich, dass man das Boot nur maximal eine halbe Stunde ausleihen darf. Überraschend gibt der Schwan auf. Das Publikum wendet sich wieder der mitgebrachten Lektüre zu.

Als wir an den Kiesstrand zurückkehren, manövriert uns William geschickt in eine Bootslücke. Was für ein schöner Hochzeitstag, denke ich erleichtert ob der überstandenen Aufregung, als ich den Fuß auf den Kies setze. Und keiner nass geworden!

Leider ist durch meinen Abgang das Boot wieder ein paar Zentimeter ins Wasser gerutscht. Ich habe ja schon viele Segler, Bootsfahrer und Surfer beobachtet. Einer springt immer raus und zieht dann das Boot oder Brett oder was auch immer schwungvoll an Land, damit es nicht wieder in die Fluten sinkt und auf eigene Reisen geht. Ich bin ein Held. Stark. Und ich weiß, was zu tun ist. Ich nehme das Seil, das vorne am Bug hängt (dazu ist es schließlich da, oder?), und ziehe schwungvoll und wie im Film das Boot an Land.

Es geht irgendwie leichter, als ich dachte. Leider ziehe ich, ohne vorher zu schauen, was der Rest meiner Familie so macht. Was Holger angeht: Er ist mittlerweile hinten aufgestanden, um nach vorne zu kommen, das Boot zu verlassen und es seinerseits heldenhaft an Land zu ziehen. Jetzt macht er den allerschönsten und TV-tauglichsten Rückwärtssalto vom Boot. Komplett bekleidet. Mitten in die Entengrütze. Das Publikum tobt. Wie sich später herausstellt, hat leider keiner gefilmt.

Ich schäme mich. Ein bisschen. Zu mehr reicht meine Kraft nicht aus, denn ich muss so lachen, dass ich kaum noch Luft bekomme. William übrigens auch. Tränen laufen mir die Wangen herunter.

Und Holger? Er braucht eine Verarbeitungssekunde und eine weitere, um sich den Schlamm aus den Augen zu wischen. Jetzt gibt es zwei Möglichkeiten. Und er entscheidet sich eindeutig für die richtige: Er lacht. Und zwar lauter, als William und ich zusammen. Wasserpflanzen baumeln ihm von den Ohren. Das Publikum klatscht Beifall. Nachdem sein T-Shirt entsorgt ist (man muss sich den Tatsachen stellen: Das wird nie wieder weiß), seine Turnschuhe in der Sonne trocken, der Mann geduscht hat und nicht mehr riecht wie ein ganzes Hafenbecken, leihen wir uns Stand-up-Paddling-Boards aus und paddeln auf den See hinaus. Jeder auf seinem eigenen. Wir stoßen nur einmal aneinander, als der See unruhig wird. Es wackelt immer mal zwischendurch, vor allem dann, wenn wieder einer von uns an Holger in der Entengrütze denkt und anfängt zu lachen.

Wir stürzen nicht. Oder sagen wir, nur sehr selten. Und im Aufstehen werden wir immer besser. Das, finde ich, passt als Bild eigentlich noch viel schöner zu unserem Hochzeitstag als das mit dem Porzellan.

Übrigens: Dass man immer gleich intensiv liebt, ist vermutlich ein Anspruch, dem kaum eine Beziehung gerecht wird. Man kann ja auch nicht jeden Tag Schokoladentorte essen, ohne dass sie einem irgendwann zum Hals raushängt.

Aber wer sagt denn, dass man sich nicht immer wieder neu verlieben kann? Der lachende, schlammige und triefende Mann da in der Entengrütze hat mein Herz jedenfalls gehörig höherschlagen lassen, so viel steht fest.

Gemeinsames Lachen und solche Momente sind es, die einen auch durch dunkle Zeiten führen, glaube ich. Dass eine Ehe Langeweile bedeutet, halte ich jedenfalls für einen Irrtum. Es kommt halt immer darauf an, was man daraus macht. Oder, Heike?

Und dann sind wir einfach abgehauen!

Hatte ich schon erwähnt, wie sehr ich Geburtstage liebe? Wie Lucinde sagt: Es kommt immer drauf an, was man draus macht. Gilt für das Leben, die Liebe, die Ehe und Jahrestage jeglicher Art. Sogar meinen Fünfzigsten. Ganz besonders meinen Fünfzigsten, sollte ich lieber sagen, denn beim Neunundvierzigsten war Not-OP-bedingt stationär betreutes Feiern angesagt. Nicht so schön. Umso toller sollte der Runde dann werden, und das wurde er auch …

Und falls jetzt jemand unkt, Geburtstag feiern sei kindisch, das sei doch ein Tag wie jeder andere, lege ich sofort Einspruch ein: Nein, ist es nicht! Vielmehr ist es der Tag, an dem das Geburtstagskind im Mittelpunkt steht. Es wird geherzt und verwöhnt, man gratuliert ihm und schreibt seine Facebook-Pinnwand voll mit lauter guten Wünschen, man ruft an und besucht es. Mit anderen Worten: Geburtstag haben ist wie eine Rund-um-die-Uhr-Wohlfühldusche! Wer darauf freiwillig verzichtet, dem kann ich nun wirklich nicht helfen. Selbst schuld! Zumal ich einen ganz wichtigen Aspekt noch nicht einmal erwähnt habe: die Geschenke. Ich finde Geschenke großartig. Sie müssen gar nicht unbedingt originell sein oder gar teuer, nein, sie sollen mir nur zeigen, dass sich jemand Gedanken darüber gemacht hat, wie man mir eine Freude machen könnte. Meistens freut mich das dann sogar schon so sehr, dass es gar nicht schlimm ist, wenn mir die Keramikvase nicht so doll gefällt oder ich das Buch schon habe.

(Manchmal merke ich Letzteres selbst nicht mal während des Lesens, sondern erst, wenn ich es anschließend ins Regal stelle – gleich neben ein identisches, ebenfalls gelesenes Exemplar. Aber das ist ein anderes Thema.)

Da mein Mann ein erstklassiger Sich-über-Geschenke-Gedankenmacher ist, war ich überzeugt davon, zum Fünfzigsten etwas ganz Spektakuläres zu bekommen. Schon seit Monaten machte er geheimnisvolle Andeutungen darüber, und ich hatte so eine Ahnung: Ich träumte schon seit Jahren davon, einmal Stockholm zu besuchen, und garantiert hatte er eine Städtereise ins Venedig des Nordens für uns gebucht! Natürlich würde ich ein verblüfftes Gesicht machen und ihm dann glücklich um den Hals fallen …

Doch auch diesmal gelang meinem Mann die Überraschung. Denn ich bekam keine Stockholm-Reise, sondern … Trommelwirbel! … Theaterkarten. Aber nicht nur für eine einzelne Vorstellung, sondern für eine ganze Spielzeit. Ein Abonnement für zwei.

Der Hammer!

Also, wenn das kein angemessenes Geschenk ist … Ich war begeistert. So viel Kulturverbundenheit hätte ich meinem Liebsten gar nicht zugetraut. Und was noch besser war: Endlich würden wir mehr miteinander unternehmen! Die Zeiten ohne gemeinsames Hobby waren Geschichte. Wir würden gemeinsam Opern, Operetten, Musicals, Schauspiel und Ballettaufführungen erleben, anschießend vielleicht noch einen Happen essen gehen, gepflegt über die Inszenierung plaudern und dabei unsere besten Ausgehklamotten tragen. Allein die Vorstellung davon fand ich bereits irrsinnig … erwachsen! Ja, das war es. Wir waren angekommen. Vernünftig. Kultiviert. Ü50.

Es begann ganz wunderbar. Mit *My fair Lady* kann so leicht auch nichts schiefgehen. Da bräuchte man schon total unbegabte Sänger und einen avantgardistischen Regisseur, um dieses schöne Musical zu zerstören. Und so was gibt's in unserem Provinztheater zum Glück nicht. Alles war, wie es sein sollte. Schöne Kulisse, historische Kostüme, dazu die wunderbare Geschichte mit jeder Menge Wortwitz und Gefühl, nicht zu vergessen die einschlägigen Ohrwürmer, von »Ich hätt' getanzt heut Nacht« bis »Hei, heute Morgen mach ich Hochzeit«.

»Ist das nicht die Melodie von ›Hörst du die Regenwürmer husten‹?«, raunte mein Mann mir zu. Der Sekt in der Pause hatte ihn in eine angenehm alberne Stimmung versetzt. Ich musste zugeben, dass dem so war bzw. dass vielmehr umgekehrt ein Schuh draus wurde, und nahm mir vor, beim nächsten Mal die Sache mit der Getränkevorbestellung zu testen.

Vier Wochen später war es so weit. Anlässlich des grandiosen Schauspiels *Wer hat Angst vor Virginia Woolf* wurde uns klar, dass dieses System absolut praktisch ist: Man bestellt und zahlt schon vor Beginn der Vorstellung, stellt ein nummeriertes Reservierungsschildchen auf den Tisch seiner Wahl, und wenn später die weniger Vorausschauenden an der Theke Schlange stehen, kann man es sich schon ganz entspannt schmecken lassen. Auf diese Weise vorbereitet schafft man in einer Theaterpause locker ein Glas Schampus, ein stilles Wasser und einen Toilettengang.

Leicht benebelt wankt man dann zurück auf seinen Platz und genießt die zweite Halbzeit ... ähm ... den zweiten Teil der Vorstellung – der übrigens meist etwas kürzer ist als der erste, sich aber viel länger anfühlt. Bei *Wer hat Angst vor Virginia Woolf* ist mir das zwar nicht so stark aufgefallen, dafür aber beim nächsten Theaterbesuch, einem Ballett. Es ist ja wirklich beeindruckend, welche Verrenkungen diese Tänzerinnen und Tänzer machen können, ohne dass ihnen ein Körperteil abbricht oder sie sich wenigstens eine Zerrung holen und vor Schmerz am Boden winden. Aber nach spätestens einer halben Stunde habe ich für meinen Teil genug darüber gestaunt, und dann würde es mir eigentlich auch reichen. Ich vermute ganz stark, dass Einstein seine Relativitätstheorie während eines Ballettbesuchs entwickelt hat, denn die Zeit scheint dort fast so langsam zu vergehen wie während einer elend langweiligen Doppelstunde Bio damals in der Schule.

Woran das wohl liegen mag? Im Kino verfliegt die Zeit doch regelrecht. Lediglich das etwas zu geringe Fassungsvermögen meiner Blase (warum muss ich auch immer einen Literbecher Cola light bestellen?) bringt mich dort dazu, auf die Uhr zu sehen. Nicht mal bei »The Revenant«, den ich für unnötig langatmig und maßlos überschätzt halte, empfand ich es so wie im Theater.

Dass es meinem Mann ebenso ging wie mir, merkte ich an seinen heimlichen Blicken aufs Smartphone. Vermutlich hätte er am liebsten seine Mails abgerufen oder auf Facebook gesurft, aber das wagte er dann doch nicht. Schließlich waren wir kultiviert. Nicht wahr?

Es gibt übrigens nur einen Moment, in dem die Zeit noch langsamer zu vergehen scheint, als wenn man auf das Ende einer Theatervorstellung wartet. Nämlich den, wenn dieses Ende tatsächlich gekommen ist und es ans Klatschen geht. Ich weiß, der Lohn der Akteure ist nun mal der Applaus. Und es sei ihnen auch gegönnt, mehrmals und immer wieder in neuen Konstellationen nach vorne zu treten und sich zu verbeugen. Aber warum in aller Welt muss das Klatschen so schmerzhaft sein? Schon nach spätestens einer Minute tun die Hände so weh, dass ich mir wünsche, jemand würde endlich mal eine Klatsch-App entwickeln. »Aua«, möchte ich rufen, nicht »Zugabe«, wie einige Irre es tun, die aus unerfindlichen Gründen nicht genug bekommen können.

Unser nächster Theaterbesuch war die ultimative Herausforderung: eine Oper. Ich hatte während der Schulzeit bereits mehrfach das Vergnügen gehabt, aber unser Musiklehrer war so klug gewesen, anfängergeeignete Stücke auszuwählen. Mozart und so. Nun aber hatten wir das Pech, dass eine Oper in italienischer Sprache auf dem Programm stand. Immerhin mit Übertitelung.

»Warum schreit die denn so?«, fragte mein Mann irritiert, als die Sopranistin loslegte.

»Das heißt Koloratur«, erklärte ich, musste ihm aber im Stillen recht geben. Schön war anders. Bestimmt hatte die Gute jahrelang fleißig geübt, ihre Technik verbessert, schwere Passagen auswendig gelernt und sich ein Mordslungenvolumen antrainiert, aber mir gefiel diese Art des Gesangs auch nicht.

Und dann wurde mir klar, warum bei so vielen Aufführungen die Zeit stillzustehen scheint: weil nichts passiert! Ich will flotte Dialoge, einen Plot, echte Spannung! Damit ist es beim Ballett nicht weit her, und in der Oper ist es auch nicht viel besser. Aus der Frage, ob sie das Haus betreten sollen oder lieber nicht, machten die Hauptfiguren ein knapp zehnminütiges Duett mit unzähligen Textwiederholungen (wie die Übertitel verrieten). Am liebsten hätte ich mit Rotstift »Handlung vorantreiben« ins Libretto geschrieben. Nein, das ist gelogen: Am liebsten hätte ich laut »laaaaaaangweilig« gebrüllt! Aber ich tat es nicht. Man ist ja – wie gesagt – kultiviert.

»Die zweite Hälfte ist ein bisschen kürzer«, sagte ich in der Pause, als mein Mann und ich uns mit unseren Sektgläsern zuprosteten.

»Aber nicht kurz genug«, seufzte er. »Das ist so schrecklich!«

Ich konnte ihm nicht widersprechen.

Die Idee überkam uns ganz unvermittelt. Wir schauten einander nur an und sagten nichts. Das war auch nicht nötig. Langsam, so, als ob gar nichts wäre, leerten wir unsere Gläser und machten uns dann unauffällig auf den Weg nach unten, so, als wollten wir nur noch rasch zur Toilette gehen. Aber statt nach rechts abzubiegen, stießen wir die Tür nach draußen auf und machten uns hastig davon.

Bis das Theater außer Sicht war, liefen wir im Eiltempo. Danach bekamen wir erst einmal einen gepflegten Lachkrampf, als wären wir alberne Teenies, keine seriösen Silver Ager.

»Pizza?«, fragte mein Mann, als wir uns einigermaßen beruhigt hatten.

Ich nickte. »Unbedingt. Ist immerhin auch italienisch.«

Unseren nächsten Abo-Termin ließen wir übrigens gleich sausen. Es war zwar ein Schauspiel, aber ein extrem modernes. Eins ohne Text und ohne Handlung. Laut Website des Theaters war dem Verfasser die Idee dazu gekommen, als er einst in einem Straßencafé saß und die vorbeilaufenden Menschen beobachtete.

»Blödsinn«, kommentierte mein Mann, als ich ihm das vorlas. »Da gehen wir lieber selbst ins Straßencafé. Da muss man hinterher wenigstens nicht applaudieren, bis einem die Flossen bluten.«

Da hatte er ein wahres Wort gelassen ausgesprochen. Und genauso machten wir es dann auch. Es war sehr nett im Café. Wir fühlten uns pudelwohl. So herrlich … unerwachsen!

Hormonalarm

»Boah, ist mir heiß! Ich schwitze wie verrückt! Schau mal!«, sage ich zu meinem Mann und hebe die Arme.

»Äh!«, macht er und guckt konsterniert, »kannst du nicht auch ohne Publikum schwitzen, wie jeder andere NORMA-LE Mensch auch?«

»Ja, aber ich bin eine *Frau*!«, sage ich.

»Das weiß ich. Na und? Es gibt auch normale Frauen.«

Wie »na und«? Wie »normale« Frauen? Ich schwitze! Ich habe außerdem einen Pickel am Kinn in Form, Farbe und Größe einer Johannisbeere, und ich weine gleich!

»Ich bin ganz bestimmt in den Wechseljahren!«, rufe ich, aber mein Gatte reagiert nicht darauf. »Menopause?«, hake ich nach und probiere, ob ich nicht schon eine kleine Träne aus dem Augenwinkel drücken kann.

»So plötzlich?« Er grinst. Was ist denn das bitte für eine Re-aktion? Das ist ja mal wieder typisch. Meine Welt stürzt in sich zusammen, und er findet das lustig.

»Ja, so plötzlich!«, sage ich eingeschnappt. Frauen in den Wechseljahren brauchen besonders viel Aufmerksamkeit und liebevolles Verständnis, habe ich gelesen, und Partner, die nicht immer lachen. Gut, so schnell finde ich jetzt aber auch keinen anderen. Und was soll es sonst sein, wenn nicht die Hormone? Die sind doch sowieso beinahe immer im Spiel. In der Pubertät. In der Schwangerschaft. Danach. Im immer wiederkehrenden PMS-Eisprung-Periode-Tidenhub. Total übertrieben. Und nun eben die Wechseljahre. Warum auch nicht? Gut, draußen hat es vermutlich knapp vierzig Grad Celsius und die ganze Welt schwitzt, sogar mein Sohn, und der ist elf und vermutlich wechseljahrresistent, mein Zyklus ist nach wie vor sehr zuverlässig und vermutlich auch schuld an der Johannisbeere in meinem Gesicht, diesem merkwürdigen Schwabbel am Bauch, der gestern noch nicht da war und den ich ganz unbedingt für die zu erwartende Menoplauze hielt (was für ein schlimmes Wort!). Ich habe immer noch das dringende Bedürfnis zu heulen und eine laute Stimme in meinem Kopf, die da schreit: »ICH! WILL! SCHOKO-LADE!« Ja, vermutlich liegt der Verdacht nahe, dass ich meine Periode bekomme.

»Das denke ich auch«, sagt mein Mann, als ich zähneknirschend diesen Gedanken äußere. Er grinst immer noch. »Kein Wunder, dass du so eine Heulsuse bist.«

Echt jetzt. Ich bin keine Heulsuse! Und so blöde Sprüche kann ich überhaupt nicht brauchen. Wer ist er denn jetzt, Hormonforscher oder was? Nein, was ich dringend brauche, ist ein Instant-Scheidungsanwalt. Warum gibt's das eigentlich nicht auch noch bei diesen ganzen Pizzaservicedingern, bei denen man sonst alles bestellen kann? Lieferanwalt? Scheidungs-App? Getrennt to go? Das wäre doch noch mal eine Marktlücke. Ich hätte Bedarf. Heute. Morgen kann das alles schon ganz anders sein. Wird. Wird es anders sein, aber nur, wenn er recht haben sollte und es sich bei diesen Symptomen um PMS handelt. Sind es die Wechseljahre, kann es dauern. Seeehr lange. Selber schuld. Hätte er mal nicht gelacht.

Doch, doch, ich bin sehr gerne eine Frau. Sehr gerne habe ich Kinder bekommen und beobachtete zutiefst beeindruckt, was mein Körper zu leisten in der Lage war und ist. Natürlich ist diese ganze Bluterei nichts, was mir wahnsinnig viel Freude bereitet, aber als ich mir einmal zu Verhütungszwecken eine Hormonspirale einsetzen ließ, fand ich es eher gruselig, dass ich nun gar keine Menstruation mehr hatte. Irgendwie fühlte es sich so an, als könnte mein Körper sich ohne nicht mehr richtig reinigen. Komisch, oder?

Aber das ist auch schon ein paar Jahre her. Jetzt ist einfach mal gut, finde ich. Ich mag nicht mehr. Ich mag die Stimmungsschwankungen weder ertragen noch meinem Mann erklären. Ich will mich nicht mehr einmal im Monat aufgeblasen fühlen wie ein Michelin-Männchen. Außerdem habe ich die undefinierbaren Rücken-/Bauchkrämpfe satt, ganz abgesehen von den ollen Tampons und Binden. Ich mag meinen Körper, er hat alles prima gemacht. Ich werde mich weiterhin gut um ihn kümmern, auch wenn er nicht so penetrant einmal im Monat meine volle Aufmerksamkeit fordert, ich schwöre.

Aber ich verstehe mich selber nicht: Einerseits will ich jung und frisch und knackig bleiben und hätte gern, dass mein Körper alles kann, was er auch mit Mitte dreißig konnte, andererseits will ich all das »Menstruationsgedöns« endlich loswerden. Ich habe Angst vor den Wechseljahren – und sehne mich nach ihnen. Ich bin ja wohl total bekloppt!

Und außerdem: Warum hängt jung und knackig eigentlich (zumindest in meinem Kopf) so sehr an meinem Zyklus? Das muss ich doch nicht davon abhängig machen, oder? Und überhaupt, wie weiß ich denn, wo mein Körper gerade steht? Ich weiß, dass Östrogen und Gestagen beispielsweise wichtig für den Feuchtigkeitsgehalt meiner Haut sind, für meine Knochenfestigkeit, den Blutzuckerspiegel und gegen Herz-Kreislauf-Erkrankungen. Nicht nur das Offensichtliche (wie meine Stimmung und mein Aussehen) werden davon beeinflusst, sondern auch tatsächlich die Gesundheit. Also wäre es vielleicht wirklich nett zu wissen, wie es damit bei mir aussieht.

Ich frage meine Gynäkologin, wie ich herausfinden kann, ob ich schon in den Wechseljahren bin und was ich gegen die ersten Beschwerden (wie Schlaflosigkeit, Hitzewallungen, die MENOPLAUZE und Co.) so tun kann. Und ich lerne:

Um herauszufinden, ob ich schon in den Wechseljahren bin (oder ob meine »Beschwerden« vielleicht doch ernstere Ursachen haben), kann man einen sogenannten Hormonstatus erstellen lassen. Den bietet der Gynäkologe oder die Gynäkologin im Rahmen der Vorsorgeuntersuchung an. Dabei wird hauptsächlich der Progesteron-, Östrogen-, Gestagen- und der FSH-Spiegel im Blut oder auch im Urin gemessen. Es gibt auch Speicheltests, die manche Hormone, wie zum Beispiel Progesteron, Estradiol, Cortisol oder Melatonin, nachweisen können. Eventuell (besonders, wenn ein Krankheitsverdacht vorliegt) übernimmt die Krankenkasse die Kosten. Ob man Hormone nehmen soll oder will, muss man aber mit dem Arzt seines Vertrauens besprechen, schließlich haben sie nicht nur positive Auswirkungen auf den Körper, sondern stehen außerdem im Verdacht, Brustkrebs auslösen zu können.

Um die Wechseljahre gut zu überstehen und dabei gesund zu bleiben, kann man aber auch selbst einiges tun:

Eine gesunde Ernährung ist natürlich ganz besonders wichtig. Ausreichend Eiweiß, genügend Vitamine (A-, C-, E-, und B-Vitamine), Calcium und viel trinken … ausreichend Bewegung – nichts Neues, oder?

Es gibt außerdem auch die Möglichkeit, mit sogenannten Phytohormonen, also Hormonen auf pflanzlicher Basis, den Spiegel ein wenig auszugleichen.

Ein ausgeglichener Hormonhaushalt unterstützt natürlich auch die Schönheit – von innen. Und er verhindert all diese schrecklichen Fress-, Heul- und Schwitzattacken, die wir nicht verdient haben und für die wir überhaupt nichts können. So sieht's aus.

In der Homöopathie wird übrigens oft Mönchspfeffer (Agnus Castus) empfohlen: Die Globuli unterstützen einen stabilen Zyklus und einen ausgeglichenen Stoffwechsel.

Und ich? Ich esse jetzt erst mal ganz in Ruhe eine Tafel Schokolade.

Zum Weiterlesen:
Michael E. Platt: Die Hormonrevolution, vakverlag 2014.

»Pimp my Hormonspiegel« – Wer sich mit Pflanzenhormonen gezielt etwas Gutes tun will:
– Dörrobst (wie zum Beispiel Aprikosen oder Pflaumen): schützt dank der enthaltenen Phytoöstrogene die Knochen vor Osteoporose (eine kleine Handvoll pro Tag)
– Hopfen: kann durch die Pflanzenhormone Campestrol, Beta-Sistosterol und Stigmasterol hormonell bedingte Migräne positiv beeinflussen (drei Tassen Tee pro Tag)
– Knoblauch: beeinflusst hormonell bedingten Bluthochdruck und zu hohen Cholesterinspiegel und verringert zusätzlich die Gefahr einer Thrombose (ein bis zwei Zehen pro Tag)
– Leinsamen: hat den höchsten östrogenähnlichen Lignangehalt und somit eine enorm positive Auswirkung auf Wechseljahresbeschwerden: Die Haut behält ihre Feuchtigkeit, Schlafstörungen und Hitzewallungen werden minimiert und

auch die Psyche profitiert (25 g pro Tag machen einen Unterschied)

– Nachtkerzenöl: Die enthaltene Linolsäure wird in Prostaglandine umgewandelt und sorgt für frische und straffe Haut, in Kapselform in der Apotheke erhältlich (Dosierung nach Packungsbeilage)

– Salbei: Stoppt nächtliches Schwitzen durch östrogenähnliche Phytohormone (als Tee eine Tasse vor dem Einschlafen)

– Thymian und Liebstöckel: bremsen den hormonellen Haarausfall durch Beta-Sistosterol (drei bis fünf Tassen Tee pro Tag)

Sie haben Post! Oder:
Hilfsmittel – nein, danke!

Hormone – sind das nicht diese Dinger, die dafür sorgen, dass
ich alle vier Wochen für einen halben Abend an mir selbst,
meinem Leben, dem Universum und dem ganzen Rest zwei-
fele? Ich weiß, anderen bereiten sie viel mehr Probleme. Und
ich vermute, die erste Hitzewallung lässt nicht mehr lange
auf sich warten. Aber vielleicht gehöre ich ja zu den glücklichen Frauen, die überhaupt nicht unter Wechseljahresbeschwerden leiden? Am besten, ich gehe einfach mal davon
aus. Immer schön positiv denken: Ich hab nix. Ich krieg nix.
Ich brauche nix gegen irgendwelche Symptome, die überhaupt nicht da sind. Schon gar nicht gegen Symptome des
Älterwerdens. Auch nicht, wenn sie supertrendy sind …

Neulich waren wir im Urlaub. Mein Mann und ich sowie ein
befreundetes Ehepaar. Vier Leute. Und ich hatte als Einzige von allen kein Fitnessarmband dabei. Somit war ich auch
die Einzige, die abends nicht wusste, wie viele Schritte sie im
Laufe des Tages gegangen ist. Und die Einzige, die morgens
fröhlich in die Runde fragte: »Habt ihr gut geschlafen?« Wobei ich mir das durchaus hätte sparen können, denn die anderen informierten mich auch von sich aus darüber. Allerdings
nicht auf herkömmliche Weise, von wegen: »Prima hab ich
geschlafen, tief und traumlos.« Nein, eher so: »Ich habe sechs
Komma fünf Stunden geschlafen, davon zwei Stunden Tief-

schlaf. Und zwischendurch war ich dreimal wach.« Toll. Beeindruckend. Und irgendwie … gruselig. Ich jedenfalls will das nicht. Vielleicht wache ich zwischendurch auch öfter mal auf, keine Ahnung. Aber warum sollte mich das interessieren? Es würde mich auch kaum zu mehr Bewegung motivieren, wenn es an meinem Handgelenk alle 10 000 Schritte klingeln würde. Vermutlich würde ich vielmehr alles tun, um 9999 Schritte nicht zu überschreiten. Oder aber den Ton abschalten – womit das Ganze endgültig seinen Sinn verlieren würde …

Vielleicht ist es ja auch gar kein Fitnessarmband, das ich brauche, sondern vielmehr ein Anti-Schnarch-Armband? Meinen Mann jedenfalls würde es sehr freuen, wenn mein nächtliches Gesäge ein Ende hätte. Neulich hatte ich – sicher aus purem Zufall – eine entsprechende Werbemail im Posteingang. Und ich muss zugeben, mir das Angebot einmal näher angeschaut zu haben. Aber dann habe ich es doch ganz schnell weggeklickt: Wie – bei jedem Schnarcher gibt das Ding einen leichten elektrischen Impuls ab? Das darf doch nicht wahr sein! Mit anderen Worten, man bekommt jedes Mal ordentlich eine gewischt. Bei meiner Schnarcherei würde das bedeuten, dass ich am nächsten Morgen komplett durchgegrillt wäre. Kommt gar nicht infrage!

Überhaupt bekomme ich in letzter Zeit ziemlich seltsame Werbemails mit altersgerechten Angeboten, auf die ich vielleicht mit achtzig oder hundert einmal zurückkomme, aber garantiert noch nicht mit Anfang fünfzig. Keine Ahnung, warum die bei mir landen. Sicher ein Fehler. Nahrungsergänzungsmittel, die fit und schön machen, sind leider nicht dabei. Noch ein Fehler, wenn ich mir Lucindes tolle Haut so anschaue …

Hier die Top Ten der Senioren-Spam-Angebote

1: Ein Klassiker – der Treppenlift

Angenommen, ich wäre nicht mehr dazu in der Lage, Stufen zu gehen, und ich hätte auch nicht die Möglichkeit, in eine barrierefreie Ein-Etagen-Wohnung zu ziehen: Ein Treppenlift wäre dennoch so ziemlich das Letzte, was ich mir wünschen würde. Viel zu groß wäre meine Angst, unterwegs vor Langeweile einzuschlafen und vom Sitz zu rutschen. Oder vor Lachen herunterzufallen. Ganz sicher würde ich nicht milde, selbstzufrieden und fast triumphierend lächeln, so wie die Menschen in den einschlägigen Werbeanzeigen. Ich besäße auch gar nicht die passenden Popeline-Blusen, Bequemschuhe und Trevira-Hosen.

2: Ginkgo-Kapseln – kannste vergessen!

Also bislang funktioniert mein Oberstübchen zufriedenstellend. Zwar nicht einwandfrei (es gibt Menschen, die behaupten, ich würde mich ständig wiederholen), aber doch so, dass ich prima durch meinen Alltag komme und auch meinen Beruf einwandfrei ausüben kann. Und der beansprucht das Hirn immerhin mehr als jedes andere Körperteil (was vielleicht gut als Anti-Demenz-Training ist, jedoch eher unvorteilhaft für den Stoffwechsel). Aber angenommen, es wäre anders: Was würde es nutzen, Ginkgo-Kapseln zu kaufen, wenn man es dann verschwitzt, sie einzunehmen? Meine Theorie: Solange man daran denken würde, braucht man sie nicht. Und wenn man sie braucht, vergisst man sie. Klassisches Dilemma.

3: Matratzenauflagen und anderer Schnickschnack fürs Bett

Ja, mit »Schnickschnack« meine ich ausschließlich jugendfreies Zubehör. Und nein, ich halte nichts von zusätzlichen Auflagen, Keilen, Formkissen, Stützen und Polstern. Wo, bitte, soll man denn da noch liegen, wenn all dieser Krempel im Bett rumfliegt? Was, wenn man mühevoll ein Plätzchen gefunden hat und sich dann mal umdrehen will? An den Akt des Bettbeziehens will ich erst gar nicht denken. Als ob das nicht auch so schon anstrengend genug wäre! Nix da, in mein Bett gehören nur mein Kissen, meine Decke und mein müder Ü50-Leib!

4: Das Gartenhöckerchen – echt nicht zum Niederknien!

Gepflegte Gärten sind ein schöner Anblick. Ohne Zweifel. Aber so sehr, dass ich freiwillig einen Finger im Garten krumm mache, sehne ich mir diesen Anblick nun doch nicht herbei! Entweder es findet sich ein anderer Freiwilliger – oder aber unsere Plantage verwildert. Das kann ja auch ganz reizvoll aussehen, finde ich. Was ich demnach garantiert nicht brauche, ist ein praktisches Höckerchen, auf dem man bei der Gartenarbeit knien kann. Im Schweiße seines Angesichts. Mit krummem Rücken und reichlich Dreck unter den Fingernägeln. Am Ende berührt man versehentlich eine Nacktschnecke. Oder einen Regenwurm. Oder eine Blindschleiche! Grundgütiger ...

5: Körperanalyse-Waage – im Nein liegt die Wahrheit

Warum in aller Welt sollte ich mir von einem Haushaltsgerät den Tag verderben lassen? Ich weigere mich seit Jahren, auf eine Waage zu steigen, und ich schwöre: Ohne das Wissen um mein aktuelles Körpergewicht lebt es sich ganz prima. Ob ich zu- oder abgenommen habe, verraten mir auch meine Hosen. Und der Spiegel. Und mein Mann. Letzterer übrigens nur, wenn ich abgenommen habe. Meine Zunahmen ignoriert er gnädigerweise. Der Gute.

Was ich übrigens noch weniger wissen will als mein Gewicht: die Zusammensetzung meines Körpers. Wie viel Prozent Knochen, Wasser, Fett ... Also bitte. Was sollte ich mit einer solchen Information anfangen? Mich eine Viertelstunde lang mies fühlen und dann eine Handvoll Entwässerungstabletten, Anti-Osteoporose-Kapseln und Diätpillen einwerfen? Pah! Wenn es hingegen mal eine Waage gäbe, die anzeigen würde, wie viel das nutzlose Wissen wiegt, das ich im Laufe meines Lebens gespeichert habe, würde ich mir die Sache noch mal überlegen. Fände ich durchaus spannend. Aber so was erfindet natürlich wieder mal keiner!

6: Rasant, rasanter, Elektro-Scooter

In Holland, wo wir sehr häufig unseren Urlaub verbringen, ist der Elektro-Scooter die Fortsetzung des Radfahrens mit anderen Mitteln. Und ich will auch nicht ausschließen, dass ich eines Tages auf so einem Ding die Radwege unsicher machen werde. Aber dann bin ich hoffentlich so alt wie der Held aus »Eierlikörtage. Das geheime Tagebuch des Hendrik Groen, 83 1/4 Jahre«. Einstweilen bleibe ich bei Auto, Fahrrad und Schusters Rappen. Das Buch dagegen kann ich nur wärmstens empfehlen. Jedenfalls allen, die mehr über das wirkliche Altwerden erfahren wollen und auf reichlich schwarzen Humor stehen.

7: Hausnotrufsysteme – bei Ohnmacht bitte drücken

Diese Systeme sind mindestens so praktisch wie Elektro-Scooter, aber mit Anfang fünfzig gehöre ich ja wohl noch nicht zur Zielgruppe. Und selbst wenn – heutzutage hat man doch rund um die Uhr ein Handy in Griffweite. Ein Posting bei Facebook, eine WhatsApp-Sprachnachricht, eine SMS oder ein Anruf beim Rettungsdienst wird damit sicher noch gelingen. Also bitte, liebe Werbemail-Versender – verschont mich künftig auch mit Angeboten dieser Art. Sie sind wahrlich nicht gut fürs Ego!

8: Augen lasern zum Sonderpreis – never ever!

An meine Augen lasse ich nur Wasser und – ähm – sonst nichts. Nicht im Traum würde mir einfallen, Kontaktlinsen zu tragen, selbst wenn ich glasbausteindicke Brillengläser hätte (was nicht der Fall ist, wie im Gleitsichtdingens-Kapitel nachzulesen ist). Noch viel weniger würde ich einer Augen-OP zustimmen, solange sie nicht lebenswichtig wäre oder ansonsten die Gefahr zu erblinden bestünde. Und ganz gewiss würde ich mich nicht für eine Operation zum Sonderpreis entscheiden – weder in Tschechien noch sonstwo. Nur damit auch das mal geklärt ist.

9: Luxus-TV-Sessel? Ich will doch nur hier sitzen …

Es gibt hübsche Sessel. Geblümte Sessel. Wuchtige Sessel. Ohrensessel. Designersessel.

Und es gibt Fernsehsessel!

Nicht, dass man nicht jeden anderen Sessel vor eine Glotze stellen (oder, und jetzt müsst ihr ganz stark sein, liebe Möbelverkäufer: in einem TV-Sessel einfach lesen) könnte. Aber ein Fernsehsessel, der auch so heißt, ist nun mal ein anderes Kaliber. Ganz deutlich zu erkennen an dem lächerlich überhöhten Preis, der die Tausend-Euro-Marke selten unterschreitet. Oder am Lederbezug in brutal geschmackloser Steppung. Oder an den völlig unnötigen Zusatzfunktionen. Automatische Verstellung ist natürlich Standard. Füße hoch, Rücken flach, Aufstehhilfe. Doch das ist erst der Anfang! Mit dem Preis steigt auch der integrierte Luxus. Vibrationsmassage. Sitzheizung. Schaukelfunktion als Demenzprophylaxe! Großartige Sache, ganz bestimmt. Aber mir geht's wie dem gebeutelten Herrn aus Loriots »Szenen einer Ehe«: Ich will nur hier sitzen. Das mit der Demenz ist noch nicht so akut. Siehe Punkt 2.

10: Hundert Prozent Bleichgesicht – Anti-Altersflecken-Creme

Ja, ich gebe es zu: Ich hätte Bedarf an dieser Creme. Zu oft hat man mich schon darauf aufmerksam gemacht, dass ich da was habe. Unter dem linken Auge. Schokolade? Nein, bloß ein Altersfleck. Was mich daran vor allem stört, ist, dass ich das so häufig richtigstellen muss. Und, na ja, dass er dunkler und größer wird.

Der Leidensdruck ist also nicht allzu groß. Aber man will sich schließlich nicht gehen lassen, oder?

»Ich lass mir das weglasern«, habe ich neulich verkündet. »Oder ich kaufe mir so eine Anti-Altersflecken-Creme.«

Mein Mann war völlig entgeistert. »Wozu das denn?«

»Na, damit dieses Ding da weggeht.«

»Aber das ist doch ein Schönheitsfleck!«, rief er mit solch

inbrünstiger Empörung, dass ich keine Sekunde am heiligen Ernst seiner Worte zweifelte.

Natürlich weiß ich es besser. Ein Schönheitsfleck ist das, was Marilyn Monroe auf der Wange hatte oder was die Gesichter von Cindy Crawford, Eva Mendes und Madonna so charakteristisch macht. Aber Schönheit liegt nun mal im Auge des Betrachters. Und solange mein Mann der Betrachter ist, ist doch alles gut! Es sei denn, der Fleck fängt an, mich selbst zu nerven …

Die Boutique Erotique,
Monique und ique

»Ique« gibt es natürlich nicht. Es muss »ich« heißen. Aber die
vielen »-ques« machen mich ganz wuschig. Das ganze Thema macht mich sowieso … sagen wir: nervös. Aber die Aufregung gehört ja bei »Erotique« dazu wie die Kirsche auf der
Schwarzwälder Torte. Und bei der gibt es qualitätsmäßig
genauso himmelweite Unterschiede wie bei dem angeblich
liebsten Zeitvertreib der Menschen. Gleich nach dem Essen.
Nur der Form halber: Das mit dem *liebsten* stimmt gar nicht.
Ich habe nach einer Statistik gesucht, die das belegt, aber alle
Statistiken, die ich gefunden habe, hören bei Nummer zwanzig auf, und keine der Kategorien davor hatte was mit Sex zu
tun. Ich habe jetzt einfach mal beschlossen, dass es zwischen
»Freunde treffen«, Platz zwei, »Sport treiben«, Platz fünf und
»nichts tun«, Platz sieben, gehört. Es gäbe auch noch »ehrenamtliche Tätigkeiten« zur Auswahl, muss jeder selbst wissen.
So oder so ist es ein Thema, das die meisten Menschen beschäftigt. Und zwar Männer und Frauen gleichermaßen. Egal
in welchem Alter. Spannend ist, dass es gerade um die fünfzig wieder einen Höhepunkt gibt. Also statistisch gesehen.
Dementsprechend sind es in sexueller Hinsicht offenbar ein
paar mehr. Und das, obwohl böse Menschen behaupten, dass
Essen die Erotik des Alters sei. STIMMT JA GAR NICHT,
sagt die Statistik! ÄTSCH! Aber das ist ja auch kein Wunder, schließlich ist es gerade jetzt wieder besonders aktuell:

Entweder die Kinder sind aus dem Haus und man hat wieder viel mehr Muße und Zeit, in der man all die schönen Dinge tun kann, die zu zweit mehr Spaß machen – oder man lässt sich scheiden, weil man merkt, dass man nun endlich genug voneinander hat. So oder so: Sex ist ein Thema. Meine frisch geschiedenen Freundinnen wollen sich zum Beispiel in jeder Hinsicht komplett neu erfinden. Und auch diejenigen, die ungefähr ein Vierteljahrhundert verheiratet sind, haben nichts dagegen, ihr eheliches Sexleben ein wenig zu pimpen. Die Beweggründe sind jeweils anders, aber lernen kann jede von uns noch was. Oh ja.

Also nochmal von vorne: Erotique und ique. Genauer gesagt, nicht nur ich, sondern wir. »Wir« sind zu zehnt. Nadine, Sabine, Jacqueline, Celine, Chantal, Chanel, Chloe, Hanni und Nanni – und eben ich, alias Monique, weil es so schön klingt. Natürlich haben wir nur für mich einen Alias-Namen ausgesucht. Die anderen heißen selbstverständlich wirklich so. Alle. Schon immer. Jedenfalls wenn »immer« zehn Minuten bedeutet. So lange stehen wir nämlich schon am Bahnsteig und warten auf die S-Bahn nach Stuttgart, wo wir einen Freundinnenabend bei Frau Blum, Stuttgarts berühmter Boutique Erotique, gebucht haben. Während des Wartens erzählen wir uns gegenseitig, wie unheimlich gewagt wir es finden, alle zusammen in einen Sex-Shop zu gehen, was Frau Blum natürlich im Grunde genommen ist. Den geschmackvoll eingerichteten und frauenfreundlichen Laden darauf zu reduzieren wäre allerdings völlig falsch, denn man kann dort auch Soireen besuchen, Lesungen hören und Kunst bestaunen. Boutique Erotique hört sich außerdem viel besser an. Ebenso wie all unsere schönen Mädchennamen, und vor allem viel besser als »Dildoparty«, was es schließlich nicht werden wird. Hoffentlich. Oder wenn, dann nur zu einem klitzekleinen Bestandteil. Sehen Sie? Ich rede total um den heißen Brei herum. Ich werde mich bessern, versprochen, aber dazu brauche ich erst einmal ein Glas Sekt, oder besser zwei, denn ich bin aufgeregt. Merkt man kaum, ich weiß. Alle sind aufgeregt. Chantal sagt, ihr Mann dürfe nichts erfahren. Chloe sagt, ihre Söhne sollten nichts davon wissen, ihre Mutter nicht und auch sonst niemand, den sie kennt. Jacqueline will nicht, dass es jemand bei der Arbeit erfährt, und überhaupt, warum noch mal steht sie an der Bahn? Nur weil ich, alias Monique, mal wieder so eine besch… besonders tolle Idee hatte, was man als Frau in den besten Jahren so mit seiner vielen Freizeit machen kann. Und gerade für solche Abenteuer hat man schließlich Freundinnen, oder? Überhaupt: Viele von uns sind seit beinahe zwanzig Jahren verheiratet, andere Neu-Single, und alle sind grundneugierig. Auf alles. Und jede ist ein bisschen gestresst. Hanni und Nanni mussten noch schnell einen Babysitter organisieren, Chanels Schlüssel ist verschwunden, Celine ist sich nicht sicher, ob sie den Herd wirklich ausgemacht hat – und ich überlege mir, ob es etwas zwischen uns verändert, wenn wir über unser Sexleben auspacken, und ob wir noch Freundinnen sind, wenn die Ladys erfahren, dass ich nicht nur den Abend, sondern auch noch einen Burlesque-Workshop bei Fanny di Favola gebucht habe. Die heißt übrigens ganz sicher auch so.

Das Beruhigende: Die beiden Ladys von Frau Blum, Mascha und Alex, sind normal. Und ungefähr so alt wie wir. Gut, sie tragen schwarze Kleider, pinkfarbene Plüschschuhe und Blumen im Haar, aber ein bisschen muss es ja auch nach was aussehen. Wo kämen wir denn da hin, wenn drüber groß Erotique steht und drinnen lehnen zwei kaugummikauende graue Mäuse in Jeans, Shirt und Turnschuhen am Tresen? Eben. Geht nicht.

Man merkt, es ist ihr Laden und die ganz große Leidenschaft. Stilvoll und schön ist er eingerichtet, mit viel Holz, alles total edel und mit Liebe zum Detail – sogar das extra für uns arrangierte Häppchenbüfett und der »Sale«-Tisch. Unauffällig schaue ich mal rüber. Mindestens die Hälfte der Dinge kenne ich weder, noch kann ich sie trotz viel Fantasie in irgendeine der Kategorien Mann/Frau/beide/zufällig herumstehende Haushaltsgeräte einordnen. Allein beim großen ockerfarbene Spermien-Mobile aus Samt, das über dem Büchertisch hängt, weiß ich, was es ist. Tadaaa – es ist ein ockerfarbenes Spermien-Mobile. Aus Samt. Schade, dass meine Kinder schon groß sind, gern hätte ich es Holger zur Geburt seines einzigen Sohnes geschenkt. Ich finde das total passend, und dann hätte ich schon was gefunden, was ich hier kaufen kann, ohne irgendetwas über mein Sexleben preisgeben zu müssen. So richtig will das ja keine von uns. Also, ich würde nicht sagen, dass wir verklemmt sind (WIR DOCH NICHT!), aber irgendwie sprechen wir über »so was« eher weniger. Es geht ja auch gar nicht um die Mädels, schließlich haben wir schon tausendmal in der Sauna nebeneinandergesessen, unsere Kinder voreinander gestillt und uns über intime Merkwürdigkeiten unseres Körpers unterhalten. Was Nadines Mann für sexuelle Vorlieben hat, wie die Größenverhältnisse zwischen Sabines xxxxx und Martins yyyyyy sind und wie lange Nannis Stefan durchhält, will ich mir trotzdem nicht vorstellen. Ich müsste immer, IMMER daran denken, wenn ich sie sehe. Danke, aber – nein, danke.

Nach ein bis vier Gläsern Sekt hat sich hier einiges relativiert. Vor allem was die Zurückhaltung der Gäste und die

Schüchternheit derselben angeht. Ich komme mir vor wie bei einer Sonderausgabe »Lach- und Sachgeschichten« der *Sendung mit der Maus*. Für Erwachsene. Für ahnungslose Erwachsene. Wie mich. Ähm. Ich lerne nun endlich, was man mit Liebeskugeln macht (man trainiert damit den Beckenboden), den Unterschied zwischen Vibrator und Dildo (der Vibrator vibriert, unfassbare Erkenntnis) und wozu ein Penisring gut ist (verlangsamt den Blutrückfluss aus dem erigierten Penis, was die Erektion verlängert und somit die Freude).

Bitte, liebe Leserin, stellen Sie sich doch einfach vor, wie rot ich selbst auch beim Schreiben werde, wenn Ihnen dieser Text peinlich ist. Wenn Sie hingegen zu den aufgeschlossenen Damen gehören und eher finden, ich würde mich ein bisschen anstellen, dann habe Sie auf jeden Fall recht. Ich arbeite daran. Mit Sekt. Und Expositionstherapie. So heißt das, wenn man sich dem Thema stellt.

Nachdem ich nun doch mehr über die Männer meiner Mädels erfahren habe, als ich wollte, es mir aber aufgrund des fortgeschrittenen Abends und der unkomplizierten Herangehensweise aller Beteiligten nix mehr ausmacht (und ich nur noch so viel trinken muss, dass ich es bis morgen wieder vergessen habe), ist das auch alles nicht so schlimm. In der Spielzeugecke gibt es wirklich die tollsten Sachen: optisch äußerst ansprechendes Deko-Obst, -Gemüse oder Cupcakes aus Glas oder Silikon, jeweils mit einer entsprechenden Zweitfunktion, oder Überraschungseier, die man besser nicht bei der nächsten Einladung den Kindern der Gastgeber in die Hand drückt. Der Inhalt ist … sehr interessant. Boah, Monique, jetzt sag schon. Na gut. Ich … ähm … Ja. Also, der Inhalt ist eine Silikonmütze für den Penis mit einem reliefartigen Muster. So. Jetzt habe ich es gesagt. Nicht genug?

Was man damit macht? Öhm. Man stülpt die Mütze über den Penis, nachdem man ein wenig Gleitgel … weiter? Puh. Erst nachschenken. Und außerdem traue ich Ihnen durchaus zu, sich den Rest selber vorzustellen. Ich meine, wir kennen uns ja kaum, und ich will Ihnen auf gar keinen Fall zu nahe treten.

Dafür würde ich gerne eigentlich alles kaufen. Nicht nur, weil Mascha und Alex einfach so nett und unverkrampft sind (ganz im Gegensatz zu mir), sondern auch, weil sich die Hintergrundinfos und Einsatzmöglichkeiten der jeweiligen Freudenspender aus ihrem Mund so anhören, als wäre man ohne den »Little Paul«, den »Big Boss« oder die »Lady Bi« irgendwie nicht komplett und außerdem nicht in der Lage, die ganze bunte Welt der sexuellen Möglichkeiten voll auszukosten. Tja. Ich sage nur »Tupperparty« und »Kleine Hitparade«. Wer es aus einer dieser Veranstaltungen rausschafft und nichts gekauft hat, der hat meine totale Bewunderung. Aber natürlich frage ich mich auch, was meine Freundinnen von mir denken, wenn ich jetzt so einen »Big Boss« mit nach Hause nehme, oder einen »Max«, einen beheizbaren G-Punkt-Stimulator. Im Ernst! Beheizbar? Wozu braucht man denn das? Obwohl, im Grunde ist es vielleicht gar nicht so unpraktisch, oder? Man könnte ja, ich meine, zur allergrößten Not, im Winter das Ding dazu benutzen, um das Autotürschloss zu enteisen! Supergut! Vielleicht, so denke ich weiter, sollte jeder so einen »Max« im Handschuhfach haben, und die Industrie hat es nur noch nicht kapiert! Ich aber schon! Ich bin mir sehr sicher, dass sich der Absatz auf dem Weltmarkt verdoppeln, wenn nicht verdreifachen würde, wenn die Welt begreifen würde, was für ein vielfältiges Produkt der »Max« ist! Neben ihm, im Handschuhfach, sollte übrigens unbedingt ein kleiner Hase liegen. Ungefähr fünf Zentimeter lang. Mit Batterie. Seine Funktion? Dies, meine Damen und Herren, ist ein »Stauversüßer«. Zum Auflegen. Über die Klamotten. Im Stau. Ja, genau. Aber, obwohl die Züge auch in Stuttgart ausreichend Verspätung haben, nicht für den öffentlichen Verkehr geeignet. Hilfe! Was sag ich denn da? Was DENKE ich denn da? Öffentlicher Verkehr? Offensichtlich wenig. So geht es mir grundsätzlich beim Einkaufen – und heute hier besonders. Aber hey, einige dieser Dildi (nach lateinischer Rechtschreibung wäre das der korrekte Plural, und weil ich schon seit so langer Zeit nach DER ULTIMATIVEN GE-LEGENHEIT suche, endlich mal irgendwohin schreiben zu können, dass ich, Monique Boutique Erotique alias Lucinde Hutzenlaub, DAS GROSSE LATINUM habe, was wie-der keiner für möglich hält, am wenigsten ich selbst, schreibe ich das jetzt hierhin, und dann muss ich es nie wieder erwäh-nen. So.) – also, einige dieser Dildi machen nicht nur einen sehr stabilen Eindruck, sondern sehen auch so aus, als wä-ren sie äußerst vielseitig verwendbar. Abgesehen vom meist Offensichtlichen, wobei ich manchmal ein bisschen durchei-nanderkomme, welches Teil in welche Körperöffnu… egal, jedenfalls glaube ich, dass man auch mit den anderen Vibra-toren und Co. prima vieles machen kann: Einer der Dildi ist zum Beispiel ein dünner Metallstab, den man sich – Möglich-keit eins – zusätzlich als Schmuck an einer langen Kette um den Hals hängen kann, er sieht – Möglichkeit zwei – außer-dem aus wie eine lange Hundepfeife (ich habe hineingebla-sen, aber da kam nix, also besser doch nicht), außerdem kann man bestimmt – Möglichkeit drei – Zahnstein damit entfer-nen, er vibriert immerhin so enthusiastisch wie die Dinger beim Zahnarzt, oder ihn vielleicht – Möglichkeit vier – als

Tauchsieder benutzen. Dolles Ding. Ich würde ihn vermutlich trotzdem lieber drunter tragen.

Bevor ich mich entscheiden muss, kommt jetzt – Bühne frei – Fanny di Favola. Burlesquetänzerin, Choreografin und geduldige Workshopleiterin von zehn gackernden Frauen, die nach einer Überdosis mit Sekt kompensierter Nervosität nun zu allem bereit sind. Sogar zum Tanzen. Wir fangen ganz klein an. Und stellen fest, dass schon sexy Stehen eine Option wäre, wenn wir denn wie Fanny di Favola anstelle von Turnschuhen silberne Tanzschuhe anhätten und (ich erwähne es nur ungern schon wieder, aber es muss leider sein) der Sekt nicht wäre, ohne den auch keiner mitgemacht hätte. Bei nichts. Nach Stehen kommt Gehen. Ebenfalls sexy. Sagen wir so: Es war ein kurzer Versuch. Sehr, sehr kurz. Top sind wir hingegen beim Ausziehen der langen Handschuhe, die Fanny uns vorher gegeben hat. Ich weiß jetzt übrigens, warum man sich aus- und nicht etwa anzieht, um sexy zu sein. Ich sage nur: Satinhandschuhe. Zehn Finger. Größe S. Zehn Minuten mindestens, bis man die anhat. Aber Ausziehen? Gar kein Problem. Man muss nur immer den Blickkontakt halten und mit den Augen sagen, was man denkt. Die richtigen Sachen denken. Und zwischendrin viel lächeln und gedanklich mit halb geöffnetem Mund ausatmen. Auf *ah*. Hallo! Gedanklich, hab ich gesagt! Und dann geht es wie von selbst. Zum Beispiel so:

Schau mal – ah – wie ich – so sexy – ah – die Handschuhe – Augenaufschlag – Finger unter Handschuhsaum – Lächeln – ah – hinunterschieben – ah – und mit dem Hintern wackeln – ah – und abstreifen – ah – und wegschleudern kann.

War doch gar nicht so schwer.

So, der Handschuh ist also aus. Fehlt nur noch jemand,

der ihn später wieder von der Lampe klaubt. Wären wir jetzt alle Fanny di Favola, wäre dies erst der Anfang. Aber wir sind's, die Vorstadtweiber aus der Nähe von Stuttgart, und wir ziehen nix aus, solange es noch so hell ist, Sekt hin oder her. Frau di Favola zeigt uns trotzdem, wie Erotik geht und wirft sich ordentlich in Schale, Fellcape, Nippel-Kreisel-Troddeln und diese Blicke, dieses Lächeln: verheißungsvoll und sexy. Schon klar. Außerdem kann sie beeindruckende Wackel-Kunststücke mit ihrem Hinterteil. Als ich versuche, auch nur ansatzweise kontrolliert ebenfalls irgendwas wackeln zu lassen, falle ich beinahe um. Sehr schade, denn bei ihr sieht es so leicht aus. Und ich hätte genug Material, das wackeln könnte. Interessant ist, dass man für Burlesque übrigens keinen perfekten Körper braucht. Oder anders ausgedrückt, dass jeder Körper perfekt genug ist, um sich auf diese Art und Weise zu präsentieren. Es kommt nur aufs Selbstbewusstsein an. Ich glaube, ich muss zu Hause weiterüben. Beides. Wackeln und Selbstbewusstsein. Naja, und den Blick. Denn als ich am nächsten Morgen vor dem Frühstück mit Fannys Augenaufschlag loslege, fragt mich mein Mann, ob mir nicht gut ist und ob das vielleicht am gestrigen Abend liegen könnte. Dabei ist es weder eine Frage des Alkoholspiegels noch der morgendlichen Uhrzeit, ob man sexy ist oder nicht. Gut, vielleicht wäre ein anderes Outfit als mein »Ernie und Bert«-Schlafshirt hilfreich gewesen, aber es kann immerhin niemand behaupten, ich hätte es nicht mit einer amtlichen Burlesqueshow versucht:

Augenbrauen hochziehen – ah – Kopf zum Mann drehen – ah – schau mal – ah – wie ich – ah – total sexy mit dem Hintern wackele – ah – und – ah – die Kaffeemaschine – über die Schulter nach hinten schauen – ah – Schulter kreisen – anmache – ah …

Aber was ist denn das? MOMENT! Ich habe doch nur …
die Kaffeemaschine … und die Kinder … STOPP!

Frau Blum:
Boutique Erotique, Reuchlinstraße 11, 70178 Stuttgart
www.fraublum.de

Burlesque:
Fanny di Favola. *www.fannydifavola.com*
Noch mehr Burlesque unter *www.raspberryclub.de*

Ich war noch niemals in New York …
Oder: Die Anti-Bucket-Liste

Neulich, als ich im Autoradio nach einer rauschfreien Welle suchte, stieß ich auf einen Schlagersender, in dem gerade »Ich war noch niemals in New York« von Udo Jürgens lief.

»Ich auch noch nicht«, murmelte ich, »und ich will auch nicht hin. Genauso wenig wie in einen Sexshop.«

In diesem Moment wurde mir klar, dass man mit Anfang fünfzig zwar noch allerhand vorhaben kann, aber dass es mindestens ebenso schön ist, allerhand anderes für immer abzuhaken. Dinge, die man sich einfach nicht (mehr) antun möchte. Wie herrlich befreiend!

Ein Riesenvorteil am Älterwerden ist, dass man sich nicht mehr einreden lässt, wo man dringend hinmuss, was megaangesagt ist und was so gar nicht geht. Nein, man entscheidet einfach selbst, worauf man Lust hat und worauf nicht. Konzentrieren wir uns mal auf Letzteres …

Ich finde, jeder sollte neben seiner Löffelliste mit Plänen, die man noch realisieren will, bevor man denselben abgibt, auch eine Anti-Bucket-Liste aufstellen. Hier ist meine:

1: Exotische Reiseziele – nicht mit mir
Wie gesagt, New York kenne ich nur aus Filmen, und überhaupt war ich noch nie über dem großen Teich. Amerika mag interessant sein, aber man kommt dort sicher auch weiterhin klar, ohne dass ich persönlich vorbeischaue. Genauso

wenig will ich nach Asien, Australien, Neuseeland oder Indien. Dass ich mal in (Nord-)Afrika war, muss reichen. Mehr Exotik brauche ich in diesem Leben nicht. Jedenfalls nicht live. Wozu habe ich eine überschäumende Fantasie und einen riesigen Stapel ungelesener Bücher, die an den herrlichsten Schauplätzen der Welt spielen? Die schönsten Reisen unternimmt man doch eh in Gedanken. Dort gibt es auch keine Erdbeben, Löwen, Taschendiebe – und keine Temperaturen über 25 Grad …

2: Den Segelschein machen – nein, danke!
Segeln ist für viele der Inbegriff von Freiheit und Abenteuer. Für mich eher der von Seekrankheit und Ungemütlichkeit. Ständig muss ein Segel eingeholt, gehisst oder gewendet werden (man verzeihe mir die fachunkundige Wortwahl, wie es richtig heißt, will ich gar nicht erst wissen), und dann all das Spritzwasser … Also echt, darauf verzichte ich gern.

Und wenn ich schon mal dabei bin, dann auch gleich auf Kreuzfahrten jeglicher Art. Ob auf dem Mittelmeer oder in der Karibik, zum Nordkap oder auf der Donau – nichts davon kann mich reizen. Im Gegenteil: Ich könnte kein Auge zutun vor Angst, im Schlaf zu kentern. (Dabei habe ich »Titanic« immer nur bis kurz vor der Eisberg-Stelle geschaut.) Man stelle sich meine Laune vor nach einer zweiwöchigen Schiffsreise ohne eine Minute Schlaf. Nein, keine gute Idee!

3: Mich freiwillig auf die Waage stellen? Pah!
Jahrelang habe ich mich von einem schnöden Haushaltsgerät tyrannisieren lassen. Ganz schön dämlich, oder? Wenn die Waage ein paar Hundert Gramm weniger anzeige als

am Vortag, war ich überglücklich, im umgekehrten Fall zutiefst betrübt. Ich strebte ein unerreichbares Idealgewicht an und eine Kleidergröße, die mir mit siebzehn zuletzt gepasst hatte.

Doch das ist vorbei! Die Waage, die einst so unangemessen großen Einfluss auf meine Laune hatte, ignoriere ich jetzt einfach. Wäre ja noch schöner!

Ich weiß, mein jüngeres Ich würde mich für diese Entscheidung verachten. Es würde denken, ich hätte mich selbst aufgegeben. Es war ja so dumm, mein jüngeres Ich!

4: Eine Vogelspinne anfassen – muss echt nicht sein

Meine Mutproben tierischer Art beschränken sich darauf, dass ich mal eine Schlange gestreichelt habe. Natürlich keine Giftschlange, und sie war auch noch längst nicht ausgewachsen. Es stimmt, was alle sagten: Sie fühlte sich kein bisschen glitschig an, sondern trocken und zart.

Ach ja, und einmal ist mir eine etwa fünfmarkstückgroße, recht fette Spinne über die Hand gelaufen. Aber dazu hatte ich sie keineswegs ermuntert. Und wenn ich sie hätte kommen sehen, hätte ich meine Hand auch garantiert weggezogen. Also gilt das nicht wirklich als Mutprobe.

Und was soll ich sagen? Mir fehlt nicht das Geringste!

5: Achterbahn fahren – warum sollte ich?

Als Kind habe ich mein Kirmesgeld immer zu einhundert Prozent in Lose investiert. Natürlich habe ich nie etwas gewonnen (außer am Jedes-Los-gewinnt-Stand, wo es mir allerdings meist zu teuer war), aber ich hätte immerhin die Chance dazu gehabt, und das war Nervenkitzel genug!

So kam es, dass ich keinen Pfennig für irgendein Fahrgeschäft übrig hatte. Karussell und Schiffschaukel haben mich schon als kleineres Mädchen nicht interessiert, und mit Autoscooter und Achterbahn war es später nicht anders.

Warum in aller Welt sollte ich dafür bezahlen, dass mir das Herz in die Hose rutscht, dass mir speiübel wird und ich hinterher vor Schwindel schwanke? Ganz ehrlich: Wenn ich das wollte, würde ich mir lieber ein paar Gläser Ramazzotti reinpfeifen. Das wäre wenigstens lecker!

6: Austern essen – danke, das spar ich mir!

Was die einen als kulinarischen Hochgenuss feiern, bedeutet für die anderen Ekel pur. Da muss man sich gar nicht unbedingt die Dschungelcamp-Prüfungen anschauen – ein Besuch im Feinschmeckerrestaurant reicht aus.

Ehrlich gesagt fände ich einen Kängurupenis auch nicht widerlicher als Austern. Und wenn ich die Wahl zwischen Schnecken und gegrillten Insekten hätte, würde ich Letztere wählen. Aber nur, wenn es unbedingt sein müsste. Im Zweifel wäre mir ein Päckchen Cashewkerne lieber. Gern geröstet mit Salz und Honig. Lecker!

7: Skiurlaub – alles spricht dagegen …

Ich habe mal gelesen, Skiurlaub sei wie sich in eine Kühlzelle stellen, Kniebeugen machen und dabei Fünfzigeuroscheine zerreißen.

Ich muss das ergänzen: Es kommt noch das stressige Liftfahren hinzu, außerdem die Lawinengefahr, die unbequeme Kleidung (was, wenn man mal auf Toilette muss???) und – das Schlimmste zum Schluss: die Hüttengaudi! Kein Wunder, dass dabei so viel Hochprozentiges getrunken wird – wenn man den ganzen Abend mit Mickie Krause, Mia Julia und Co.

beschallt wird, braucht man das vermutlich, um nicht schrei-
end wegzurennen.

8: Eine Torte backen – da hab ich keinerlei Ehrgeiz
Meine intensivste Backphase hatte ich mit fünfzehn. Dabei habe ich mich vor allem auf Hefekuchen konzentriert.
Einmal wollte ich meinem Bruder zum Geburtstag Hafer-
kekse backen, die auch fast wunderbar geworden wären, doch
als ich sie vom Blech nehmen wollte, sind sie allesamt zerbrö-
selt. Ich habe sie in eine große Schüssel gegeben, mit Joghurt
und Gelatine vermischt und das Ganze in einer Springform
im Kühlschrank erkalten lassen. Das war das Tortenähnlichs-
te, was ich je fabriziert habe.

Je älter ich werde, desto weniger Backehrgeiz habe ich.
Meine letzten Weihnachtsplätzchen habe ich irgendwann
Anfang des neuen Jahrtausends gebacken. Also quasi neulich erst. Da hab ich natürlich nicht schon wieder Lust
dazu …

9: Eine perfekt aufgeräumte Wohnung –
Stress, lass nach!
Da ist es endlich mal Wochenende, und man kann es sich
leisten, eine Schreibpause einzulegen. Was bedeutet: herrlich viel Zeit für die angenehmen Dinge des Lebens! Lesen,
Freunde treffen, ins Kino gehen, im Biergarten rumsitzen,
faulenzen … Es steht so viel Schönes zur Auswahl, dass man
sich kaum festlegen kann.

Vorsicht: Diesen Moment nutzt das schlechte Gewissen,
um sich auf heimtückische Weise in den Entscheidungspro-
zess einzuschalten. »Eigentlich wolltest du ja aufräumen«, er-
innert es einen. »So richtig gründlich. Kleiderschrank ausmis-

ten. Vorratskammer sortieren. Dachboden entmüllen. Die Garage nicht zu vergessen.«

Und schon ist es vorbei mit dem gemütlichen Wochenende. Denn es ist ja wahr: Das alles müsste echt mal dringend erledigt werden. So lange schon hat man es vor sich hergeschoben …

Das wiederum ist jetzt der perfekte Moment, um das blöde schlechte Gewissen in die Schranken zu weisen. Hat am Ende des Lebens irgendwer schon mal bedauert, nicht häufiger aufgeräumt zu haben? (Von dem Messie mal abgesehen, der sich in seinem eigenen Chaos verirrt hat und jämmerlich verdurstet ist. Aber so schlimm sieht es bei mir nun wirklich nicht aus. Und bei Ihnen garantiert auch nicht!)

Na also. Es bleibt beim ursprünglichen Plan. Geschenkte Freizeit mit Arbeit zu ruinieren ist nämlich eine Sünde! Und perfekte Ordnung ist eine Illusion. Die kann man ohnehin nie erreichen. Drum kann man es auch gleich bleiben lassen.

10: Fallschirm springen – um Himmels willen!

Früher hatte ich immer wieder denselben Traum: Ich falle in einen tiefen Brunnen. Er ist ausgetrocknet, sodass ich die schwarz-weißen Schachbrettmuster-Fliesen auf seinem Boden erkennen kann. Ich drehe mich um meine eigene Achse, weshalb die Fliesen zu rotieren scheinen. Sie kommen immer näher. Und immer, wenn ich kurz vor dem Aufprall bin, beginnt der Fall von vorne. Ein Albtraum!

Ungefähr so stelle ich mir einen Fallschirmsprung vor, weshalb ich ihn ebenso auf meine Anti-Bucket-Liste setze wie Bungee-Jumping, Freeclimbing oder Paragliding.

Leute, ich war im Kreißsaal. Das ist Grenzerfahrung genug …

Wie gesagt – diese Liste ist ganz individuell. Gut möglich, dass bei Ihnen das meiste, was ich hier aufgeschrieben habe, auf der Wunschliste steht. Aber das ist ja nicht die Frage. Ist es nicht toll, genau zu wissen, was man möchte – und was nicht?

Nur von einem Nein möchte ich dringend abraten: nämlich von dem zum großen Fest anlässlich des Fünfzigsten. Hey, wenn ein halbes Jahrhundert Lebenszeit keine Riesenfeier wert ist, was dann? Lasst es krachen, Leute! Auf das Leben, das Älterwerden und all die schönen Dinge, die noch vor uns liegen …

Wir feiern die Feste, wie sie fallen

Natürlich feiern wir. Und wie wir feiern! Das hätten wir ja sowieso gemacht – nur das mit der Rede war eben schwierig. Nun, nach meiner Lehrzeit bei Heike und der inneren Einkehr in Erotikshop und Co. ist es natürlich ein Leichtes, etwas Bedeutsames und Positives zu sagen. Ja, in der Tat, ich hatte mir eine sehr schöne Rede überlegt. Wirklich. Beim Schreiben habe ich mir die Kinderfotos meines Mannes angeschaut, unsere gemeinsamen Jahre Revue passieren lassen und habe mir meine und Heikes Erkenntnisse der letzten Wochen noch mal ins Gedächtnis gerufen. Ich habe mir lauter wahnsinnig tiefgründige und berührende Dinge zurechtgelegt, die ich unbedingt loswerden wollte. Diese Rede sollte etwas Besonderes werden. Etwas, an das sich alle, die sie gehört haben, erinnern und mich fragen würden, ob ich sie irgendwo aufgeschrieben habe, damit sie sie kopieren und sich übers Bett hängen können. Ich habe den Applaus quasi schon gespürt, bevor das Fest überhaupt zu Ende geplant war. Denn während all der Abenteuer der letzten Tage und Wochen habe ich es wirklich begriffen. Glaube ich. Fünfzigwerden ist alles andere als eine Katastrophe, im Gegenteil. Und weil es ein so großes Ereignis für die meisten von uns ist, macht es uns vieles auch bewusst:

Wie kostbar all die Jugendjahre und alle Erfahrungen in unserem bisherigen Erwachsenenleben gewesen sind, die uns zu dem Menschen gemacht haben, der wir heute sind. Aber anstatt ihnen nachzutrauern und zu jammern, dass sie vorbei sind mit all ihren Chancen, sollten wir die Möglichkeiten sehen, die uns unsere Erfahrung für die Zukunft bietet.

Zum Beispiel endlich viel mehr das zu machen, was wir wirklich wollen, und viel weniger das, was wir für unsere Pflicht halten. Wir werden immer besser im Neinsagen und sind endlich nicht mehr für alles und alle zuständig, denn auch die Kleinsten sind langsam selber groß. Es ist also nicht nur das Nein, das wir gewinnen, sondern auch ein überzeugtes und frohes Ja!

Außerdem: Gesundheit, Zeit und Schönheit kostbar zu finden bedeutet ja nicht, dass man sie nicht mehr zur Verfügung hat. Nur eben anders. Außerdem: Das Herz bekommt keine Falten! Unser jetziges Ich mit dem von vor dreißig Jahren vergleichen zu wollen wäre so, als würde man einen guten, lang gereiften Whiskey mit dem Getreidefeld vergleichen, aus dessen Körnern er entstanden ist. Beides gut, beides schön – das Korn hat vielleicht noch mehr Entfaltungsmöglichkeiten als der Whiskey, aber hey, fragen wir die Whiskeytrinker unter uns, was ihnen lieber ist.

Wir sind vielleicht nicht mehr ganz so knackig wie damals, aber innendrin sind wir doch immer noch die Gleichen! Egal, ob fünf, fünfzehn oder fünfzig – Humor, Enthusiasmus, Neugier, Kreativität, Liebesfähigkeit … Die Eigenschaften, die uns ausmachen, sind ja nicht weg oder weniger geworden, nur weil unsere Ecken und Kanten sich ein wenig abgerundet haben. Innen wie außen. Wir kennen uns nun besser. Wir können bewusst entscheiden, uns manchen Dingen nicht mehr auszusetzen. Oder eben gerade.

Wir nehmen die Schlaglöcher auf unserem Lebensweg besser wahr und können ihnen ausweichen. Meistens jedenfalls.

Und wenn wir doch in eines fallen, so finden wir den Weg hinaus leichter als noch vor ein paar Jahren. Wir wachsen mit unserem Leben mit. Entwickeln uns. Vorwärts – nicht zurück.

Vielleicht denken wir mehr nach. Über Dinge, die wir tun, und Sachen, die wir sagen. Wir gehen bewusster und achtsamer mit uns und anderen um – und vermeiden manche Auseinandersetzung, weil wir längst begriffen haben, dass sich Streit häufig nicht lohnt.

Ja, wir sind »nur« so schön, wie wir uns fühlen, und im Vergleich zu unserem 25-jährigen Ich haben wir vielleicht Federn gelassen, aber für den Körper und das Körpergefühl kann man einiges tun – und manches darf man einfach auch akzeptieren. Nicht jeder mag endlose Waldläufe – aber nicht jeder braucht auch Größe 36, um glücklich zu sein. Eben weil anderes wichtiger geworden ist: gemeinsames Genießen, Mußestunden, ein gutes Buch lesen, wenn einem danach ist. Schwerkraft? Egal. Das Lächeln zählt. Und der Blickwinkel. Wir lieben, und wir werden geliebt. Das allein macht uns und unser Leben schon großartig, oder etwa nicht? Ganz genau, lächeln Sie! Ein fröhliches Gesicht mit Falten ist schöner als ein glattes, in dem sich nichts bewegt!

Sabine, meine Freundin von nebenan, feiert ihren fünfzigsten Geburtstag nicht – sondern das ganze Jahr, in dem sie fünfzig wird. Sie lässt es sich ein ganzes Jahr lang gut gehen. Mit tollen Reisen, schönen Verabredungen, viel Kultur und besonderen Restaurantbesuchen. Mit Zeit für Menschen, die ihr wichtig sind. Und mit einer Flasche von Lily Bollingers Brut Rosé bei Gelegenheit. Ein Jahr lang, so hat sie sich vorgenommen, will sie ihr Leben feiern, anstatt diesen einen Tag, der ja nur eine Momentaufnahme sein kann. Dankbar, bewusst, offen und frei. Ist das nicht ein großartiges Konzept? Und es ist ein Anfang. Vielleicht kann man ja dabei lernen, auch jedem weiteren Lebensjahr diese Aufmerksamkeit zu schenken und alles, was man tut, auch zu genießen. Denn es ist schließlich nicht selbstverständlich, dass wir all diese Jahre, Monate und Tage haben. Dass wir gesund sind. Dass es uns gut geht. Dass wir im Verhältnis zu vielen anderen Menschen sehr wenig Sorgen haben. Verschieben wir die Dinge nicht, sondern machen wir sie gleich. Vor allem die, die Spaß machen. Hören wir auf unser Bauchgefühl. Es ist perfekt. Feiern wir, und erheben wir unsere Gläser – auf Sie! Auf dich! Auf uns! Auf das Leben!

Ja, das wollte ich sagen.

Ich gebe zu, ich war ein bisschen aufgeregt. Schon Tage vorher, aber natürlich am Festtag selbst ganz besonders. Das Büfett sah zwar sehr lecker aus und alle unsere Freunde hatten sich unglaublich Mühe gegeben, aber vor lauter Gästen kam ich nicht zum Essen. Es war außerdem heiß, und … ich liebe Ramazzotti Rosato. Dieses Getränk mit Prosecco und Basilikum? Und mit diesem winzigen Schüsschen Ramazzotti?

Na ja. Nach zwei Gläsern davon auf nüchternen Magen kombiniert mit großer Aufregung wurde die Rede eben ein bisschen kürzer. Und weniger emotional. Und … ich glaube, ich habe sie überhaupt nicht gehalten. Dafür habe ich sehr viel gelacht, getanzt und leider noch mehr getrunken. Es war ein rauschendes Fest – in jeder Hinsicht und genauso, wie ich es mir vorgestellt habe. Bis auf die Tatsache, dass der Wirt uns bei den Getränken über den Tisch gezogen hat (so viel können wir gar nicht getrunken haben, noch nicht mal ich, obwohl ich alles gegeben habe), aber egal.

Holger hat wirklich nichts bemerkt, alle haben dichtgehalten. Beinahe alle. Diese WhatsApp von mir an die Familiengruppe war wirklich nicht beabsichtigt. Ich schwöre! Aber manchmal ist es eben zur Abwechslung auch mal gut, wenn der Mann der Frau eher nicht zuhört und ihre Nachrichten nicht liest. Manchmal, habe ich gesagt. Aber für diesen Gesichtsausdruck, die Rührungstränen bei den Gästen, das mehrstimmige »Viel Glück und viel Segen« von allen, das Gelächter und die fröhlichen Gespräche, meine tollen Kinder, auf die ich an diesem Abend so besonders stolz war – dafür war es das absolut wert.

Am nächsten Morgen kamen ein paar Freunde zum Aufräumen und Resteessen vorbei. Nach einem Fest wie diesem kann man auf gar keinen Fall allein sein. Wir schauten Bilder und den Film vom Überraschungsmoment an, erzählten uns gegenseitig Anekdoten von der Party, sagten uns, wie schön es war, und schauten noch einmal den Film.

Nach einem Fest wie diesem braucht man außerdem unbedingt sehr gute Freunde, die einem immer die Wahrheit sagen. In diesem Fall, dass man ganz und gar nicht peinlich war. Üüüüberhaupt nicht betrunken. Dass man (also ich) vermutlich nur geschwankt hat, weil man so selten hohe Schuhe anhat. Dass man super tanzen kann und alles, was man so gesagt hat, intelligent, sinnvoll und sehr deutlich artikuliert war. Und meine Rede – top!

Moment: Ich habe doch noch eine gehalten?

...

Ich glaube, ich muss nochmal ein bisschen schlafen. Aber wenn ich aufwache und Fünfzigwerden fühlt sich dann immer noch so an wie jetzt, dann ist alles gut so. Ach, was sage ich: Dann ist es besser! Viel besser, als ich es erwartet habe.

PS: Jedenfalls ist hier das Rezept, auch wenn ich vorerst keinen Rosato trinken werde, äh, kann.

5 cl Ramazzotti Aperitivo Rosato
10 cl Prosecco
Eiswürfel
Basilikum

Hicks

Danke

Wir danken. Und wie: allen, die an der Entstehung dieses Buches beteiligt waren.

Da wäre zunächst einmal Dr. Britta Claus, unsere Lektorin vom Penguin Verlag – danke für die Möglichkeit, dieses Wunschprojekt zu realisieren, für die inspirierenden Gespräche und unser lustiges Treffen.

Ebenso danken wir Verlagsleiterin Eva Schubert für ihr Vertrauen und ihre Begeisterungsfähigkeit.

Danke, liebe Anne Nordmann, für dein tolles Lektorat, deine klugen Anmerkungen, deine Begeisterung für den Text und für die vielen Smileys am Rand – wir hätten sie am liebsten alle behalten! Es war ein Vergnügen, mit dir zu arbeiten!

Nicht zu vergessen das Team in der Presseabteilung, die Schriftsetzer, Korrekturleser, Covergestalter, Vertriebler, natürlich auch die Drucker und überhaupt alle, die aus unserem Manuskript dieses Buch gemacht haben.

Danke an Steffi Emrich für ihre Freundschaft, ihre Motivation und ihr Adlerauge. Irre, was du wieder für Tippfehler gefunden hast! (Eigentlich ist uns durchaus klar, dass es nicht »Trainierin« und auch nicht »Schlupflieder« heißt, aber du weißt ja, im Eifer des Gefechts …)

Danke, Anja Koeseling! Agentin, Freundin, Wegbereiterin – mit dir sind Plotten, Fantasieren und Bücherschreiben eine Freude!

Danke an Gaby Gerster für unsere großartigen Autorinnenfotos. Es war eine Freude, mit dir und deinem Team zusammenzuarbeiten!

Und an Jonas Abidi, der unser unglaublich unprofessionelles Trailer-Video geschnitten hat – an dir lag es nicht, wir sind einfach furchtbare Schauspielerinnen ☺.

Von Herzen danken wir auch unseren Freundinnen für ihre Beautygeheimnisse: Wir können nur sagen, so oder so: Ihr seid die Schönsten!

Danke an Sabine Albinus für die tolle Idee, den fünfzigsten Geburtstag ein ganzes Jahr lang zu feiern, für das Lily-Bollinger-Zitat und das eine oder andere Gläschen auf dem Balkon.

Danke natürlich auch an Chantal, Jaqueline, Janine, Sabine, Nadine, Hanni und Nanni und wie sie alle hießen – ihr seid die Coolsten! Mit euch immer alles!

Danke Frau Blum, Fanny di Favola!

Danke an Diana Fastenmeier, Kosmetikinstitut Sindelfingen, für das geduldige Beantworten aller Kosmetik-, Haut- und sonstigen Beautyfragen.

Und an Monika Mihanovic, Kontur Kosmetik Otterbach, für ihre sichere Hand beim Permanent-Make-up.

Außerdem an Birgit Heintz für ihre Beautytipps mit Lebensmitteln.

Danke an unsere Familien, die wie immer geduldig und großzügig alle Experimente kosmetischer, kultureller, emotionaler und sportlicher Natur ertragen haben.

Noch eine Anmerkung am Rande: Alles, was wir für dieses Buch ausprobiert haben, haben wir aus freien Stücken und aufgrund von Empfehlungen von Freundinnen ausprobiert. Wir wurden weder von der Pharmaindustrie noch von Kosmetikfirmen, Beautykliniken oder Erotikläden ☺ dafür bezahlt oder von unseren Männern bestochen. Sie können sich also darauf verlassen, dass wir all diese Erfahrungen frei von Beeinflussungen jeglicher Art gemacht haben. Allerdings können wir auch nicht garantieren, dass die Produkte bei Ihnen die gleichen Ergebnisse erzielen. Schließlich ist jede Frau anders. Was für ein Glück!

Und schließlich danken wir Ihnen, die Sie dieses Buch in den Händen halten und sich beim Lesen hoffentlich prächtig amüsiert haben. Ohne Sie hätten wir überhaupt keinen Grund, Bücher zu schreiben und uns auf das eine oder andere Abenteuer einzulassen. Denn wie sagte Heidi Kabel einst so schön? »Es kommt nicht darauf an, wie alt man wird – sondern wie man alt wird.« In diesem Sinne: Genießen wir einfach alles.

Ihr Aufstieg: vorherbestimmt.
Ihre Liebe: stark wie ein Felsen.
Ihre Geschichte: eine Legende.

Genua im 13. Jahrhundert: Raniero, der Erbe der reichen Familie Grimaldi, verliebt sich unsterblich in die schöne Babetje. Als die Grimaldi nach einem blutigen Umsturz aus der Stadt verbannt werden, opfert er sein Glück für die Zukunft seiner Familie und heiratet die Tochter eines Verbündeten. Mit Erfolg: Die Grimaldi erobern den Felsen von Monaco – ihre neue Heimat. Doch um die Macht zu wahren, begeht Raniero eine grausame Tat. Wie durch einen Fluch brechen fortan brutale Schlachten, perfide Intrigen und gnadenlose Schicksalsschläge über die Grimaldi herein. Der Kampf um das Fürstentum beginnt. Und um die Liebe.

PENGUIN VERLAG